本书为上海市教育委员会科研创新项目『小学语文表达课本编制研究』（11ys102）的成果

小学生写作学本的编写理论与实践

主　编　丁　炜　徐家良

副主编　徐　鹄　顾维萍

GEP

广西教育出版社

图书在版编目（CIP）数据

小学生写作学本的编写理论与实践/丁炜，徐家良主编. —南宁：广西教育出版社，2015.3

ISBN 978-7-5435-7916-3

Ⅰ.①小… Ⅱ.①丁… ②徐… Ⅲ.①作文课—教材—编写—研究—小学 Ⅳ.①G623.242

中国版本图书馆 CIP 数据核字（2015）第 053142 号

策　　划：刘朝东　龚　明　钱文杰
责任编辑：张星华　韦　玮
责任校对：谢桂清　覃肖滟　刘汉明
责任印制：胡庆团

出 版 人：张华斌
出版发行：广西教育出版社
地　　址：广西南宁市鲤湾路 8 号　邮政编码：530022
电　　话：0771-5865797
本社网址：http://www.gxeph.com
电子信箱：gxeph@vip.163.com
印　　刷：广西大一迪美印刷有限公司
开　　本：787mm×1092mm　1/16
印　　张：23
字　　数：390 千字
版　　次：2015 年 3 月第 1 版
印　　次：2015 年 3 月第 1 次印刷
书　　号：ISBN 978-7-5435-7916-3
定　　价：60.00 元

序

宝剑锋从磨砺出，没有磨砺，就不会有锋刃。《小学生写作学本的编写理论与实践》连同“小学生写作学本”丛书的其他五本，是一个团队历经四年修改数稿后的成果。他们的研究历程表明，要建构与丰富作文教学的理论，并在作文教学的理论与实践之间架上桥梁，找到既符合理论构想又符合教学实际的探索是艰难的，是需要勇气的，但也是可以出成果的。丁炜是我的学生，从早期的口语交际教学研究到现今的作文教学研究，她的学术兴趣始终在语言表达领域。她从语言学习的社会文化视角出发，将小学生作文看作是“意义的实践”，是作为实践主体的小学生在与物理世界和精神世界交往过程中建构意义，塑造和改变自身的活动。她的观点丰富了现行语文课程标准中“习作”的内涵，即着眼于人的发展，将作文与“活动”，与具有主观能动性的学生主体，与语境、对象、功能、目的等诸多因素联结起来，让学生经由生活学习作文，在活动中作文，在作文中建构对自我、文化与世界的看法，这种观点不仅是对苏联著名的活动心理学流派与美国全语言教育流派主要理论的借鉴与反思，也是针对我国当前作文教学困境与问题所做出的理性思考与观念重建。

教学生作文究竟有没有序列，这是一个颇具争议的问题。中央教育科学研究所的张田若1978年在总结新中国成立后的小学作文教学经验后提出，作文训练应分三步走：第一步，口语训练；第二步，写话训练；第三步，作文训练。山东烟台的李昌斌、马兆铭认为，在上述三步间应加一个“片段训练”，分四步走。我和贾志敏提出，作文应当分五步训练，四年级为半独立的篇章训练，五、六年级为独立的命题作文训练。三、四年级应以观察实物做途径，以片段和简短的篇章为形式，将描写和记叙结合起来，进行学写记叙文的素描训练。广东的丁有宽提倡将作文训练结合到讲读课文的过程中进行，设计了读写结合五步训练。上述对全国各地的作文教学产生较大影响的作文教学流派都主张作文是有序列的，并且认为作文与观察、思维、阅读等因素密切相关。但也有人认为，作文教学没有序列，作文是学生自由表达心声的过程，教师需要激发学生的动机与情感，不需要规定学生写什么、怎么写。本著作坚持作文教学是有序的，即作文教学应遵循从口头到书面、从句到段、从段到篇的过程，坚持语言形式的学习与运用是作文教学的主要目标。但是从知识内容来看，这个序又不是严格的学科逻辑体系。丁炜等人的研究表明，从系统的语法修辞知识出发进行语言表达的教学是行不通的，只有着眼于学生原有的表达经验，聚集学生的典型语言表达方式，梳理出表情达意和文从字顺两大表达系统，以此构建作文教学的内容，并整合生活、阅读、思维等要素，才能把语文知识和学生的语言行动融合成一个整体，让学生通过语言运用学习知识，将语言知识直接转化为语言表达行动，在语言实践中逐步改造和发展原有的表达经验。

关于阅读与作文的关系，普遍的认识是：阅读对于作文是重要的，读写结合可以提高作文教学的效益。如何进行读写结合，常见的做法是单向的，从读学写。本著作主张读与写是双向的：可以从读到写，积累写作素材，形成思想观点，学习语言表达方式；也可以从写到读，为写而读，根据写作的对象、功能与目的，有针对性地阅读相关文章，理解写作话题，模仿、借鉴相关的语言表达方式。这种看待读写关系的观点，契合了学生学习作文的心理过程，具有一定的科学性。

关于小学生作文教学途径，本著作提出了三条主要途径。第一，指导性作文训练途径，即教学有明确的目标和训练点，有话题，有明确的指导流程，有时间和次数规定。第二，常态性作文训练，即写作内容自由，写作时间自由，写作次数自定，不做精细指导。第三，基于阅读课的随文表达训练，即从读到写，随文学习与掌握基本的语言表达方式。三条途径将作文的专题训练、学生的阅读作文、学生的自由作文整合起来，兼顾“收与放”，解决了多作与教学时间有限的矛盾，既关注学生作文能力的提升，又重视学生写作意识的培养与写作体验的获得。

本著作对作文是什么、作文教学的内容构成等问题进行了理性探索，丰富和发展了作文教学理论，同时又通过具体案例，对编写小学生写作学本的基本原则、主要策略做了详细解读，并提供了若干精彩的作文教学设计与教学实录。本著作由理论建构出发，搭建编写的框架，提供实践的准则，反过来又经由实践解说与证明理论的可用性，彰显了研究的学术含量以及对于我国小学写作教学的借鉴意义。对于语文教学的研究者、广大小学语文教师，以及关心语文教育的人士而言，这是一本不可多得的理论著作与教学指导参考书。

上海市著名特级教师徐家良、徐鹄以及上海师大顾维萍老师是丁炜博士的主要合作伙伴，也是我的良师诤友。他们虽然年事已高，但仍然为我国小学语文教学改革辛勤耕耘，做出了重要贡献。在此书付梓之时，我谨向他们表示由衷的敬意。

吴立岗写于梓树园

2015年元月18日

目 录

第一章　反思：六十年小学写作教材的变迁

一、全景：三种类型的小学写作教材

自古以来，我国就有为童蒙编制写作教材的传统。宋元之际，指导童生属对的教材——《对类引端》已用于私学。该教材不仅编列了许多可用于属对的材料，而且详细介绍了属对的方法。[1] 此后出现的属对教材也都流传甚广，如明代兰茂的《声律发蒙》、清代李渔的《笠翁对韵》、清代车万育的《声律启蒙》等等。到了清末，新的写作教材出现了，如戴克敦的《最新作文教科书教授法》，指导新式学堂的学生缀字成词、连词成句、联句成篇，杜芝庭的《最新应用女子尺牍教科书》则关注女学生的书信写作。民国时期，也有多种专门的写作教材出版，如秦同培的《小学作文入门》、江山渊的《作文初步》、许德龄的《作文百法》等等。

新中国成立以后，除了坊间自编的写作教材，没有出现经过国家审定的独立的写作教材，但是与其他内容合编的写作教材却十分常见。这些写作教材大致可以归为读写合编、文法合编、文语合编等三种类型。

（一）读写合编型教材

读写合编型教材，指同时编有阅读教学与写作教学内容的教材，一般以“语文课本”命名。这类教材以阅读课文为主，在文后练习或单元练习中布置写作任务或要求。写作任务可能与同单元的一篇或几篇阅读课文在内容主题或写作方法上有一定程度的关联。读写合编型教材是写作教材中数量最多、最为常见的类型。

（二）文法合编型教材

文法合编型教材，指同时编有语法教学与写作教学内容的教材。此类教材以语文练习的形式出现，练习中包含语法知识的操练，以及写作的任务与要求。

（三）文语合编型教材

文语合编型教材，指同时编有口语表达教学与书面表达教学内容的教材。此类教材一般分模块编写，既有口语表达教学模块，又有书面表达教学模块。口语表达教学模块可能与书面表达教学模块在内容主题或表达方法上有联系，也可能自成体系。

二、个案：三个时期四套小学写作教材

20世纪50年代，受学苏思潮的影响，我国语文界提出了语言文学分科的语文课程改革思想。在这一思想的指导下，诞生了文法合编型写作教材《语文练习》。虽然这套教材没有编完，使用的时间也不长，但是对后继写作教材的编写还是产生了十分重要的影响。20世纪60年代初，我国开始出现读写合编型写作教材，如1961年人民教育出版社出版的《十年制学校小学课本语文（试用本）》，在中高年级的教材中编入“通知”“卫生公约”等实用文章，并在课后练习与单元练习中不定期地安排写作练习。全面系统地训练学生写作能力的读写合编型写作教材出现于1978年，《全日制十年制学校语文课本（试用本）》在三至五年级的每一次单元练习中，都根据读写训练的重点，安排了相关的写作练习。20世纪末，我国全面推进基础教育课程改革，对写作教材的编写提出了新的要求，21世纪的前十年，各地根据国家颁发的《全日制义务教育语文课程标准》编写了文语合编型写作教材与新的读写合编型写作教材。下文，我们将选择三个历史时期四套较为典型的写作教材进行多维分析，以便更为细致地了解新中国成立六十多年以来小学写作教材的基本风貌。

（一）语言文学分科时期的小学写作教材：《语文练习》

1.《语文练习》概述

《语文练习》名为“练习”，实际上是与《初级小学课本　语文》和《高级小学课本　语文》配套使用的文法合编型写作教材，1957年由人民教

育出版社出版，只有初小第一册和高小第一册两种，供秋季学期的小学三年级和五年级学生学习。作为新中国成立后第一套和唯一的文法合编型写作教材，《语文练习》对研究写作教材的历史变迁具有极其重要的价值。

《语文练习》的诞生是语言文学分科理论的直接产物。受苏联语文教学经验的影响，1955年教育部副部长叶圣陶在《语文学习》上发表《关于语言文学分科的问题》，指出两者分科的依据为：学科性质不同，语言是科学，文学是艺术；教学任务不同，语言教学旨在培养语言能力，文学教学旨在培养学生的文学欣赏能力；理论基础不同，语言教学的基础是词汇、语法与修辞，文学教学的基础是文学史、文艺学和文学批评等。随后，叶圣陶又在《人民教育》上撰文指出：只有语言和文学分开来，一科分成两科，各自组成完备的课程，才能使学生受到充分的语言教育和文学教育，才能有效提高教学质量。1956年4月，教育部正式发出《关于中学、中等师范教育的语文科分汉语、文学两科教学并使用新课本的通知》，汉语在初小和高小阶段不独立设科，但需要结合语文教材编订一定分量的语文练习。《语文练习》由此应运而生。语言文学分科的尝试并没有走多远。1956至1957年，《人民教育》开辟《语文教学问题讨论》专栏，对汉语、文学分科问题展开了热烈的讨论。在讨论中，许多学者指出汉语文学分科的教材存在诸多问题，如汉语教材过难，文学教材选材范围窄，课文分量大，编写质量不佳，练习过多，作文教学薄弱等。1958年国务院决定将文学、汉语合并为语文，《语文练习》因此停编，只编了初小和高小各一册。

《语文练习》全面反映了《小学语文教学大纲草案（初稿）》（1955年，下文简称《55大纲》）的精神。《55大纲》指出作文分为口头作文和书面作文两项。用一句话答一个问题，用几句话说一件事情，讲一个听到的故事，说明一幅或一套看过的画，描述观察或参观所见的自然景物或劳动场面，复述一篇作品的内容，介绍一本课外读物，讲述一篇儿童报纸的论文和新闻，直到独立发言、演说、报告，等等，都可以作为口头作文的作业。用一句话记一件事，把观察所得写下来，把生物角、实验园地、乡土研究的工作做成记录，给图画加标题或写说明，根据读过的作品写一篇文章，做课外读物的摘录，做会议记录或听讲笔记，独立写创造性作文，跟别人通信，为壁报和儿童报刊写稿，等等，都可以作为书面作文的作业。《55大纲》明确指出小学生写作要有内容，要连贯，写作教学要着力培养学生组织语言的能力。[2]

《语文练习》由字词练习、语法练习和写作练习三部分构成，写作练习既有说话，又有写文章，练习的类型包括叙述性作业、创造性作业两类，按每两周三课时编写。

2. 初小写作练习

初小的写作练习以讲述学校、家庭与社会生活的情况，在教师引导下拟标题和写简短的文章为主，内容包括：依据图画（一张或一套）的内容说话，按照老师拟订的（或共同拟订的）的小标题写简短的故事；根据读过的故事内容说话，按小标题做书面叙述；在教师指导下，就远足、参观或观察所见的材料说话，并按小标题做书面叙述，记载自然现象；把拆散的短文重新连缀成文；根据主导词作文等。初小写作的要求：说话有条理；写文章不求长，但求连贯；在教师指导下，全体学生共同拟订小标题，并根据小标题写文章。[3]6初小第一册共有16次写作练习，每次练习课时与教学安排详见表1-1。

表1-1　《语文练习》初小第一册写作练习的课时及教学安排

练习序号	教学课时	教学安排	备注
练习一	2	1.看图说《快乐的夏天》 2.回忆自己的暑假生活，说说最高兴、最有意义的一件事	口头表达
练习二	1	排列句子	
练习三	2	听《月亮怎么没有穿衣服》，读故事，拟小标题，根据小标题重述故事	口头表达
练习四	1	1.主导词作文，根据“合作社、葡萄园、社员们、少先队员们……”连词成句，并连贯地编一个故事 2.观察九月的自然，说一段连贯的话	口头表达
练习五	2	1.读《庆祝国庆》，认识写一件事的顺序 2.说说自己庆祝国庆的情形，拟出小标题，根据小标题动笔写文章	先口头表达再书面表达

续表

练习序号	教学课时	教学安排	备注
练习六	1	看连环画《数小石子》说故事，给每幅画加上小标题	口头表达
练习七	2	1.看图说故事，拟小标题 2.以“小助手”或“帮助妈妈”为题写文章	先口头表达再书面表达
练习八	1	发文课（文章评改课）	
练习九	2	听《救命墙》的故事，拟小标题，根据小标题重说故事	口头表达
练习十	1	1.说说自己看到了什么，如果没有出去参观，可说说在自己的村子或学校看到的东西 2.观察月亮	口头表达
练习十一	2	1.根据观察的材料说话和写短文 2.读《海边看月亮》，说说自己看到的月亮，拟小标题，写成短文	先口头表达再书面表达
练习十二	1	用观察的材料作文，只说不写，如说“鸡”，说说鸡的形态、神态和生活习惯等	口头表达
练习十三	2	听、说和写《瞎子摸象》的故事	先口头表达再书面表达
练习十四	1	发文课（文章评改课）	
练习十五	2	看图说话和写文章《扫雪》，共同看图说话，整理出小标题，根据小标题写文章	先口头表达再书面表达
练习十六	1-3	1.总结性练习 2.看图说话写文章（溜冰）	先口头表达再书面表达

3. 高小写作练习

高小写作练习内容主要包括：根据读过的文章写感想；根据实际观察写文章；练习写提纲；学习写日记；学习写信；学写说明文；学习文章分段的方法；练习缩写文章；练习把诗改写为文。高小写作学习的要求：确切地、连贯地、有条理地、有系统地运用口头和书面语言表达自己的思想；作文要有内容、有条理，写一种动物要仔细观察，讲一个道理要多举实例；动笔前要写提纲，照提纲说一段写一段；文章写成后，要认真检查，并仔细阅读老师修改的地方。[4]7-8高小第一册同样是16次练习，每次练习课时与教学安排详见表1–2 。

表1–2 《语文练习》高小第一册写作练习的课时及教学安排

练习序号	教学课时	教学安排	备注
练习一	2	读《我羡慕你们》后写感想	先口头表达 再书面表达
练习二	1	1.作文评改，要求有内容、有条理 2.观察训练，为下次作文做准备	
练习三	2	观察植物或动物后写篇文章	书面表达
练习四	1	1.作文评改，要求有条理地安排内容 2.练习给“你们幸福了”拟提纲	
练习五	2	写关于国庆节的日记	书面表达
练习六	1	作文评改，要求文章念得上口，听得入耳	
练习七	2	写信给亲戚朋友，告知生活情况	书面表达
练习八	1	1.作文评改 2.学习写信封	
练习九	2	学写说明文《怎样节约》	书面表达
练习十	1	作文评改	
练习十一	2	练习分段、拟标题和按提纲复述《二虎子》	口头表达
练习十二	1	比较课文《东郭先生和狼》和课文的缩写文	

续表

练习序号	教学课时	教学安排	备注
练习十三	2	根据段意，将《西门豹》缩写为短文	书面表达
练习十四	1	作文评改，关注缩写时哪些可以省略，哪些不可以	
练习十五	2	将《致北京》第三节或第四节扩展成故事，并拟一个标题	书面表达
练习十六	1	1.作文评改 2.总结作文写作要领	

4. 写作练习的多维分析

（1）作文类别分析

《语文练习》将学生作文的类别分为叙述性作文和创造性作文两类。叙述性作文要求学生用自己的话将教师讲的或自己读的故事写出来，可以是复述、重述，可以改变语序，也可以是缩写。叙述性作文强调语言的转化与重新组织，要求学生将口头语言转换为书面语言，或者由一种形式的书面语言转换成另一种形式的书面语言。创造性作文则要求学生把自己的生活经验、观察所得以及从学习中得来的知识表达出来。它关注直接经验向语言的转化，或是图画这一符号形式向语言的转化。与叙述性作文相比，创造性作文不仅强调语言的规范表达，而且重视学生思想与观点的形成。从《语文练习》的编写实际来看，初小与高小都比较重视创造性作文训练，高小的叙述性作文与创造性作文训练次数之比为1∶3，初小的为3∶10，详见图1–1。

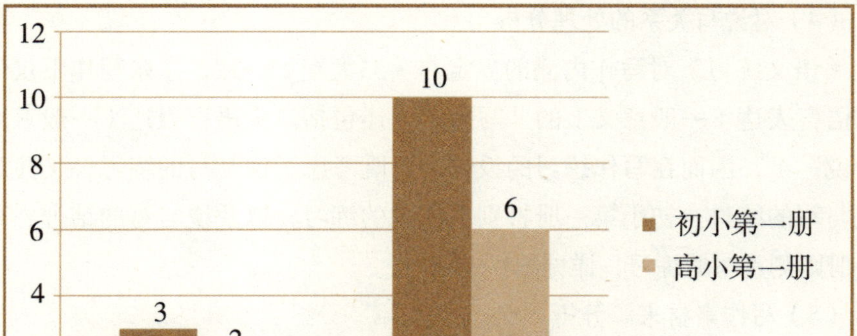

图1–1　《语文练习》中叙述性作文训练与创造性作文训练的次数安排

（2）作文体裁分析

《语文练习》将学生需要学习的作文体裁分为记叙文、说明文与实用文三类。记叙文主要关注对自然与生活的记载，说明文关注事理的说明，实用文则包括写感想、写日记与写信等。初小第一册只涉及记叙文学习，高小第一册以记叙文学习为主，以说明文与实用文学习为辅（详见表1–3）。两册统整起来看，80%的课时用于记叙文学习。

表1–3 《语文练习》中学生拟学习的作文体裁分析①

册序	记叙文	占比	说明文	占比	实用文	占比	小计
初小第一册	13	100%					13
高小第一册	4	50%	1	13%	3	37%	8

（3）作文题材分析

《语文练习》的写作题材以写事为主，占一半左右，包括书中读到的故事、看图发现的故事与日常生活中经历的事件。近1/5的写作学习要求学生记录身边自然界中的动植物。高小的教材较为关注对道理的说明，如怎样节约时间啊，怎么过好自己的生活啊，等等。虽然教材对人物描写有所要求，但所占比重不大，详见表1–4。

表1–4 《语文练习》中学生拟学习的作文题材分析

写事	占比	写景	占比	写物	占比	说明道理	占比
12	57%	3	14%	2	10%	4	19%

（4）对说写关系的处理分析

《语文练习》对写作内涵的界定与《55大纲》一致，主张写作不仅仅指书面语言表达（一般意义上的“写”），还包括口头语言表达（一般意义上的“说”），因而在写作练习的设计中，既考虑了说与写的练习，又注意到了说与写的统整。初小第一册特别重视说的练习，以及说与写的结合，高小第一册则侧重写的练习，详见图1–2。

（5）写作素材来源分析

《语文练习》关注四种写作素材的来源，包括观察自然、观察生活、观察图片和听读书中故事等等。初小第一册中，四种素材来源的比例相差不

① 初小第一册共16次练习，此处统计在内有13次。两次作文评改、一次句子排列训练未统计。高小第一册共16次练习，说写训练共8次，其余8次为作文评改，故未统计在内。

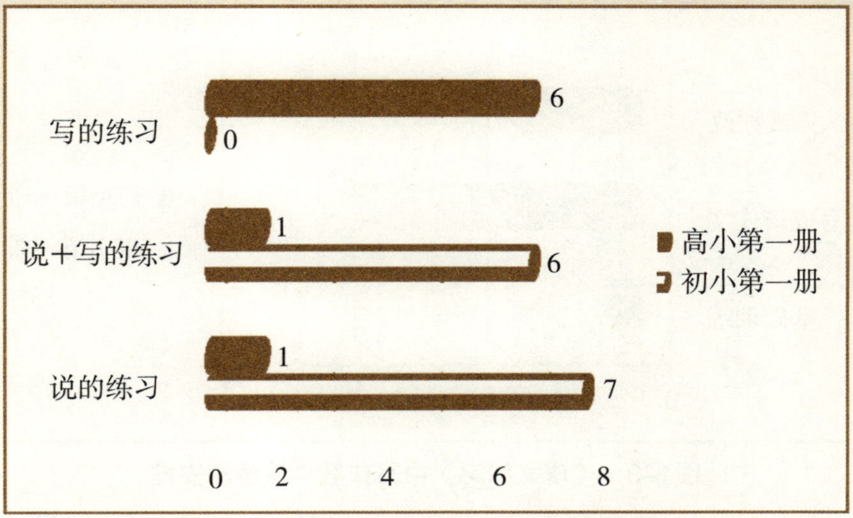

图1–2　《语文练习》中说、写练习的安排

大，各占1/4左右，高小第一册以听、读书中故事和观察生活为主，观察自然所占比例只占13%，详见表1–5。

表1–5　《语文练习》中学生写作素材来源安排

册序	观察自然	占比	观察生活	占比	观察图片	占比	听、读书中故事	占比	小计
初小第一册	4	24%	4	24%	5	28%	4	24%	17①
高小第一册	1	13%	3	37%			4	50%	8
合计	5	20%	7	28%	5	20%	8	32%	25

（6）写作教学课型分析

《语文练习》在设计写作练习时，对写作教学课型做了分类，大致分为三种：第一种为基础训练课，如初小教材中的句子排列练习。第二种为成篇作文训练课，如看图写一篇短文等。第三种为作文评改课，初小阶段称其为“发文课”，在这种课型上，学生阅读教师的评语，思考并修改自己的文章，并总结作文的要领。初小写作教学重视学生的“作”，尝试引导学生“改”，而高小写作教学则主张“作”与“改”并重，大大提高了作文评改训练的比例。详见图1–3。

① 初小第一册中，有些作文练习既有看图说话，又有观察生活，所以这里的统计次数超过了13次。

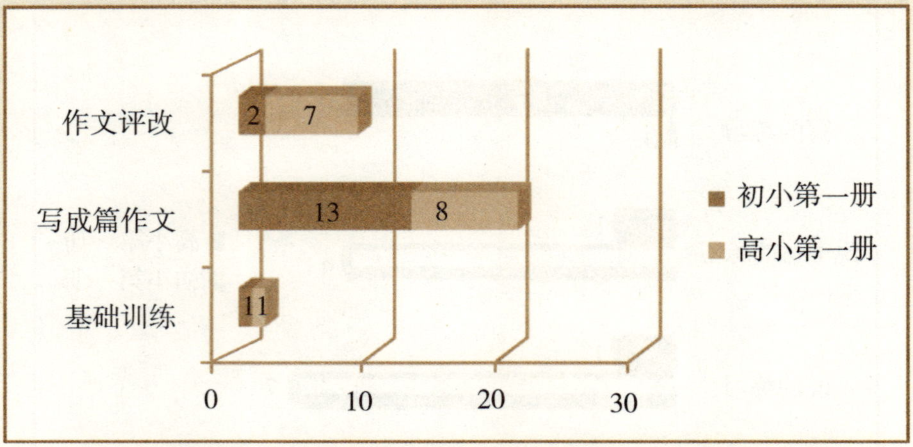

图1–3 《语文练习》中写作教学课型的安排

（7）写作能力培养分析

《语文练习》除了引导学生有内容、有条理地写一个故事或一篇短文，还注重培养学生多方面的能力，如收集材料的能力、选材与组材的能力、拟题能力与修改作文能力。初小阶段特别重视学生与教师共拟小标题，高小阶段除了培养学生列提纲的能力，还特别关注学生作文修改能力的提高。详见表1–6。

表1–6 《语文练习》对学生写作能力的关注

写作能力		初小	占比	高小	占比	小计	占比
收集材料的能力	观察	3	11%	1	4%	4	15%
选材与组材的能力	列小标题	7	26%	1	4%	8	30%
	列提纲			5	18%	5	18%
拟题能力				1	4%	1	4%
修改作文的能力		2	7%	7	26%	9	33%

（8）写作教材内容的呈现方式分析

写作教材内容可以包含多个要素，如写作话题、写作任务、写作目标、材料收集指导、表达内容解读、表达内容提示、表达方式解读、表达方式提示、写作衔接、写作例文、写作反思要求、评改要求、作品分享要求等。不同要素的搭配构成了丰富多样的教材呈现方式，也体现了不同的作文教材观。

①多种呈现方式

《语文练习》的主要呈现方式有以下几种：

A. 单一任务式。单一任务式指直接告知写作任务，不做任何关于写作内容、写作形式或写作要求的说明。如初小第一次写作练习，详见图1–4。

1.看图说话。

2.说说自己的暑假生活。

图1–4 初小第一册第一次写作练习[3]2

B. 内容提示式。内容提示式指教材在呈现写作练习时，不仅给出了写作任务，而且对如何选择或组织内容等方面做了提示。如初小第一册第四次写作练习要求学生观察自然，并用四个小问题对从哪些方面观察自然做了提醒，详见图1–5。

1.用下面的词造句子，把这些句子连成一篇文章。

合作社……。葡萄园……。社员们……。少先队员们……。他们……。……称赞……。

2.看看自然历，把九月里观察自然的材料说出来。并且跟暑假里的情况比较一下。

（1）天气怎么样？气候怎么样？

（2）树有什么变化？鸟怎么样？

（3）自然界还有什么变化？

（4）人们在菜园、果园、田地里做哪些工作？

图1–5 初小第一册第四次写作练习[3]11

C. 写作衔接式。写作衔接式指教材在呈现写作练习内容时，与后续的写作练习进行衔接。这种衔接可以是为下一次写作收集资料，做写作内容上的准备，也可以是语言形式上的练习，为后续的写作提供形式上的准备。如初小第一册第十一次练习，要求学生在说说写写月亮的同时，观察家里的鸡，为下一次的写鸡收集了写作素材，详见图1–6。

1.读下面的文章。

海边看月亮

海边有一片沙滩，我常到沙滩上看月亮。

天刚黑，月亮还没有出来。这时候，天空像洗过一样，青青的一片，什么都没有。海多么大呀。向远处望去，海和天空连成一片了。

忽然，在海和天空相连的地方，出现一片银色。不大一会儿，月亮升起来了，慢慢的，一小半，一大半，啊，全升起来了，这么大，这么圆。海面上银色的光随着波浪一闪一闪的，好像在跳舞。

海边的月亮真好看哪！

2.说说自己看到的月亮。

3.根据看到的月亮的情形写一篇短文，研究好内容和次序再写。

4.在家里注意观察鸡，看看是什么样儿，生活习惯怎么样。

图1–6　初小第一册第十一次写作练习 [3] 30

D. 写作反思式。写作反思式指教材引导学生反思自己的写作过程，总结写作方法和写作策略。如高小第一册最后一次练习，要求学生总结写作的一些重要方法，详见图1–7。

1.读上次写的故事，仔细看看老师改的地方。

2.总结一下这个学期的作文练习，下面几点应该记住：

（1）作文要有内容，要有条理。

（2）写一种事物，要仔细观察，讲一种道理，要多举实例。

（3）动笔之前要写提纲。

（4）照提纲把意思说一说，说一段，写一段。

（5）写成之后，要认真检查。

（6）发文的时候，要仔细看老师修改的地方。

图1–7　高小第一册最后一次写作练习 [4] 48

E. 写作例文式。写作例文式指教材在布置写作任务之前或之后，呈现与主题或者语言表达方式相关的典型文章，供学生学习理解、模仿与借鉴。如高小第一册第五次练习，要求学生写一篇关于国庆节的日记，在任务之前，教材提供了一篇日记例文。

②各种呈现方式的分布情况

《语文练习》初小和高小两册共32次写作练习中，单一任务式出现了20次，占六成左右。内容提示式出现了6次，占比不到二成，其他呈现方式处于偶发状态。

（二）拨乱反正时期的小学写作教材：《全日制十年制学校语文课本（试用本）》

1.《全日制十年制学校语文课本（试用本）》概述

《全日制十年制学校语文课本（试用本）》（下文简称《十年制课本》）是“文化大革命”之后第一套全国通用教材，由人民教育出版社于1978至1982年出版，作为读写合编型写作教材，它较为显著地体现了“文化大革命”结束后拨乱反正时期全面提高语文教学效率的诉求。

20世纪70年代末，百废待兴，小学语文教学效率低下的问题引起了各方人士的关注。率先对语文教学开炮的是吕叔湘。1978年3月，吕叔湘在《人民日报》上发表《当前语文教学中两个迫切问题》，指出中小学语文教学效果差，存在严重的少、慢、费、差现象，呼吁成立专门的研究机构，研究如何提高语文教学效率的问题。同月，叶圣陶在中国社会科学院语言研究所召开的座谈会上就语文教学的改革发表了长篇讲话，讲话稿被《中国语文》杂志以《大力研究语文教学，尽快改进语文教学》为题发表。叶圣陶在讲话中指出，语文教师应责无旁贷地改进语文教学。语文教师应朝着使学生“（举一）反三”的目标精要地讲，启发学生学习语文的能动性，以达到“用不着讲”的境地。叶圣陶还对写作教学提出了改进建议：语文教师应认识到写作教学的目的不在于考试，而是为了培养一种熟练技能；写作教学应考虑学生的生活，鼓动学生写的积极性；写作教学应鼓动高年级学生养成记日记的习惯；写作教学应培养学生自改作文的能力。[5]

1978年颁发的《全日制十年制学校小学语文教学大纲（试行草案）》（下文简称《78大纲》），全面提升了写作教学的要求：一年级要求说完整的话，写完整的句子；二年级进一步加强句子的训练，说话、写话语句通顺，前后连贯；三年级要求段落分明、条理清楚；四年级要求中心明确；五年级达到全面要求；整个五年，都要求思想健康、内容具体、不写错别字。《78大纲》还要求教师在对学生进行写作训练的同时，初步培养学生准确、鲜明、生动的文风。具体地说，要求学生逐步做到：第一，写作要有具体内容。写一段话或是写一篇文章，想告诉别人一件什么事，想说一说自己的什么想法，就把这件事、这个想法写下来，不说空话。第二，写作要实事求是。写一句话、一段话乃至一篇文章，要把自己想写的事情老老实实地写下来。第三，写作要看对象。作文时要想到文章是写给谁看的。第四，写作要注意选词用语。写一句话、一段话，要想一想怎样写才能把自己想说的意思准确生动地表达出来，要用恰当的词句，采取恰当的表达方法。要注意词语的规范化。第五，要注意前后连贯。文章总是有开头、中间与结尾的，要思考什么是这篇文章的中心，围绕这个中心，先说什么，再说什么，最后说什么，才能使人家看得明白。第六，写完以后要修改。要注意有没有不通顺的句子，有没有用词不当的地方，有没有写错别字，有没有用错标点符号。《78大纲》特别强调写作教学要与阅读教学结合，要求在阅读教学中引导学生懂得怎样选择材料、怎样组织材料、怎样确定中心、怎样准确地选择词语、怎样写出通顺的句子、怎样连段成文，并注意前后的内在联系。在教学写作时，教师要指导学生灵活运用在阅读中学到的知识和技能。多练习写作、高质量地练习写作也是《78大纲》关注的要点。它要求教材增加写作练习的编排，并有计划地安排学生写作。教材的“基础训练”对学生写作提出了具体要求，并要求每个学生必须达到。[6]

根据《78大纲》要求，《十年制课本》以听说读写和字词句篇之间的内在联系为抓手组织学习内容，以“习作例文”和“读写例话”这两种新的形式引导教师开展读写教学。有人认为，这样的做法在我国小学语文教材发展史上可以说是一个创举[7]157，因为它为系统和规范的读写训练提供了保证。

（1）读写例话

读写例话是供学生自己领会读写方法的一种小结性文章，它联系高年级每册相关单元的重点课文，对该单元的读或写的训练重点加以概括，使学生对文章的认识由感性上升到理性。读写例话从第七册开始，第七册至第十册每册8篇，共32篇，所涉及的读写训练重点如表1-7。[7]141-143

表1-7　读写例话所涉及的读写训练重点

册序	读写例话所涉及的读写训练重点
第七册	1.怎样读懂一篇课文 2.怎样才会喜欢作文 3.一边读一边想 4.注意观察周围的事物 5.抓住课文的主要内容 6.怎样选择材料 7.事物和联想 8.一要具体二要真实
第八册	1.文章的中心思想 2.中心要明确，段落要分明 3.段落和层次 4.详写和略写 5.事物的联系和变化 6.静态和动态 7.分清事情的前因后果 8.前后照应
第九册	1.主要的和次要的 2.重点突出，主次分明 3.事物和环境 4.按事情发展的顺序写 5.外表和内心 6.抓住人物的特点 7.体会文章里含着的意思 8.怎样表达思想感情
第十册	1.文章里的思想感情 2.真情实感，恰如其分 3.文章的条理 4.抓住要点，考虑周到 5.注意文章的细节 6.观察细致，注意细节 7.注意当时当地的情况 8.说话要得体

（2）习作例文与写作任务

习作例文是专为加强写作指导而安排的一类课文，它使三至五年级抽象的写作训练重点得到了具体明确的体现，同时又为学生提供了写作的模仿范本。习作例文从第五册开始出现，第五、第六册各10篇，第七至第十册各4篇。紧接着习作例文的是每个单元的基础训练，基础训练中编排了学生的写作任务。《十年制课本》第五至第十册习作例文、写作任务及写作训练重点详见表1-8。[7]144-145

表1-8　习作例文、写作任务及写作训练重点

册序	习作例文	写作任务	写作训练重点
第五册		听老师讲《白头翁的故事》，看图给同学讲《白头翁的故事》	1.懂得叙述一件事应当内容具体，一句一句地讲清楚 2.懂得在叙述具体的事物时，要在脑子里浮现该事物的具体形象 3.懂得怎样按事件发展的顺序进行叙述 4.懂得怎样仔细观察事物，写出事物的特点 5.懂得写作要有重点
	《课间十分钟》	选择你最喜欢的一项活动，讲给同学听，按《课间十分钟》的写法，写上一段或两段话	
	《父亲小时候的故事》	看图说图，学习《父亲小时候的故事》的写法，把小八路挑水的情景写具体	
	《三只蝈蝈》	看图说图（送老大爷回家，单幅图），仿照《三只蝈蝈》的写法，把这件事写下来	
	《雨》	观察附近的一处景物，说说看到了什么，学习《雨》第二段的写法，把它具体形象地写下来	
	《为人民歌唱》	1.学写通知 2.仿照课文《为人民歌唱》第四、五段的写法，记一次活动，重点写活动的经过	
	《踢鬼的故事》	写自己做过或听到、看到的事，像《踢鬼的故事》那样，要写明人物、时间、地点，把事情发生的经过写清楚	

续表

册序	习作例文	写作任务	写作训练重点
第五册	《壁虎》	看图，学习《壁虎》的写法，具体地写一写猫	
	《记一次乒乓球赛》	仿照《记一次乒乓球赛》的写法，记一次活动，重点写活动的主要内容	
	《亮亮》	读诗，再根据诗的内容写一篇短文，重点写第三、第四、第五段，也可以写自己熟悉的一个小孩，只要写一件事，注意写出小孩的特点	
	《打猎》	看图说图，用《替军属张大爷扫雪》做题目，把说的话写下来，重点写怎样扫雪	
第六册		学写表扬稿	1.懂得作者是怎样根据不同的地点、时间来观察事物和选择内容的 2.懂得怎样仔细观察事物，抓住事物的特点、重点来写 3.懂得怎样按事件发展的顺序来记叙事情的经过 4.懂得写作时怎样选择材料，怎样通过几件事写一个人
	《金鱼》	看图说图，听老师讲《小鸡的生长》，写《鸡》，仿照《金鱼》一课观察的方法，把鸡不同时期的特点写下来	
	《喇叭花》	看图，说说图中画的是什么植物，写《蓖麻》，按照图的顺序，仿照《喇叭花》一课的观察方法，把蓖麻生长的情况写下来	
	《一次科技活动》	口述你参加的一次活动，仿照《一次科技活动》写《记纪念革命先烈的活动》或《烈士墓前》	
	《松鼠》	听老师讲《猫头鹰捉田鼠》，仿照《松鼠》的写法，把猫头鹰的样子和捉田鼠的情况口述后写下来	

续表

册序	习作例文	写作任务	写作训练重点
第六册	《第一次跳伞》	说说自己的某种第一次经历，以“第一次××”做题目，仿照《第一次跳伞》的写法，按事情发展的顺序列好提纲，再具体写下来	5.懂得怎样抓住景物的特点来具体叙述景物
	《捉鱼》	用《运动会》做题目，仿照《捉鱼》的写法，把参加运动会的经过有目的地写下来	
	《爷爷》	用一两件事说说自己熟悉的一个人，说后用“我的××”为题目，仿照《爷爷》的写法具体写下来	
	《我的老师》	看图说图，仿照《我的老师》的写法写《邮递员》	
	《人民大会堂》	看图说图，仿照《人民大会堂》的写法写《教室》	
	《海滨小城》	看图说图，写《公园的一角》，仿照《海滨小城》的写法，把公园里的情景写下来	
		写决心书	
第七册		记暑假里的一件事，注意按照事情的顺序写下来	1.作文要有具体内容 2.注意观察周围的事物，并要抓住事物的特点进行观察 3.从观察所得中，选择最能体现作文要求的材料来写
	《赶羊》	写一件自己做过或看到的事，把感受最深的部分写具体	
		看一部电影或一本课外读物，一边看一边想，把你最感动之处写下来	
	《今天我喂鸡》	仔细观察周围事物，选择其中一个，抓住特点写下来	
		缩写《火烧赤壁》	
	《小木船》	记一件同学之间团结友爱的事，注意选择突出的事例	

续表

册序	习作例文	写作任务	写作训练重点
第七册		仔细观察下面的图画，把看到的东西写下来，观察时，你想到什么，也要写进去	4.写的时候，一要注意不说假话，要真实；二要注意不说空话，要具体
	《高大的背影》	1.学写书信 2.通过一件事，写一个你熟悉的人，内容要真实，写得要具体	
第八册		记寒假里对你有教育意义或者印象最深刻的一件事	1.作文要努力做到中心明确、段落分明 2.和中心思想关系特别密切的部分要写得详细些，其余部分可以写得简练些 3.学习写事物的静态和动态 4.注意前后照应
	《我爱故乡的杨梅》	写篇文章赞赏一样事物，赞美哪几点就分几段来写，要说清楚你为什么赞美它	
		通过一件事写一个人，反映人的特点或品质，想好叙述的先后次序，再分层表达出来	
	《插秧比赛》	记一次比赛活动，比赛过程要详细地写，比赛前后要简略地写	
		以“我和××”为题写一篇作文，要写清楚“我”和“××”是在什么问题上联系起来的	
	《火烧云》	组织一次游览活动，把游览的过程和看到的景物写清楚	
		扩写《囫囵吞枣》	
	《抢险》	1.记一次野炊活动 2.写一封信，用以叙述自己一学期来的收获	
第九册		从读的课文或课外读物里，选一篇或一本你最喜欢的，仔细阅读后，按第二种写法写一篇读书笔记，印象最深的地方写详细些	1.懂得写文章要重点突出，有主有次

续表

册序	习作例文	写作任务	写作训练重点
第九册	《落花生》	观察一种动物或植物，重点观察一两个方面，把观察到的情形写下来，重点部分写详细些，其他部分写简单些	2.懂得写文章要按事情的发展顺序来写，叙述时要抓住重点 3.懂得写人物时，要抓住人物的特点 4.懂得写文章要借事借景来抒发自己的思想感情
		写一件你亲身经历或看到、听到的事，要写出事情的经过，并注意把发生事情的周围环境写清楚	
	《钓鱼》	你和同学或亲戚、邻居之间发生过什么值得回忆的事，选一件写下来，要把事件发展的顺序写清楚，重要的地方写得详细具体些	
		试用第三人称的口气改写《我的战友邱少云》中“中午时候”到“没发出一声呻吟”那几段话	
	《忆铁人》	用一两件事写一个你熟悉的人，注意写出人物的特点	
		写一个勤劳（刻苦学习、助人为乐或热心干四化）的人，要通过具体事例表现出他的优秀品质	
	《第一场雪》	写一篇关于冬天的作文，通过对景物、人或事的具体描述，把人们不畏严寒、战斗在自己岗位上的积极精神表达出来	
第十册		观察生产劳动的场面，以描述人们的热情为中心，把看到的情景具体地写下来	1.懂得写文章所表达的思想感情必须真实，用词确切、恰当
	《中条山的风》	写一件你听到、看到的表现社会主义新风尚的事，注意写出真情实感，用词造句恰如其分	

续表

册序	习作例文	写作任务	写作训练重点
第十册		进行一次参观访问活动，把这次活动的情况写下来，要先想好文章的中心思想，该怎样有条理地一层一层地写	2.懂得写文章应当抓住几个要点，在叙述这些要点时，还要把当时具体情况考虑周到，做具体叙述 3.懂得要把文章的细节写好，必须依靠对事物的细致观察，只有看得细，才能写得逼真 4.懂得写文章里的人物言行，要符合身份，说话要得体
	《小站》	以我的家乡、我的母校或其他你认为值得写的地方为题目，写一篇作文，先想好几个要点，考虑好每个要点的有关情况，再具体地写出来	
		复习读书笔记的方法，从课外读物里选一篇或一本最喜欢的，写一篇读书笔记，这次读书笔记的要求是注意文章的细节，哪些细节写得好，为什么，选择两三处来写	
	《鹌鹑》	以《一个夏天的晚上》为题，细致观察某个夏夜发生的事情，确定中心，再把要点一层一层写下来，写的时候要注意细节	
		根据讨论会的情况，仿照后述会议记录的写法，练习把这次讨论会《怎样做一个合格的小学毕业生》的决议记下来	
	《彩色的翅膀》	写一封信给远处的长辈（爸爸、妈妈、姑姑、老师、姥姥任选一个人），告诉他或她你要小学毕业了，说说你对他或她的怀念，说说学校里目前的情况和你毕业后的希望；按照书信格式写，要求内容具体，条理清楚，重点突出，说话得体	

2. 写作教材的多维分析

（1）作文体裁分析

《78大纲》明确指出：小学以学写记叙文为主，也要会写常用的应用文。《十年制课本》对作文体裁学习的安排，严格按照《78大纲》要求。三至五年级写作学习共58次，其中，记叙文学习达48次，占83%，应用文学习10次，点17%。从年级分布来看，第十册的应用文学习明显高于前几册，详见图1–8。

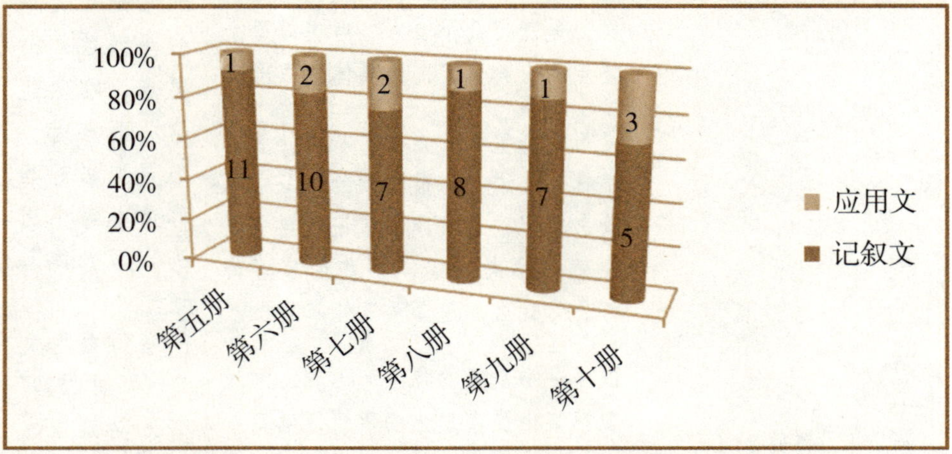

图1–8　《十年制课本》对作文体裁学习的安排

（2）作文题材分析

《十年制课本》所安排的记叙文题材主要涉及事、景、物、人等四个方面。三至五年级写事记叙文的学习占1/2以上，写人记叙文的学习占1/5。从各册分布来看，第五册、第七册、第八册、第十册重写事，写景在第十册得到关注，写物在第六册与写事平分秋色，写人在第九册得到特别强调，详见图1–9。

（3）写作素材的来源

《十年制课本》引导学生从自然、生活、图画、阅读等多个方面搜集写作的素材。三至五年级，最重要的素材来源是观察生活，其次是观察图画，再次是听读书中故事与观察自然。从年级分布来看，观察生活的要求贯穿于每一册，观察自然的要求体现在第七册和第九册，第五、第六、第

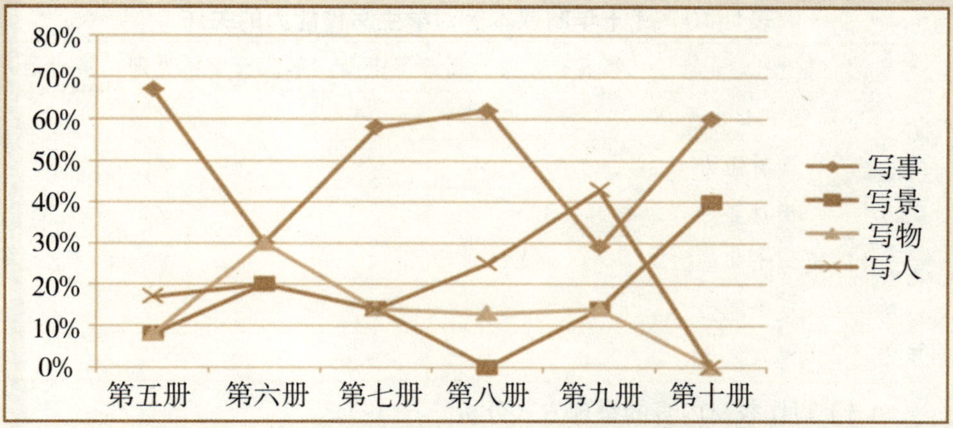

图1–9 《十年制课本》对作文题材学习的安排

七三册要求学生先观察图画后写作，第五至第九册都有从阅读中获取写作材料的要求，详见表1–9。

表1–9 《十年制课本》四种学生写作素材的来源

册序	观察自然	占比	观察生活	占比	观察图画	占比	听/读书中故事	占比	小计
第五册			6	46%	5	39%	2	15%	13①
第六册			3	30%	5	50%	2	20%	10
第七册	1	14%	4	58%	1	14%	1	14%	7
第八册			7	88%			1	12%	8
第九册	1	14%	5	72%			1	14%	7
第十册			5	100%					5
合计	2	4%	30	60%	11	22%	7	14%	50

（4）写作能力的培养

《十年制课本》十分重视学生写作能力和观察、想象等一般能力的培养。在写作能力的培养上，特别重视确定中心、选材与组材能力的培养，在一般能力的培养上，尤其关注学生观察能力的发展，详见表1–10。

① 第五册的一些写作练习，既有看图说话，又有听读故事，所以这里的统计次数超过了12次。

表1–10　《十年制课本》对学生写作能力的关注

能力		第五册	第六册	第七册	第八册	第九册	第十册
写作能力	确定中心的能力	✓	✓		✓	✓	✓
	选材能力		✓	✓		✓	✓
	组材能力	✓	✓		✓	✓	
	遣词造句能力						✓
一般能力	观察能力	✓	✓	✓			✓
	想象能力	✓					

（5）写作教材内容的呈现方式分析

《十年制课本》的内容呈现方式与《语文练习》基本相同，采用单一任务式、内容提示式、写作例文式等。这套教材还出现一种新的内容呈现方式，即写作目标式。写作目标式指教材在布置写作任务时，明确提出此次写作的学习目标。如第五册基础训练3，要求学生看图写一件事，把小八路挑水的情景写具体。这里的“写具体”其实就是此次写作的目标之一，详见图1–10。[8]

仔细看图。先说说小八路在干什么，他怎样挑水跨门槛的？老大娘在做什么？小八路的脚边还有什么？再说说远处还有哪些人，在做什么？然后写话。写的时候，可以学习《父亲小时候的故事》里对某一件事的写法，把小八路挑水的情景写具体。

图1–10　《十年制课本》第五册基础训练3中的写作练习

《十年制课本》的内容呈现方式以写作目标式、写作例文式为主。超过七成的写作练习采用了写作目标式和写作例文式。单一任务式只占1/10，内容提示式占1/5左右。

（三）新课改时期的小学写作教材一：《小学实验教材语文（语言表达分册）》

1.《小学实验教材语文（语言表达分册）》概述

《小学实验教材语文（语言表达分册）》（下文简称《语言表达》）是上海师范大学教育科学研究所与上海市实验学校共同编写，专用于培养学生语言表达能力的实验教材，由人民教育出版社于2000至2002年出版，是新中国成立以来唯一的文语合编型写作教材。

《语言表达》是20世纪末启动的基础教育课程改革的产物。1996年7月至1997年年底，教育部基础教育司组织6所大学及中央教科所的课程专家，对从1993年秋开始在全国施行的九年义务教育课程的实施状况进行调研。随后，教育部组织教育理论工作者开展广泛的国际比较研究，了解英、美、加、德等多个国家课程改革的经验和策略，明确了我国基础教育课程改革的方向和目标。1999年，中共中央、国务院发布《关于深化改革，全面推进素质教育的决定》，2001年颁发《基础教育课程改革纲要（试行）》。在此期间，教育部出台了《九年制义务教育全日制小学语文教学大纲（试用修订版）》（2000年颁布，下文简称《00大纲》）。《00大纲》指出：语文是最重要的交际工具，是人类文化的重要组成部分。小学语文教学应培育学生热爱祖国语言文字和中华优秀文化的思想感情，指导学生正确地理解和运用祖国语文，丰富语言的积累，使他们具有初步的听说读写能力，养成良好的语文学习习惯。在教学过程中，使学生受到爱国主义教育、社会主义思想品德教育和科学思想方法的启蒙教育，培育学生的创造力，培养爱美的情趣，发展健康的个性，养成良好的意志品格。写作教学应引导学生把自己的见闻、感受和想象写出来，做到内容具体，感情真实，有一定条理，语句通顺，书写工整，会用常用的标点符号，并养成留心观察、认真思考、勤于动笔、认真修改自己作文的良好习惯。2001年，《全日制义务教育语文课程标准（实验稿）》（下文简称《01课标》）正式出台。它明确指出：语文课程应致力于学生语文素养的形成与发展，写作教学应引导学生具体明确、文从字顺地表述自己的意思，并能根据日常生活需要，运用常见的表达方式写作。

《语言表达》是上海市实验学校多年课程与教材改革的成果。《语言表达》的编写者认为，阅读是输入信息，表达是输出信息，学生阅读能力与表达能力有各自的发展规律，但相互关联。为了集中训练学生的语言表达能力，使听读、听说、作文的训练既各自独立、自成体系，又相互配合、综合发展，需要专门的语言表达训练教材，与阅读教材配套使用。[9]

《语言表达》共10册，供一至五年级使用。它以吴立岗作文教学思想为指导，设置多个语言表达训练的板块，包括听说训练、听读欣赏、看图作文、学写应用文、童话创作、素描创作、素描写作等。一年级至五年级看图作文、学写应用文、童话创作、素描创作、素描写作的作文主题详见表1-11。

表1-11 《语言表达》一至五年级作文主题

册序	教材板块	作文主题
第一册	看图作文	1.看图说话《做好事》 2.看图写话《画画》
第二册	看图作文	1.取球 2.乒乓球圆了
	学写应用文	1.留言条 2.请假条
	童话创作	1.小猴过生日 2.美丽的色彩 3.聪明的小猫 4.狐狸和松鼠 5.小熊请客 6.老奶奶和谁住
第三册	看图作文	1.植树 2.新年老人的礼物
	学写应用文	1.学写观察日记 2.学写表扬稿

续表

册序	教材板块	作文主题
第三册	童话创作	1.蜜蜂和蝴蝶 2.小蚂蚁得救了 3.小猴菲菲为什么没来 4.狐狸和乌鸦 5.谁的本领大 6.桌椅对话
第四册	看图作文	1.他不是故意的 2.抢座
	学写应用文	1.学习写简单的启事 2.学写日记
	童话创作	1.排图编童话《花猫 兔子 狐狸》 2.玩玩具编童话 3.用木偶编童话小品 4.听音响编童话 5.两词联系编童话 6.围绕特定主题编童话
第五册	看图作文	1.一张邮票 2.小鸟历险记
	学写应用文	1.学习记课堂笔记 2.学习写周记
	素描创作	1.文具用品 2.日用品 3.学习修改作文的标点符号 4.小玩具 5.小玩艺 6.动物标本 7.动物 8.小动物

续表

册序	教材板块	作文主题
第六册	看图作文	1.橘子丰收 2.大桥
	学写应用文	1.学写板报稿 2.学写通知
	素描创作	1.学会积累写作材料 2.学会仔细观察景物 3.学会有顺序地描写景物 4.学会观察描写景物的变化 5.学会变换观察位置描写景物
第七册	看图作文	补课
	学写应用文	1.学记文摘卡 2.学写随笔
	素描写作	1.家务劳动 2.制作工艺品 3.点名 4.课间活动 5.上学路中的对话 6.借书 7.保护眼睛 8.生活中的对话
第八册	看图作文	求医
	学写应用文	1.学习写、寄一般书信 2.学会记读书笔记
	素描写作	1.抓住人物外貌特点，有顺序地描写 2.仔细观察、描写活动中人物的外貌 3.反映人物特点，描写人物外貌 4.描写人物外貌，表现人物的情绪变化 5.描写人物外貌，表现人物的性格特征 6.围绕中心，描写人物的外貌 7.学习描写人物的心理活动 8.描写内心独白，表达真情实感

续表

册序	教材板块	作文主题
第九册	看图作文	无题
	学写应用文	1.学习写专用书信 2.学习写读后感
	素描写作	1.写完整的一件事 2.学会拟作文提纲（一） 3.学会拟作文提纲（二） 4.从生活中选材 5.把事情的过程写具体 6.根据命题选写生活中的事 7.观察思考，确定中心 8.选择材料，表现中心思想
第十册	看图作文	漫画《你们开荒，我们逃荒》
	学写应用文	学写小论文
	素描写作	1.安排好记叙的线索 2.注意文章的过渡、照应 3.推敲文章的开头 4.设计文章的结尾 5.扩写 6.续写 7.改写 8.缩写

2.《语言表达》的多维分析

（1）作文体裁分析

《语言表达》中学生需要学习的体裁主要是记叙文和应用文。三至五年级共63次写作活动，4/5为记叙文写作活动。从年级分布来看，两种体裁分布较为一致，除了第六册应用文写作活动次数超过1/5，其余各册应用文写作都在1/5以下，第十册应用文写作活动最少，仅为1/10，详见图1–11。

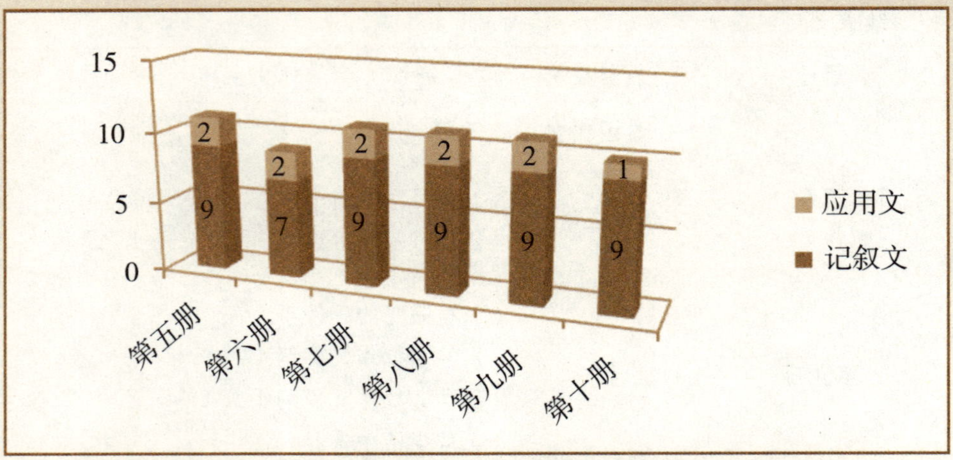

图1-11 《语言表达》中作文体裁学习安排

（2）作文题材分析

《语言表达》中记叙文写作的题材同样以写事为主，占一半以上。从年级分布来看。各类题材分布并不均衡。第五册9次练习中7次写物，第六册7次练习全部写景，第八册9次练习中8次写人，其余三册写事占优。各年级写事练习的分布详见图1-12。

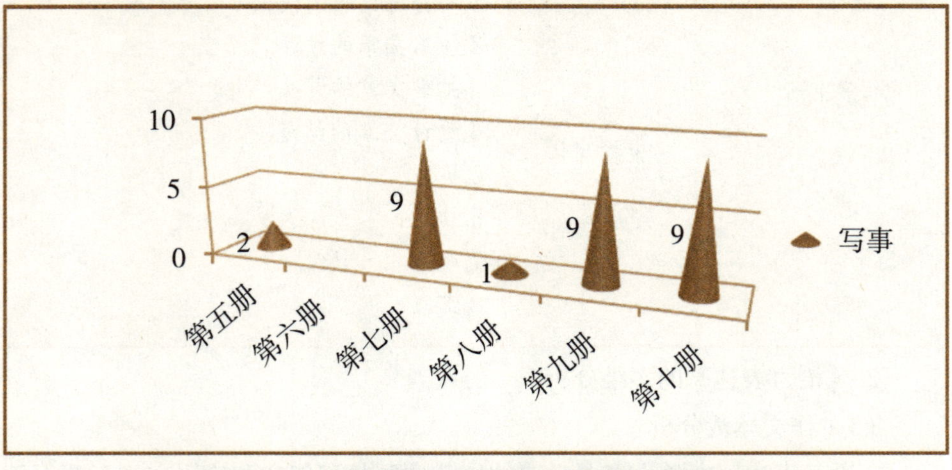

图1-12 《语言表达》各年级写事练习的安排

（3）写作素材来源分析

《语言表达》对写作素材来源的关注点主要落在“观察生活”上，需从生活撷取素材的写作占68%。三年级引导学生不仅要观察生活，还要观察自然与图画。五年级下学期结合书中故事开展写作活动，详见表1-12。

表1-12 《语言表达》中学生写作素材的来源

册序	观察自然	占比	观察生活	占比	观察图画	占比	听/读书中故事	占比	小计
第五册	3	27%	6	55%	2	18%			11
第六册	5	56%	2	22%	2	22%			9
第七册			10	91%	1	9%			11
第八册			10	91%	1	9%			11
第九册			10	91%	1	9%			11
第十册			5	50%	1	10%	4	40%	10
合计	8	13%	43	68%	8	13%	4	6%	63

（4）写作能力培养分析

《语言表达》极其重视学生写作能力的培养，在每册教材的编写说明中都指明了该册教材的能力培养目标，详见表1-13。

表1-13 《语言表达》写作能力培养目标

册序	写作能力目标
第一册	在观察单幅图的基础上，能看懂图片内容，有条理地讲述观察到的内容，并将所说的话写下来，语句通顺，不写错别字，会用逗号和句号
第二册	在观察多幅图的基础上，能看懂图片内容，连贯地理解图意，能有条理地讲述出来，并将所说的话写下来，语句通顺，不写错别字，会用逗号、句号、问号和叹号；能仿照例文编写童话故事，能根据图意，加以丰富的想象，创作童话故事；学写留言条和请假条
第三册	能根据故事的前半部分编写故事的后半部分；根据故事的结尾想象编写出一个完整的故事，能根据读过的童话故事编写续集；根据小品内容编写一个童话故事；能根据提供的结构写一个完整的故事；在观察单幅图的基础上，看懂图片内容，理解图意，能有条理、具体地讲述出来，并能将所说的话写下来，语句通顺，不写错别字，会正确使用逗号、句号、问号和叹号；学习写观察日记和表扬稿

续表

册序	写作能力目标
第四册	继续编写自己创作的童话故事，发展产生思想内容的能力和表达思想内容的能力；能将几幅图排列顺序编写童话故事，玩玩具编写故事，用木偶表演自己编写的童话故事；听音响后，能根据听到的各种音响编写故事；能将两个不相关的词语通过合理想象联系起来，编写童话故事；能围绕特定的主题编写童话故事；在观察多幅图的基础上，看懂图片内容，理解图意，能有条理、具体地讲述出来，并能将所说的话写下来，语句通顺，不写错别字，会正确使用逗号、句号、问号、叹号和引号；学习写简单的启事和写日记
第五册	学会有顺序地观察静物（文具用品、日用品、小玩具、小玩艺）和动物（动物标本、动物生活影像和自己饲养的小动物），能按顺序准确具体地描写静物和动物，运用联想和想象的方法使描写具体生动；学会修改作文的符号，并能运用这些符号修改自己的作文；在观察多幅图的基础上，看懂图片内容，理解图意，能有条理、具体地讲述出来，并能将所说的话写下来，语句通顺，不写错别字，会正确使用逗号、句号、问号、叹号、顿号、冒号和引号；学习记课堂笔记和学记周记
第六册	学会有顺序地观察植物（花、果实、茎、叶）和景物（不同时间、不同地点的景物的不同特点），能按顺序准确具体地描写植物和景物，运用联想和想象的方法使描写具体生动，并能运用修改符号修改自己的作文；在观察单幅图的基础上，看懂图片内容，理解图意，能有条理、具体地讲述出来，并能将所说的话写下来，语句通顺，不写错别字，会正确使用逗号、句号、问号、叹号、顿号、冒号和引号；学习写板报稿和学写通知
第七册	学会有顺序地观察人物的动作和语言，能具体生动地描写出来，并能运用修改符号修改自己的作文；在观察单幅图的基础上，看懂图片内容，理解图意，能有条理、具体地讲述出来，并能将所说的话写下来，语句通顺，不写错别字，会正确使用逗号、句号、问号、叹号、顿号、冒号和引号；学习记文摘卡片和写随笔

续表

册序	写作能力目标
第八册	学会有顺序地观察人物的外貌，合理地想象人物的心理活动，能具体生动地描写出来，并能运用修改符号修改自己的作文；在观察单幅图的基础上，看懂图片内容，理解图意，能有条理、具体地讲述出来，并能将所说的话写下来，语句通顺，不写错别字，会正确使用逗号、句号、问号、叹号、顿号、冒号和引号；学习记文摘卡片和写随笔
第九册	学习记叙一件完整的事，学会编拟作文提纲，根据命题选择材料，表现中心思想；在观察多幅图的基础上，看懂图片内容，理解图意，能有条理、具体地讲述出来，并能将所说的话写下来，语句通顺，不写错别字，会正确使用逗号、句号、问号、叹号、顿号、冒号和引号
第十册	学习安排记叙的线索，注意文章的过渡、照应，设计文章的开头和结尾，学习扩写、续写、改写和缩写的方法，尝试小论文的写作；同时要在观察漫画的基础上，看懂图片内容，理解漫画所要表达的中心，能有条理地、具体地讲述出来，并能将所说的话写下来，语句通顺，不写错别字，会用逗号、句号、问号、叹号、顿号、冒号和引号

观察能力与想象能力的培养贯穿《语言表达》三至五年级教材，第五册还关注作文修改能力的发展，第六册关注积累写作材料的能力，五年级特别重视确定中心、组材与选材能力的培养，详见表1-14。

表1-14　《语言表达》三至五年级关注的写作能力

写作能力		第五册	第六册	第七册	第八册	第九册	第十册
特殊能力	确定中心的能力					✓	
	收集材料的能力		✓				
	选材能力					✓	
	组材能力					✓	✓
	遣词造句能力						
	修改能力	✓					
一般能力	观察能力	✓	✓	✓	✓	✓	✓
	想象能力	✓	✓	✓	✓	✓	✓

（5）教材内容呈现方式分析

《语言表达》与《语文练习》《十年制课本》的呈现方式有很大的差异。《语文练习》《十年制课本》中的写作内容均作为练习或基础训练的一个栏目，《语言表达》则由独立的写作单元构成。这一写作单元，按照学生学习写作的过程编写，包括写作话题、学习目标、写作材料、写作指导、范文等多个栏目。写作目标明确规定了本次写作的具体目标，主要涉及特定的写作知识与能力。写作材料有时是一篇，有时有几篇，主要帮助学生通过具体的文章了解所要学习的写作知识。写作指导的内容比较丰富，包括解读写作材料、写作知识，指点观察与写作的方法，指导学生积累词语，布置写作的任务和要求，引导学生进行讲评和修改，等等。习作或范文也根据教学需要提供一篇或几篇，让学生学习与模仿。如三年级第二学期（第六册）素描创作第2课《学会仔细观察景物》。[10]

案例1　《学会仔细观察景物》

学习目标

1. 掌握观察植物的方法。
2. 学会具体描写植物的方法。

写作材料

校园里的花

秋天来了，校园的花圃里开着各式各样的花。你们看，有火红火红的爆竹红，有淡紫的恋蝶花，有金黄的万寿菊，还有雪白的王莲花，五彩缤纷，美丽极了。

在这些花中间，我最喜欢的要数美人蕉了。

美人蕉远看像一团熊熊燃烧的火，近看像小姑娘头上的红蝴蝶结。我走近美人蕉，只见一只蜜蜂一边“嗡嗡”地叫着，一边拍着翅膀飞来，飞到了美人蕉又红又大的花瓣上，一个劲地往花瓣里钻。一阵风儿吹来，美人蕉的花轻轻地摇摆起来，好像亲热地向蜜蜂招呼说：“蜜蜂小妹妹，你好，你给我们传播花粉又仔细又轻巧，我真不知怎么感谢你呢！”

校园里的花真是千姿百态，绚丽多彩。花儿啊，在这秋高气爽的日子里，你们尽情地开放吧，把我们的学校打扮得更加美丽。

写作指导

1. 校园里开满了各种各样的花，有火红的一串红，有淡紫的恋蝶花，有嫩黄的月季花，真是鲜艳夺目，五彩缤纷，美丽极了。小朋友，校园里的花，你爱哪些花？你最爱什么花？

2. 有位小朋友说她最爱美人蕉，写作材料中的《校园里的花》就是她写的一篇作文。请你读一读，思考下面几个问题：

（1）校园里有哪些花？作者是用哪些词来形容这些花的？

（2）作者把哪些花写得比较详细，哪些则写得比较简单？你知道作者为什么要这样写吗？

（3）作者写美人蕉是按什么顺序写的？用什么手法来写的？

（4）作者不仅写花，还写了花和蜜蜂的交谈，但是花和蜜蜂是不会说话的，你知道这是一种什么写法吗？

3. 请你在老师带领下观赏校园里的花，按顺序记录花的名称和颜色，想一想你喜欢哪两种花，然后分别观察你喜欢的花，边观察，边记录，不仅记下花，还要记下你看花时的想象。

校园里的花有____________________________________。

我最喜欢________________、__________________两种花。

第一种花是____________，______________________________。

第二种花是____________，______________________________。

4. 在草地上，在小花园里，把刚才记录想象的内容与同学交流，记下你觉得优美的词句。

好词：____

好句：____

［学习词语］令人陶醉、红绿掩映、含苞欲放、惹人喜爱、芳香、娇嫩、扑鼻的花香、引人注目、晶莹的露珠、高大挺拔、别具风格

5. 按观察的顺序描写你在校园里观察到的美丽的花，可以学习“写作材料”中那位同学的写法，把校园的景色描绘得引人入胜，注意要把你的想象也写进去，使文章吸引人。

6.交流修改自己的作文，在作文本上誊清，下一次在素描课上进行讲评。

【范文】

荷 花

清晨，我到公园去玩，一进门就闻到一阵清香。我赶紧往荷花池边跑去。

荷花已经开了不少了。荷叶挨挨挤挤的，像一个个碧绿的大圆盘。白荷花在这些大圆盘之间冒出来，有的才展开两三片花瓣儿；有的花瓣儿全都展开了，露出嫩黄色的小莲蓬；有的还是花骨朵儿，看起来饱胀得马上要破裂似的。

这么多的白荷花，一朵有一朵的姿势。看看这一朵，很美；看看那一朵，也很美。如果把眼前的这一池荷花看作一大幅活的画，那画家的本领可真了不起。

我忽然觉得自己仿佛就是一朵荷花，穿着雪白的衣裳，站在阳光里。一阵微风吹来，我就翩翩起舞，雪白的衣裳随风飘动。不光是我一朵，一池的荷花都在舞蹈。风过了，我停止舞蹈，静静地站在那儿。蜻蜓飞过来，告诉我清早飞行的快乐；小鱼在脚下游过，告诉我昨夜做的好梦……

过了好一会儿，我才记起我不是荷花，我是在看荷花呢。

（四）新课改时期的小学写作教材二：《义务教育课程标准实验教科书　语文》

1.《义务教育课程标准实验教科书　语文》概述

《义务教育课程标准实验教科书　语文》（下文简称《课标语文》）由江苏教育出版社于2001至2006年出版。《课标语文》依据《01课标》编写，旨在着力培养学生热爱祖国语文的思想感情，指导学生正确地理解和运用祖国语文，丰富语言的积累，发展语感，激发思维，帮助学生获得适应实际需要的识字写字能力、阅读能力、写作能力和口语交际能力，重视提高学生的品德修养和审美情趣，培养良好个性和健全人格。该套教材十分关注内容的民族化、现代化、简约化，力图通过传承中华优秀文化，弘扬民族精神，讴歌民族英雄和仁人志士，培养学生的民族意识和爱国主义情感。该套教材还努力宣传现代文明和现代科技成果，渗透现代意识，引导学生关注自然、环境与人类，理解和尊重多样文化。

中、高年级的《课标语文》由课文、习作、练习三部分组成。三年级上下两册各安排写作学习活动8次，四至六年级各册安排写作学习活动7次。全套写作学习活动共58次。一半以上的写作学习有例文，例文均由小学生誊写。《课标语文》三至六年级的习作内容详见表1–15。

表1–15 《课标语文》三至六年级写作练习

册序	例文	写作练习
三上	《好阿姨》《假如我有一支神笔》	写什么都可以，不过要先打草稿，然后念一念，改一改，直到自己满意了，再誊写到习作簿上
	《我的自画像》	给自己画一张像，画好以后，征求一下同学的意见，然后写一篇习作；建议把你们的自画像和习作一起贴在班级的壁报上
		写一写图中的景物，再写一种或几种你添上去的动物，题目自定
	《山坡上》	请走出校园，到公园里去，到田野去，观察迷人的秋景，发现自己感兴趣的东西，或别人没有发现的东西，然后选择一种景色写下来
	关于鲸的名片；关于海龟的名片	选取一种你喜欢的动物，为它设计一张名片，如果你对这种动物还不十分了解，可以查查资料；把你设计的名片和图片一起贴在习作簿上，请老师看一看；建议班级举行一次“动物名片设计大赛”
	《铅笔刨刀》	写一种自己喜欢的文具，看谁能把文具的特点和用途写清楚
	《找“饿”》	请把你喜爱的玩具带到学校里来，摆一摆，玩一玩，再编一个童话故事；先把故事讲给同学听，然后写下来；比一比，看谁写得有意思

续表

册序	例文	写作练习
三上	《谈谈欲穷千里目，更上一层楼》	选择你不太明白的两句话进行研究，把你的学习收获写出来
三下	《脱棉衣》	仔细观察下面两组图，任选一组写一篇习作，也可以找几幅连贯的图来写
	《我的朋友武建设》	为别人画一张像，可以画同学、老师、家长，还可以画想象中的人；画好了再写一写，除了写外貌，还要写写他的性格、爱好
	《小草的发现》	把你的发现写下来，看谁写得有意思，如果感兴趣，也可以为习作配图
	《乌鸦反哺》	从下面三幅图中任选一幅，展开想象，写一段对话，也可以另选内容；写对话时，注意正确使用标点符号
		请选用上面的材料，为黑板报写一篇介绍端午节的短文，可以介绍端午节的来历，说说这一天为什么要赛龙舟、吃粽子，也可以专门介绍你们当地端午节的风俗
	《保护蜻蜓》	在我们的周围，经常发生各种各样的事儿，你对某件事儿想发表一下自己的看法，想好了再写下来
	日记	请你回忆一天的所见所闻、所做所想，选择一件最有意思的事，仿照例文写一篇日记
	《肚子再也不疼了》	编个童话读给小朋友听

续表

册序	例文	写作练习
四上		假如让你按照自己的心愿设立一个节日，你会设立一个什么节日呢？赶快拿起笔，写出你心中的这个美好节日吧；可以写是什么事情让你想到要设立这个节日的，也可以写想象中自己或别人是怎样度过这个节日的；写完后可以读给大家听一听，让别人也能分享你心中的美梦和习作的快乐
	《我真棒》《我是个会跳舞的小姑娘》	请选择自己最得意的一个方面写下来，写完后不妨读给别人听，让更多的人了解你；题目可以是“请为我竖起大拇指”“埋在心底的自豪”“请将赞许的目光投给我”，也可以自拟题目
	书信	给远方的亲朋好友写一封信，选择一两个方面，介绍自己的家乡
		通过一件事的叙述，一个场景的描写，用上几个象声词
	《小闹钟》《小溪流的自述》	请你也用“××的自述”的形式介绍一个你熟悉的事物，要写得具体、生动
		你喜欢哪些卡通人物？请展开想象的翅膀，从中挑选一两位，重新编个故事；你也可以自己设计一个卡通人物，给他起一个好听的名字，让他也走进你编的故事里，把这个故事写下来，和大家交流
		根据照片，写一篇短文，再现当时的情景；题目由自己来定；也可以写其他的内容，可能的话，附上图片

续表

册序	例文	写作练习
四下	《我的建议》	写出春游的建议，为了让大家更好地了解你所介绍的地方，还可以配上插图或附上以前去游览时的照片
		推荐可以获得阅读章、表演章、保健章、礼仪章的同学，为了写好推荐文章，可以采访有关的人；如果事例多，要突出主要事迹，做到有详有略
	《红豆、黄豆我来分》	你在日常生活中发现了哪些感兴趣的问题？你是用什么方法找到答案的？请把你的发现写下来
		生活中经常会发生一些值得我们关注的事情，请围绕最近发生的这类事情，相互间谈谈看法，再写下来
	《我家门口的植物》	植物王国里有无穷的奥秘，请选择一两种植物，仔细观察，认真研究，然后把你的发现和研究成果写下来
		请从“野猪该不该打”“电池该不该乱扔”“武松是不是英雄”“非典的蔓延是不是与食用野生动物有关”等四个问题中选择一个你感兴趣的展开讨论；可以和同学、老师、家长一起讨论，也可以留心报纸、杂志、电视、广播及其他书籍，看看其他人对这个问题有什么看法，然后结合自己的认识写一篇文章，题目自拟
	《护蛋》	组织一次体验活动，可以当一回盲人、聋哑人等残疾人，也可以做一天老师，当一回家长，参加一次文体排练或社区活动，把自己的经历和感受写出来，与大家交流

续表

册序	例文	写作练习
五上	《我的班主任》	教过你的老师中，一定有人给你留下了深刻印象，请选择其中一位来写一写；可以写他在某些方面（如外貌、性格、教育方法等）的特点，也可以写他帮助、教育你的一两件事；题目由自己定
		请认真观察一种动物，先观察它的外形，看看每个部分有什么特点，再观察它的动作；观察要仔细，要有耐心，有时要反复观察，把动物的外形和动作写下来；为了给人留下深刻印象，可以适当地打比方，当然也要注意段与段之间的衔接
		组织一次秋游，到野外去，到植物园去，到公园去，观察一下植物叶子的颜色和形状；活动中，还可以搜集各种植物的落叶，把它们带回学校与大家一起观察交流，然后以“秋天的树叶”为题写一篇习作
	《请您原谅我》	你有哪些心里话想对别人（亲人、老师或朋友）说？可以传达问候，可以表示歉意，可以诉说委屈，也可以提些建议；注意写的时候，要表达出自己的真情实感
		写一件亲身经历的事，注意把事情写具体，表达自己的真情实感；题目由自己定
		仔细观察下面两幅图，弄清每幅图的意思，然后想想看，接下来会发生什么，结果会怎样，再把这个故事写下来，题目自拟
		在“我喜欢的一篇课文”“有趣的一次实验”“冬天”“盼春节”四个题目中，任选一个写一篇习作；如果你还有更好的写作内容，也可以不用这几个题目

续表

册序	例文	写作练习
五下	《二八月，看巧云》	请你观察一种自然现象，如朝霞晚霞、月圆月缺、春风春雨、雾起雾散等等，把它的变化特点写出来，题目自己定
	《拔河》	将自己的一篇作文草稿读给老师、同学听，征求他们的意见，再参照他们的意见认真修改自己的草稿，然后誊在作文本上
	《东城小学男篮获得冠军》	按照新闻报道的方法，写一次体育比赛（跳绳、踢毽子、拔河等）或学习竞赛（写字、朗读、习作、辩论等）
	《龟山汉墓参观记》	你参观、游览过哪些地方？请学习例文的写法，写一篇参观记或游记，题目自定
		请写一位身边的小能人（可以是语文、数学、体育、艺术等课程成绩优异的同学，也可以是电脑、制作、发明等方面的能手）；题目自己定；先确定写谁，再想想他在哪些方面表现突出，然后选其中的一两个事例写下来，要写真事，讲真话
		用你的笔介绍自己喜欢或崇拜的人，要通过人物的外貌、语言、神态表现人物的特点，要通过具体事例表现人物的品质
		面对浩瀚的星空和皎洁的月色，你肯定也有过无穷的遐思和美妙的想象：或是神秘的仙境，或是动人的故事……自己给习作定个题目
六上		请选择假期中感受最深的一段生活经历，写一篇作文，题目自定

续表

册序	例文	写作练习
六上		向爸爸妈妈表达爱，看他们会有什么样的反应；把整个过程记录下来，让老师、同学一起来分享
	《鸭血粉丝汤》	选择你喜欢的一种美味，向大家介绍一下，再写下来，写的时候要注意突出它的色、香、味、形
		请任选一幅剪纸作品，仔细观察，并加以想象，完成一篇习作
	《银杏》	介绍家乡的一种产品，它可以是农副产品，如水果、水产品等，也可以是工业产品，包括食品和工艺品等；确定习作内容以后，自定一个题目；写的时候，可以先介绍它的外部特征，再写出它的价值或用途等，让别人读了你的习作，能对你所介绍的产品有比较全面的了解
		你知道家乡有哪些名人？你了解他们的事迹吗？如果了解不多，可以做些调查访问，也可以直接拜访一下名人，然后写一篇习作
		通过阅读，找找语文书里的故事，选一两个写下来，也可以写写你从故事中得到的启示
六下	《爸爸逗我玩》	在日常生活中，会发生许多有情有趣的小事，试着选择一件写一写，注意将有趣的地方写具体
		将你和小伙伴之间发生的故事写下来，自己给习作定个题目

续表

册序	例文	写作练习
六下	《从〈海伦·凯勒传〉想到的》	选择一本你最喜欢的书，抓住书中给你印象最深的内容，写出自己真实的感受和见解，题目自拟
		选择科学课上的有趣实验，将实验经过写下来；也可以写自己设计的实验，将实验的经过、结果写下来
		请围绕"成长的烦恼"这个话题写一篇习作；要大胆写出自己的心里话，写好后与别人交流交流
		找一个你感兴趣的内容，在同学中做一些调查，再将统计过程与结果写下来，然后根据统计数据谈谈自己的感受
		重温六年来那一幕幕动人的情景，给你的老师写一封信吧

2. 多维度写作教材分析

（1）作文体裁分析

《课标语文》要求学生学习的作文体裁包括记叙文、说明文、议论文以及日记、书信、读书心得、新闻报道、统计报告等应用文，58次写作学习活动中，除去1次修改习作的活动，学写记叙文46次，占81%，学写说明文3次，占5%，学写议论文1次，占2%，学写应用文7次，占12%。各年级作文体裁学习分布情况，详见表1–16。

表1–16《课标语文》中学生拟学习的作文体裁分析

册序	记叙文	占比	说明文	占比	议论文	占比	应用文	占比	小计
三上	7	88%	1	12%					8
三下	6	76%	1	12%			1	12%	8
四上	6	86%					1	14%	7
四下	5	72%			1	14%	1	14%	7

续表

册序	记叙文	占比	说明文	占比	议论文	占比	应用文	占比	小计
五上	7	100%							7
五下	5	83%					1	17%	6
六上	6	86%	1	14%					7
六下	4	57%					3	43%	7
全套	46	81%	3	5%	1	2%	7	12%	57

（2）作文题材分析

从记叙文写作的题材来看，写事占据主要地位，占59%，共27次。写人共8次，占17%，且三至六年级每册都有分布。写物6次，占13%。最少的题材是写景，共5次，占11%。详见图1–13。

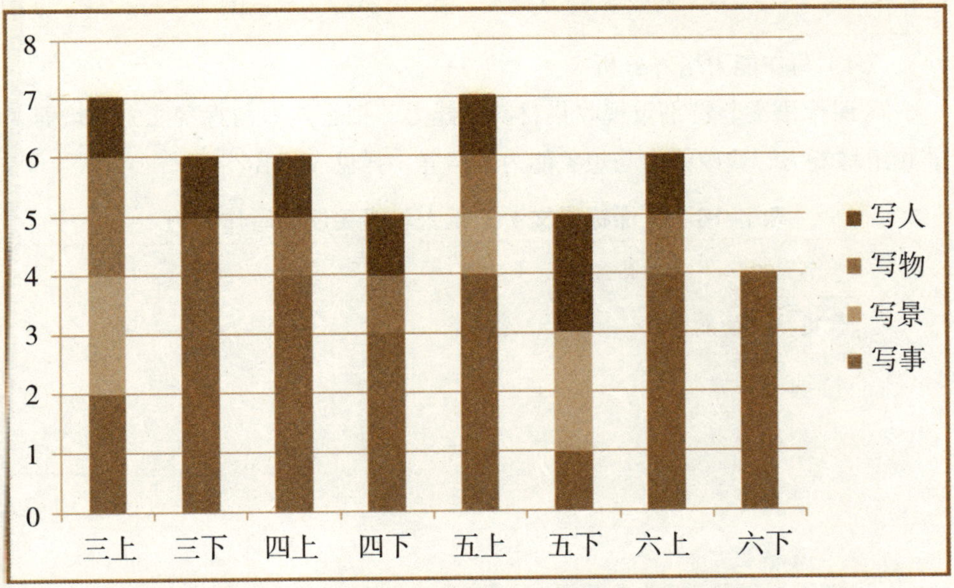

图1–13　《课标语文》中记叙文题材学习安排

（3）写作素材来源分析

《课标语文》与《语言表达》一样，十分重视引导学生从生活中获得写作素材，3/4的写作练习要求学生观察生活，从生活中发现写作材料。观察自然、观察图画、听/读书中故事是写作素材的辅助性来源。详见表1–17。

表1-17 《课标语文》中学生写作素材的来源

册序	观察自然	占比	观察生活	占比	观察图画	占比	听/读书中故事	占比	小计
三上	1	13%	5	63%	1	12%	1	12%	8
三下			5	63%	2	25%	1	12%	8
四上			7	100%					7
四下	1	14%	6	86%					7
五上	2	29%	4	57%	1	14%			7
五下	1	17%	5	83%					6
六上			5	72%	1	14%	1	14%	7
六下			6	86%			1	14%	7
合计	5	9%	43	75%	5	9%	4	7%	57

（4）写作能力培养分析

《课标语文》特别重视收集材料的能力、拟题能力与观察能力的培养，兼顾组材能力、修改能力与想象能力的培养。详见表1-18。

表1-18 《课标语文》三至六年级关注的写作能力

写作能力		三上	三下	四上	四下	五上	五下	六上	六下
特殊能力	收集材料的能力	✓			✓			✓	✓
	组材能力		✓			✓			
	拟题能力	✓		✓	✓	✓	✓	✓	✓
	修改能力	✓					✓		
一般能力	观察能力	✓	✓		✓	✓	✓	✓	
	想象能力			✓					

（5）写作教材呈现方式分析

《课标语文》中写作学习活动的呈现以写作例文式为主，以写作任务式、内容提示式为辅。近一半的写作学习都配有例文，以帮助学生理解写作的体裁、题材或目标要求。

如三年级下册习作七要求学生写一篇日记，教材采用写作例文式，先介绍了什么是日记，然后呈示了一篇日记例文，接着又对日记的格式做了说明，最后要求学生仿照例文写一篇日记。详见案例2。

案例2　三年级下册习作七

日记，就是记下一天中发生在自己周围的事，也可以记下自己在某一方面的收获、体会。下面是一位小朋友关于捉鱼的日记，写得很有趣。

10月2日　星期日　晴

我家的浴缸养了四条鲫鱼。

下午，我刚做完作业就去看鲫鱼。它们在浴缸里游过来，游过去，真可爱。我想捉一条玩玩，便跑出去取了一只脸盆来。我先把鱼逼到一个死角，再迅速用盆子去舀。没想到这鱼那么机灵，竟从一个缝隙处逃走了，我费了九牛二虎的劲才把一条鱼舀进盆里。我想，这下你可跑不掉啦！我猛地一把抓住了它，谁知它一挺身，又从我的手里滑到盆子里去了，水溅了我一头一脸，弄得我哭笑不得。

日记只要写得真实、明白、通顺就行。字数多少，由记述的内容来定。日记的第一行要写上某月某日、星期几以及天气情况，然后再写正文。日记一般不加标题。

请你回忆一天的所见所闻、所思所想，选择一件最有意思的事，仿照例文写一篇日记。

四年级上册习作一采用内容提示式，要求学生想象一个自己想要设定的节日，并写一写这个节日。教师在提出写作任务的同时，对写作的内容做了提示。详见案例3。

案例3　四年级上册习作一

在我们的生活中，有很多节日：春节、植树节、护士节、中秋节、重阳节……每个节日都寄托着人们美好的情感与愿望。

假如让你按照自己的心愿设立一个节日，你会设立一个什么节日呢？赶快拿起笔，写出你心中的这个美好节日吧。可以写是什么事情让你想到要设立这个节日的，也可以写想象中自己或别人是怎样度过这个节日的。写完后可以读给大家听一听，让别人也能分享你心中的美梦和习作的快乐。

写作内容提示式的另一种形式，是由教材直接呈现写作的素材，供学生写作挑选使用，如三年级下册习作五，教材首先呈示了关于端午节的一些事实材料，要求学生将教材提供的材料作为写作的内容。详见案例4。

案例4　三年级下册习作五

端午是我国的传统节日。为了出黑板报，胡瑞芝同学找来了许多关于端午节的资料。

关于端午节的儿歌："五月五，是端阳。插艾叶，戴香囊，吃粽子，撒白糖。龙船下水喜洋洋。"

端午又称重五，许多习俗与"五"这个数字联系在一起。用红、黄、蓝、白、黑五色丝线系在儿童的脖颈、手腕或足踝上，称为"长命缕"，各家要插五端"菖蒲、艾草、石榴、蒜头、龙船花"。

……

端午节快到了，请你选用以上材料，为黑板报写一篇介绍端午节的短文，可以介绍端午节的来历，说说这一天为什么要赛龙舟、吃粽子，也可以专门介绍你们当地端午节的风俗。

四年级上册习作六采用写作任务式，在引导学生回顾自己知道的卡通人物后，教材提出了明确的写作要求，即要求学生挑选其中的一两位，编一个故事。详见案例5。

案例5　四年级上册习作六

今天，有不少深受同学们喜爱的卡通人物来和大家见面。瞧，齐天大圣孙悟空，脚踏风火轮的哪吒，勇敢、团结的葫芦娃，机灵、调皮的米老鼠，勇敢又帅气的名侦探柯南，还有可爱的"神奇宝贝"们也排着队来了——皮卡丘、妙蛙种子、小火龙……这些卡通人物为我们带来许许多多的故事：有的惊险刺激，有的幽默滑稽，有的让我们增长了不少知识，还有的让我们懂得了许多道理。

你喜欢哪些卡通人物？请展开想象的翅膀，从中挑选一两位，重新编个故事，你也可以自己设计一个卡通人物，给他起一个好听的名字，让他也走进你编的故事里，把这个故事写下来，与大家交流。

三、反思：特点与问题

（一）六十年小学写作教材的特点

1. 写作栏目编排：从隐于练习到独立设栏

20世纪50年代出版的《语文练习》没有单独设立写作栏目，而是将每一次练习的第二项或第三项作为写作练习。20世纪70年代出版的《十年制课本》则明确列出了以“习作”命名的写作栏目，但这一栏目并不和课文并列，而是位于单元的基础训练之内，作为基础训练的一个部分。21世纪初出版的《课标语文》中，同样是以“习作”命名的写作栏目独立于练习，且与课文、练习并列，共同构成一个单元。《语言表达》有多个独立的写作栏目，如看图作文、学写应用文、童话创作、素描创作、素描写作等。从隐于练习之中到出现与练习、课文并列的写作栏目，再到出现多种独立的写作栏目，表明人们对写作重要性的认识在逐步提升，也表明人们对写作学习与写作活动训练的理解在逐步深化。

2. 写作教材呈现：从关注结果转向关注过程

从写作教材的呈现方式来看，《语文练习》以简洁的写作任务型为主，直接告诉学生要“按顺序说故事”或“将句子连成文章”，或是要“写关于国庆的短文章”“看图写一篇文章”，等等，这种呈现方式的旨趣在于写作学习活动的结果。学生想不想写、怎么搜集材料、构思会存在哪些困难等与写作过程相关的问题都不重要，重要的是学生是不是最终将句子连成了文章，是不是写成了一篇有内容的小短文。《十年制课本》没有抛弃写作任务型，但将它的出现频率降至10%。《十年制课本》创造了写作目标式，同时增加了写作例文式与内容提示式的比重，表明这一时期的写作教材编写已经从单纯的关注结果开始转向关注写作过程的指导。《课标语文》沿袭了《十年制课本》的一些做法，如强调写作例文式，采纳写作任务式与内容提示式等，同时它进一步加强了对写作体裁、题材的解读，力求减少学生在写作学习活动中可能遭遇的认知障碍。《语言表达》则毫不保留地表达了对写作过程的热切关注，它全然打破了写作练习编写的惯常做法，根据学生学习写作的过程要素来构建独立的写作单元，包括话题要素、学习目标要素、材料要素、指导要素等。

写作教材呈现方式的变化与学术界对“写作教学”的认识有关。传统作文教学重视文章的写作结果，重视写作学习活动中的“文本”本身，要求写成的文章要思想正确、立意高远、表达连贯有条理。20世纪70年代，默里在《教写作：要作为过程，而不是作为产品》一文中，批评了以产品、以结果为导向的写作教学法，极力倡导过程教学法。他认为，写作应当关涉“作者”，写作是作者发展的一个过程，是一个探究与发现的过程。[11]弗拉尔与海耶斯在1981年指出：写作是一个问题解决的过程。每个作者都有自己的目的和目标，当想达到的目标状态和文本的真实状态出现差异的时候，问题就产生了。作者要尽力解决这些问题以达成目标。他们的问题解决写作过程模型包括三个主要成分：第一，任务环境，主要包括两方面。一方面是作者所面临的问题，即写作任务是什么；另一方面是可供作者利用的外部资料，如已经写出的内容、参考书籍、卡片等，它们在作者的头脑之外，故称为外部贮存。第二，作者的长时记忆，包括主题、读者以及修辞的知识。作者长时记忆中的有关知识对写作具有重要的意义。写作的质量取决于作者如何把自己拥有的知识应用于特定的写作任务。第三，写作过程，具体包括计划、述写、复查和监控四个过程。[12]运用过程教学法实施写作教学，就必须思考写作过程的要素与步骤，并按照要素与步骤来组织教学活动。20世纪的最后二十年，过程写作法风靡欧美，并传入我国。六十年来，写作教材呈现方式由注重结果转向注重过程，无疑是写作过程法影响之下的产物。

3. 写作体裁学习：记叙文与应用文同时学习

四套教材在写作体裁学习方面做出了较为一致的选择，它们都将记叙文与应用文作为小学生应当学习的两种最为重要的体裁，这两种体裁在学习比例的安排上差异也不大，应用文学习的次数比例在10%至20%。虽然《语文练习》与《课标语文》中出现了说明文学习，但是只有寥寥数次，占比在5%以下。

记叙文与应用文学习最大的差异在于写作是否格式化。应用文与具体的、特定的生活事务有着极为密切的联系，本质上是生活事务上的交往，对规范性有较高的要求，因此常常是格式化的写作，表达的自由性较小。记叙文写作则是日常思想与情感的表达，在格式上并没有太大的约束，表达的自由性较大。将记叙文写作与应用文写作作为核心的写作学习内容，既能培养学生自由表达的能力，又能锻炼学生格式化写作的能力。在另一个层面上讲，既能让学生自由地表达个人内心的诉求，又能让学生体验并内化社会对语言表达的规范要求。

夏丏尊和叶圣陶在《国文百八课》中指出，文章可以分为四类：记述文、叙述文、说明文和论辩文。记述文专用于记述事物的形状、光景，叙述文专用于叙述事物的变化经过，说明文主要用来说明事物和事理，议论文则用来评论事物、发表主张。记述文和叙述文是作者不说话的文章，说明文和议论文是作者自己说话的文章。显而易见的是，六十年的写作教学强调写作者不说话的文章，作者只需要组织语言把观察体验的生活经历与事实表达出来，不需要明确摆明自己的观点。这样的写作教学有助于培养学生组织语言的能力，但不能有效激发学生用自己的视角观察生活，生成关于生活与世界的独特观点，也不利于学生更好地学习归纳、推论与演绎，形成缜密的思维。

4. 写作题材学习：记事独占半壁江山

通过对四套教材的个案分析，我们很容易发现它们的另一个共同之处，就是记叙文写作学习以记事为主，任何一套教材，记事的占比都在50%以上。谁也不会否认写事记叙文、写人记叙文、写景记叙文与写物记叙文是有差异的，但人们往往把差异理解为题材或表达内容的不同，其实它们之间的差异更重要地体现在语言表达的形式上与观察的视角上。写事记叙文常用连贯的语言表达方式叙事。写人记叙文可以写事，以事说明人的性格、风格与品德，也可以以并列的方式写人的外貌、表情、神态、动作、语言等。写景可以按移步换景的方式连贯地叙述，也可以以并列方式将各处景点、景色娓娓道来。写物常用的是并列的表达方式，以一一说明物的形状、特点、功能等。题材不同，写作观察的立足点可能也会不同。写事要注意观察的是事前事后的联系、事因事果的联系，写人、写物要注意按顺序观察、从整体到部分地观察或凸聚一点地观察，写景的观察除了与写人、写物的观察类似，还可以采用鸟瞰、仰视、位移的方法观察。

“记事独占半壁江山”，意味着连贯表达在小学写作教学中的重要地位，也意味着学生个人与学校生活在写作教学中的重要地位。这一现象同时以另一种方式告诉我们，多样的自然世界和文化世界在写作教学、写作教材中的意义有待重新评估。

5. 写作指导：从支配取向到支持取向

小学写作教材中写作指导的支配取向，指从教师教的角度来思考写作指导，以教师的口吻告诉学生写作的任务是什么，应当如何完成写作任务。教师与学生在写作教学上的关系是支配与被支配的关系，教师具有支配权，学生被动接受。根据这种取向编写的写作教材，一般以祈使句的方式布置写作任务和指点写作学习，写作教材本质上是“写作教本”。写作指导的支持取向，一般从学生学习的角度来思考写作指导问题，让学生在学习写作的过程中了解写作的对象、内容、目标，反思写作的过程，发表写作的成果。教师与学生在写作教学上的关系是支持与被支持的关系，学生具有学习写作的主动权，教师为学生提供多方面的支持。以这种取向编写的写作教材，一般运用提问或讨论的口吻指点写作，写作教材本质是“写作学本”。写作教材内容应包括任务、目标、技术、反思、评改与发表等五个方面的基本要素，并从学生学习和教师支持两个维度入手安排课本内容，详见表1–19。

表1–19　遵循支持取向的写作教材内容要素

要素	学生学习	教师教学（支持）
任务	写什么，对谁写，为什么写	指导学生明确写作的对象与目的，了解写作的内容与形式
目标	写到什么程度	指导学生明确学习目标
技术	应当如何写	指导学生收集素材、选材、组材、组织语言
反思	回顾实际是怎么写的	指导学生反思
评改与发表	写得怎么样	指导学生评价、修改与发表

《语文练习》常直截了当地布置写作任务，在写作指导中表现出明显的支配取向。《十年制课本》与《课标语文》会在写作指导中解释写作的任务，并在一定程度上指导学生收集素材、根据写作的主题选择与组织材料，表现出由支配取向到支持取向的过渡。《语言表达》在写作指导中涉及任务、目标、技术、评改与发表等要素，已经展露了支持取向的显著特征。从支配取向发展到支持取向，不仅是教与学视角的转换，更重要的是写作指导中心的变换，支配取向以“文本”为中心，对“作为写作结果的

文本”的重视超过了对教育对象——人的关心。支持取向则以“作者”或“作为学习者的人”为中心，把写作看作是学习者发展的一个历程，把作为写作结果的文本当作学习者发展的一个自然结果，人先于文本，人重于文本。

（二）需要进一步讨论的问题

1. 如何看待作文的题材

如果我们可以将作文分为内容与形式两个部分，那么题材无疑属于内容的范畴，它实际上为写什么划定了范围。写作题材的意义在于它允许学生在一定的范围内用语言去感受生活，去提炼生活经验，去生成自己的思想观点。写作题材的范围狭窄，学生用语言思考的范围亦狭窄；写作题材宽泛，学生用语言思考的范围亦宽泛。换句话来说，在写作学习中，决定学生运用语言认识自己、认识社会生活、认识自然和世界的宽度与深度的重要因素不是其他东西，而是写作题材。

题材分类的四分法，即将记叙文的题材区分为事、景、物、人。这是最常见，也是最简单的一种题材分类法。我们还可以结合学生的学习和生活实际，将作文题材分为生活与成长、阅读与收获、周遭的事物、周遭的人物、周遭的文化与想象的世界等六类（下文简称“六分法”）。“生活与成长”题材聚焦学生的家庭生活与学校生活，让学生运用第一人称叙述他们在知识、技能与品德方面的成长。“阅读与收获”是从“生活与成长”中特别分离出来的一个题材类别，这一题材类别强调阅读与写作的关系，强调阅读对于写作的重要作用，写这类题材的作文要求学生大量阅读，并在阅读中与各位作者交流，增长见识，发展语言。“周遭的事物”“周遭的人物”“周遭的文化”这三类题材要求学生观察周围的自然世界、社会生活以及重要的文化现象，并基于自己的理解用语言去表达对事物、人物与文化现象的看法，努力成为一个社会人、一个公民和一个文化继承者。“生活与成长”“阅读与收获”“周遭的事物”“周遭的人物”“周遭的文化”等题材都要求学生写实，“想象的世界”则允许学生遨游在虚拟的时空，去自由地想象与大胆地创造。

在已有的四套教材中，这些题材分布的情况如何，每套教材各自有怎样的倾向，我们都做了统计分析，详见表1-20、表1-21、表1-22、表1-23、图

1-14。通过对六大题材分布的对比分析，我们可以发现：

（1）“生活与成长”题材最受重视，除了《语文练习》，其他三套教材的“生活与成长”题材占比在40%以上。

（2）“周遭的事物”题材在各套分布比较均衡。各套教材中，此题材占比在20%左右。

（3）“阅读与收获”题材关注度走低。《语文练习》特别关注这一题材，这一题材在《语文练习》中的占比达36%。从20世纪70年代开始，“阅读与收获”受重视程度降低，占比下降了20个百分点左右。在《课标语文》中，此题材只占4%。

（4）“周遭的人物”题材从无到有。20世纪50年代，这一题材没有进入写作练习的视野。20多年后，《十年制课本》将15%的练习分派给“周遭的人物”，后面的教材中该题材的占比基本在10%左右。

（5）“想象的世界”题材获得的关注不多，虽然大部分学者与教师都认同“作文教学要重视培养学生想象力”这一观点，国家义务教育课程标准也明确提出了“想象文”的概念，但是“想象的世界”这一题材在写作练习中所占比重不高。从《十年制课本》开始，该题材在写作练习中的占比降至10%左右。

（6）“周遭的文化”题材还未引起关注。四套教材中，只有《课标语文》编入了与该题材相关的写作练习。语言表达与认识文化、表达文化、欣赏文化之间的关系有待挖掘。

表1-20 《语文练习》写作练习六类题材分布统计

	初小第一册	高小第一册	小计	占比
生活与成长	2	3	5	23%
阅读与收获	4	4	8	36%
周遭的事物	3	1	4	18%
周遭的人物				
周遭的文化				
想象的世界	4	1	5	23%
总计			22	100%

表1-21 《十年制课本》写作练习六类题材分布统计

	第五册	第六册	第七册	第八册	第九册	第十册	小计	占比
生活与成长	4	4	4	4	2	5	23	43%
阅读与收获	1		2	1	2	1	7	13%
周遭的事物	2	5	1	1	2	1	12	22%
周遭的人物	1	2		2	2	1	8	15%
周遭的文化								
想象的世界	3		1				4	7%
总计							54	100%

表1-22 《语言表达》写作练习六类题材分布统计

	第五册	第六册	第七册	第八册	第九册	第十册	小计	占比
生活与成长	2	2	8	1	9	5	27	43%
阅读与收获			2	1	1	4	8	13%
周遭的事物	7	6					13	20%
周遭的人物				8			8	13%
周遭的文化								
想象的世界	2	1	1	1	1	1	7	11%
总计							63	100%

表1-23 《课标语文》写作练习六类题材分布统计

	三上	三下	四上	四下	五上	五下	六上	六下	小计	占比
生活与成长	2	3	3	4	3	2	2	6	25	44%
阅读与收获	1						1		2	4%
周遭的事物	4	1	2	2	2	2	2		15	26%
周遭的人物		1		1	1	2	1		6	10%
周遭的文化		1						1	2	4%
想象的世界	1	2	2		1	1			7	12%
总计									57	100%

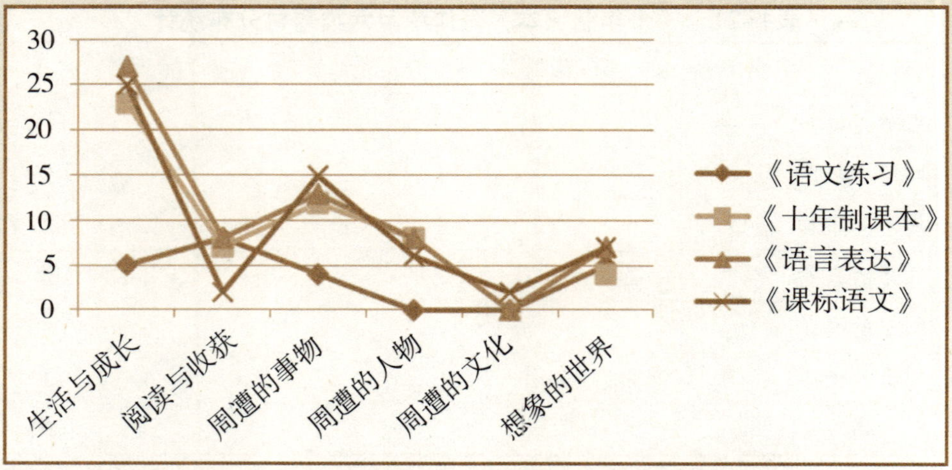

图1–14　四套教材写作练习六类题材分布对比

上述的讨论表明，四分法适用于记叙文题材的初步分类，六分法的适用范围比四分法更宽些，而且能够基于作文与学生生活的关系来分析作文题材分布的合理性，发现题材分布上存在的问题。与阅读题材研究相比，作文题材的研究还处于初步阶段，题材与学生生活经验的关系、题材与学生学习活动的关系、题材与文化体验的关系等有待审视与挖掘。

2. 语言形式训练是否有必要

小学语文教学大纲或语文课程标准一般都会从写作内容（即写什么）与写作形式（即怎么写）两个方面明确指出写作教学的目标。如《55大纲》要求小学生写作有内容，也要求小学生写作要连贯，这个连贯既指语言内容方面的语意贯通，又指语言形式方面的合理衔接。《78大纲》要求小学生写作既要思想健康、中心明确、内容具体、条理清楚，又要在形式上语句通顺、段落分明。《01课标》要求学生写作时内容上要具体明确，形式上要文从字顺，并掌握常见的语言表达方式。

运用现有的写作教材却很难达成上述教学目标，因为在设计写作练习时，教材要么对写作内容与写作形式都不予指导，只是告诉学生写作的任务，要么在写作内容与写作形式两者之间偏于内容一头。如《语文练习》高小第一册练习三中的写作练习，要求学生：“根据观察植物或动物的结果，写篇文章。动笔之前，想想怎么写，写成之后，认真检查。”这一练习既没有对写作内容进行指导，也没有对写作形式进行指导。又如《十年制课本》五年级上册基础练习二中的写作练习，要求学生：“观察一种动物或植物，重点观察一两个方面，把观察到的情形写下来。重点的部分写详细些，其他的部分写简单些。”这一练习对写作内容的指导是相当有限的，只是要求学生把重点观察到的动物或植物的一两个方面写下来，并要求重点写得详细些，其他写简单些，但是教材对学生应当“怎么写”，或者说“怎么写才能写详细”只字未提。再如，《课标语文》五年级下册习作一，要求学生：“观察一种自然现象，如朝霞晚霞、月圆月缺、春风春雨、雾起雾散等等，把它的变化特点写出来。”这一写作练习在内容上指点学生写出自然现象的变化特点，但是对“怎么写出变化特点”却未加指点。

“熟读唐诗三百首，不会作诗也会吟”背后的假设是“文无定法，只有神而明之”，所以写作，只需让学生去写，不需要形式上的精细指导，写着写着，学生自然就知道如何写好文章了。上述写作教材处理写作内容与形式的做法也带有那样一种态度。那么语言形式上的训练还有必要吗？一些语言学家、语文教育大家给出了肯定的回答。叶圣陶对这个问题的看法是：小学作文唯在理真情切而意达。他说：“夫一种情意必用一种最适切之语句表示之。此最适切之语句不可借用，不可互易；当机恰合，自然意达。”[13]夏丏尊认为：意思或情感是文章的内容，文字的结构是文章的形式。内容是否充实，这关系作者的经验、知力、修养。至于形式的美丑，那便是一种技术。这两方面虽同样没有成法可依赖，但后者毕竟有些基本方法可以遵照，作文法就是讲这些方法的。夏丏尊除了主张写作要学习语言形式、学习技术，还指明教作文法是“使人得到正规”的必要条件。他说：“渔父的儿子虽然善于游泳，但比之于有正当知识，再经过练习的专门家，究竟相差很远。而跟着渔父的儿子去游泳，比之于跟着专门家去练习也不同，后者总比前者来得正确、快速。法则对于技术是必要而不充足的条件。真正凭着练习成功的，必是暗合于法则而不自知的。法则没用而有用，就在这一点，作文法的真价值，就在这一点。”[14]张志公先生在修辞学的框架内讨论与语言形式运用相关的一些基本原则，并表达了学习语言形式的基本态度，即用词、造句、成篇的一些基本原则是可以学习也是需要学习的。他说：说话或写文章，都是为了表达意思。所谓表达意思，不外这么几种：告诉人家一件事或一个道理，问人家一个问题，要求人家或是制止人家做某件事，或者抒发自己的一种情感。告诉人家什么，一定要人家懂；问人家问题，一定要把问题说明白；要人家做什么，一定得把自己的要求讲清楚；抒发情感，一定得把情感表露得很真切。总起来说，说话或者作文章有两点应该做到：起码得清楚明白，让人家懂；进一步要生动有力，好叫人家信服、听从、感动。做不到这两点，说话或作文章的目的就达不到，至少，达到得不圆满。[15]王尚文认为，语文课程在运用教材上与其他学校课程的不同之处就在于：其他课程运用教材只是为了了解它说了什么，即呈现了什么事实、传播了什么知识、表述了什么观念等等，即课文的内容；而语文课程根据培养学生理解与运用语言文字的能力这一独特目的，就必须关注课文“怎么说”，必须侧重课文的语言形式。因此，语言形式并非可有可无、无关紧要的东西。

上述的讨论提醒我们，在写作教学中，既要创造条件，让学生多读、多看、多体验、多积累，引导学生形成正确的、丰富的、高尚的思想，让学生有内容可写，又要重视语言形式上的训练，让学生掌握遣词造句、构段成篇的一些基本原则，让学生把意思表达得清楚明白、恰当连贯。现有的写作教材已开始重视写作内容的指导，如何有效地开展写作形式上的指导是未来写作教材编写的一个重要研究课题。

3. 如何分析写作的功能

写作是有功能的，最初只是功能语言学的观点，但近年来已得到广泛的认同。功能语言学认为，语言是意义的潜势，人说话、写作都是意义的行动，是实现建议、推荐、道歉等功能的行动。功能语言学的代表人物韩礼德指出，儿童语言的发展就是功能的发展，儿童是在运用语言的过程中学习语言以及学习语言的知识。因此，就这个意义而言，学习写作一定离不开功能。对写作功能的分析，有利于我们更好地把握写作与语言发展的关系，更合理地安排各类功能的分布与比例，更好地促进作为人的行动能力的写作能力的发展。

那么如何分析写作的功能？可以按照语言作用的对象，将写作的功能分为四类。

（1）第一类，信息功能，处理的是人与事物的关系，即“我有一些关于事物的信息要表达”。根据小学生的学习与生活经验，信息功能主要分为以下四种子功能：

①记叙的功能，即记录或叙述事物的发展变化。

②描写的功能，即描述事物的样子或状态。

③说明的功能，即说明事物的结构或功能等，或者说明一种道理。

④解释的功能，即解说事物为什么这样或那样。

（2）第二类，人际功能，处理的是人与人之间的关系，即“我有一些话想要对你或他说”。根据小学生的学习和生活经验，人际功能主要分为以下七种子功能：

①问候功能，即向他人问好，表示关切。

②祝福功能，即祝他人平安、幸福、长寿等。

③赠答功能，即用书面语言赠送与酬答他人。

④劝告功能，即拿道理说服人，使人改正错误或接受意见。

⑤通告功能，即在一定范围内公布大家应当知道或遵守的事项。

⑥议论功能，即告知他人自己对人或事物的意见。

⑦建议功能，即向他人提出自己的主张。

（3）第三类，个体功能，处理的是人与自我的关系，即“我有一些话想对自己说”。根据小学生的学习和生活经验，个体功能主要分为以下三种子功能：

①计划功能，即预先规划学习与生活的内容与步骤等。

②总结功能，即概括或反思一段时间内的学习与生活，得出一个或几个结论。

③抒情功能，即抒发自己的情感。

（4）想象功能，处理的是人与虚拟世界的关系，即“我想在假设或虚构的世界里说”。根据小学生的学习和生活经验，想象功能主要分为以下两种子功能：

①创编功能，即用书面语言虚构人、事物或其他。

②畅想功能，即用书面语言在假设的世界中遨游。

按照上述的功能分类，四套写作教材中的写作练习涉及的功能共计十一种，经常训练的功能为六种，即信息功能中的“记叙、描写、说明”，人际功能中的“问候”，个体功能中的“总结”，以及想象功能中的“创编”，详见表1-24。关注度最高的功能是信息功能中的“记叙、描写”，训练次数占比在60%至80%，其他三类功能差异不大，占比一般都在12%以下，详见表1-25、表1-26、表1-27、表1-28。

表1-24　四套教材所涉及的写作功能一览表

功能		《语文练习》	《十年制课本》	《语言表达》	《课标语文》
信息功能	记叙	✓	✓	✓	✓
	描写	✓	✓	✓	✓
	说明	✓	✓	✓	✓
人际功能	问候	✓	✓	✓	✓
	通告		✓	✓	
	议论				✓
	建议		✓		✓
个体功能	计划		✓		
	总结	✓	✓	✓	✓
想象功能	创编	✓	✓	✓	✓
	畅想				✓

表1-25　《语文练习》写作练习所涉及的写作功能统计

功能		初小第一册	高小第一册	小计	
信息功能（19，83％）	记叙	9	4	13	57%
	描写	4	1	5	22%
	说明		1	1	4%
人际功能（1，4%）	问候		1	1	4%
个体功能（2，9%）	总结		2	2	9%
想象功能（1，4%）	创编	1		1	4%
总计				23	100％

表1-26　《十年制课本》写作练习所涉及的写作功能统计

功能		第五册	第六册	第七册	第八册	第九册	第十册	小计	
信息功能（45，78％）	记叙	5	4	5	8	5	3	30	52%
	描写	3	4	2		2	2	13	23%
	说明		2					2	3%
人际功能（4，7%）	问候			1			1	2	3%
	通告	1						1	2%
	建议		1					1	2%

续表

功能		第五册	第六册	第七册	第八册	第九册	第十册	小计	
个体功能（6，10%）	计划		1				1	2	3%
	总结			1	1	1	1	4	7%
想象功能（3，5%）	创编	3						3	5%
总计								58	100%

表1-27　《语言表达》写作练习所涉及的写作功能统计

功能		第五册	第六册	第七册	第八册	第九册	第十册	小计	
信息功能（46，73%）	记叙		1	8		8	8	25	40%
	描写	6	6		8			20	31%
	说明	1						1	2%
人际功能（4，7%）	问候				1	2		3	5%
	通告		1					1	2%
个体功能（6，9%）	总结	2		2	1		1	6	9%
想象功能（7，11%）	创编	2	1	1	1	1	1	7	11%
总计								63	100%

表1-28　《课标语文》写作练习所涉及的写作功能统计

功能		三上	三下	四上	四下	五上	五下	六上	六下	小计	
信息功能（45，76%）	记叙	1	4	4	3	3	2	3	4	24	40%
	描写	3	1	1	1	3	3	1		13	22%
	说明	2	1					5		8	14%
人际功能（7，11%）	问候					1			1	2	3%
	议论		1		2					3	5%
	建议				1				1	2	3%

续表

功能		三上	三下	四上	四下	五上	五下	六上	六下	小计	
个体功能（2，3%）	总结	1							1	2	3%
想象功能（6，10%）	创编	1	1	1				1	1	5	8%
	畅想			1						1	2%
总计										60	100%

仔细观察上面的表格，可以发现在编制写作教材时，写作功能这一重要维度还没有得到充分的重视，解释、祝福、赠答、劝告、抒情等日常生活交往中常用的功能没有进入教材的视野。已纳入教材体系的写作功能分布随意、不均衡，想象功能的训练价值被低估。

4. 写作教学需要例文吗

前述四套教材中都出现了例文，但是各套教材中例文使用的比例不同，有的教材每次写作练习都有例文，有的教材只为1/3的写作练习配了例文。例文真的需要吗？有两种对立的观点。持肯定意见的认为，例文能让抽象的文理、事理具体化，并为学生提供了可供模仿的范文，能帮助学生更好地理解写作目标，选择与组织写作的材料，写作教材一定要有例文。持否定意见的则认为，例文是弊大于利的。例文给学生的思考设了一个框，束缚了学生的思维，扼杀了学生的创造力，是引发套作与陈词滥调的罪魁祸首，写作教材一定不能有例文。

对这一问题的讨论与我们对例文的认识密切相关。什么是例文？例文是例子、例证还是模板？如果例文是例子、例证，那么它主要的功能在于帮助理解例子或例证所要说明的文理与事理。如果例文是模板，那么写文章就要套用模板的内容与形式进行仿写。

夏丏尊、叶圣陶在《国文百八课》文话十六《景物描写》中谈道：

描写虽然可以用形容词和副词，但不能专靠着形容词和副词。就像“美丽”“高大”等形容词，“非常”“异样”等副词，如果仅供描写之用，效果是很有限的，因为这些词并不具体，你就是用上一串的“美丽”或者“非常”，人家也无从得到实感。有时候不用一个形容词或副词来描写，只说一句极简单的话，但因为说得具体，却使人家恍如亲历。如不说“寂静”而说

“什么声息也没有”，就是一个例子。——描写须要具体，不独对于景物，对于其他也如此。[16]

他们随后将茅盾的《黄浦滩》（节选自《子夜》）和朱自清的《荷塘月色》作为例文，具体、生动地呈现“什么是景物描写中的写具体”。朱自清写荷塘，没有简单地、概括地运用“美丽”“美妙”等形容词来描绘荷塘，而是用“曲曲折折的”“田田的”“亭亭的舞女的裙”“一粒粒的明珠”“碧天里的星星”等对荷塘、叶子、白花的具体描写，将荷塘之美生动地呈现在读者面前，让读者如临其境。这样的例文不是让学生像朱自清那样也去写荷花，像朱自清那样要先写叶子，再写白花、香味、水流，而是借例文说明文章写作中应当如何写具体。由此来看，将例文看作写作的例子或例证不仅不会束缚学生的思维，而且还会加深学生对学习内容的理解，促进学生对学习内容的掌握。如果我们把例文看作是模板，照着模板的套路写文章，那么可能会有套作，有陈词滥调，有空话连篇。应当说，不是例文束缚学生的思维和扼杀了学生的创造力，而是对于例文的不正确认识束缚了学生的思维和扼杀了学生的创造力。如果因为某些关于例文的错误认识而无视例文对写作学习的重要性，甚至在写作教材中抛弃了例文，就无异于“将孩子和洗澡水一起倒了出去”。

关于例文，另外值得一提的是，为了帮助学生更好地认识抽象的文理，我们应当提倡向夏丏尊与叶圣陶学习，在写作教材中不仅要安排例文，而且应安排不止一篇例文。我们除了用例文来认识文理，还可以把例文当作认识文章主题的有用工具。

【参考文献】

[1] 张志公. 传统语文教育教材论［M］. 上海：上海教育出版社，1992：97.

[2] 1955年小学语文教学大纲草案（初稿）［EB/OL］.［2014-09-11］.http://www.pep.com.cn/xiaoyu/jiaoshi/tbjx/kbjd/jxdg/201008/t20100818_663531.htm.

[3] 蒋仲仁. 初级小学课本语文练习第一册教学参考书［M］. 北京：人民教育出版社，1957.

[4] 蒋仲仁. 高级小学课本语文练习第一册教学参考书［M］. 北京：人民教育出版社，1957.

[5] 叶圣陶. 大力研究语文教学，尽快改进语文教学［J］. 语文教学通讯，1978（Z1）：113-119.

[6] 全日制十年制学校小学语文教学大纲（试行草案）[EB/OL]．[2014-09-11]．http://www.pep.com.cn/xiaoyu/jiaoshi/tbjx/kbjd/jxdg/201008/t20100818_663528.htm.
[7] 课程教材研究所．新中国中小学教材建设史1949—2000研究丛书：小学语文卷[M]．北京：人民教育出版社，2010.
[8] 中小学通用教材小学语文编写组．全日制十年制学校小学课本：语文：第五册[M]．试用本．北京：人民教育出版社，1979：34.
[9] 上海师范大学教育科学研究所，上海市实验学校．小学实验教材：语文：语言表达：一年级第一学期[M]．北京：人民教育出版社，2000：编写说明.
[10] 上海师范大学教育科学研究所，上海市实验学校．小学实验教材：语文：语言表达：三年级第二学期[M]．北京：人民教育出版社，2000：32-37.
[11] 李子建，等．语文学科教育前沿[M]．北京：高等教育出版社，2012：224.
[12] 丁炜．全语言教育：语言学习的社会文化立场[M]．上海：华东师范大学出版社，2011：10.
[13] 叶圣陶．叶圣陶语文教育论集[G]．北京：教育科学出版社，1980：350.
[14] 夏丏尊，刘薰宇．文章作法[M]．北京：教育科学出版社，2007：绪言.
[15] 张志公．读写一助[M]．北京：北京教育出版社，2014：3.
[16] 夏丏尊，叶圣陶．国文百八课[M]．北京：生活·读书·新知三联书店，2008：324.

第二章　建构：小学写作课程与教学的基本主张

一、写作：意义的实践

（一）对写作本质的多种认识

一种社会现象的本质是什么，往往与观察者所观察的角度有关。写作这种社会现象，它的本质是什么，从不同的视角中我们可以找到不同的答案。立足于文章学，写作就是构篇的过程。从认识心理学看写作，它就是一次编码。在某些语言学的书中，写作就是人与人之间的交际，是作者与潜在读者之间的互动。这种互动有着特定的功能和目的，如张志公所言："运用语言，无论是口头上还是书面上的，目的不外两大类。一类是为处理具体的实际问题的，是要办事情的；一类是用语言做工具搞点艺术，去感染听者或读者，使人受到熏陶，在思想、感情、情操等方面受到影响。"[1]

学校教育中的写作，是一种重要的书面语言学习活动。斯通对20世纪后半叶西方关于语言学习的理论做了深度研究，他发现相关研究主要沿着两条不同的道路展开：一条道路以斯华德所述的"获得隐喻"为标志，站在认知主义的视域内考察语言与语言学习现象，另一条道路则以"参与隐喻"为标志，立足于社会文化学派的视域思考语言、语言学习领域内的重要问题。关注语言与语言学习的社会文化学派包括社会建构主义学派、社会语言学派、功能语言学派、实践理论学派与批判理论学派。[2]131－132

认知主义按物性逻辑思考语言学习问题。所谓物性逻辑，指的是以物性的方式审视人与世界的关系。[3]运用物性逻辑的方法来思考语言学习问题，实际是坚持还原论，把复杂的人的心理还原为物性，把复杂的语言学习问题还原为神经通路的运行问题，与语言学习密切相关的人的需要、动机、态度等因素被排除在研究之外。遵循物性逻辑的语言学习研究切断了语言学习与现实世界的联系，以实验室研究、单纯大脑内部的研究来推断语言学习的规律与原理。运用物性逻辑思考语言学习问题，就必然把学习者当作是与机器一样的信息加工器具（即非人），学习者的多元性、差异性消失了，语言学习过程中由语境带来的动态变化因素消失了，语言学习成为机械的流水作业过程。按照物性逻辑来思考“写作”的本质，写作就成了编码的操练，就成了写作技巧的操作。

语言学习的社会文化观则按照人性逻辑思考语言学习问题。所谓人性逻辑，指的是以现实的“实践中的人”为基点审视人与世界的关系。运用人性逻辑的方法来思考语言学习问题，强调语言学习与人的存在的关联，强调要在真正的人、现实的人的基础上思考语言学习的过程与本质。遵循人性逻辑的语言学习研究是在语言的真实运用中，在人与人的实践交往中思考语言学习的特征与规律。在人性逻辑中，儿童成了有差异的、多元的、主动的语言学习者。不仅如此，作为学习者的儿童不是孤独的个体，而是共同体的成员，共同体赋予他文化的标志，赋予他语言的规范，给予他与共同体内其他成员互动的机会，促使他在互动的过程中掌握语言知识，获得语言发展。按照人性逻辑来思考“写作”的本质，写作就是人运用语言建构意义的实践。

写作作为意义的实践在批判理论学派和社会文化历史学派的观念中早已存在。批判理论学派的代表人物弗莱雷认为：在自然界中，人的存在状态是自然的，也是文化的。所谓文化，指的是人类在社会中的行为和结果。文化既是人们相互作用的方式，又是人们给予这个世界的附加物。社会中的每个个体都具有自主意志，能够对世界进行反思，每个个体都具有创造文化和历史的能力，因而能够成为历史舞台的主体，成为生活的主宰。“意识化”（conscientization，有时也被译为“觉悟”）是弗莱雷思想的核心，它指的是人们通过对现实的批判性认识，不断提升意识，主动行动，创造世界的过程。良好的写作能力是具有批判意识的个体的必备技能。在《识字与识世》（*Reading the Word and the World*）一书中，弗莱雷将写作视为提升批判意识的意义实践。社会文化历史学派的代表人物维果茨基在讨论言语与思维发展关系的时候，提到了语言学习问题。他说：“早在学校教学之前儿童的教学就开始了，就问题实质而言，学校从来不是从零开始工作的。儿童在学校所受到的教学都是有其前史的。”[4]那么，对于读写而言，学校教学之前的教学是怎样的呢？维果茨基认为，是儿童周围的成人（养育者）承担了这样的任务，成人是儿童语言学习的中介。在阅读故事、运用工具在纸与墙上涂鸦与书写的过程中，儿童努力地学习成人的语言形式与语言规范。这些读写并不是成人逼迫下的机械练习，而是出自儿童自己的需要，是儿童了解世界、表达自己对世界的认识的自发行动，因而它们具有功能性的特征。这些功能性读写作为儿童自发的行动，蕴含着主体的需要与动机，指向的是对世界的认识，建构的是自我与世界之间的联系，因而它是一种意义实践。这样的意义实践为学校的语言学习奠定了基础。

将写作的本质视为"意义的实践"，是人运用语言建构意义的行动，不仅指写作指向的是语言的发展，更重要的是指向人的解放。儿童在写作过程中是一个独立的个体，可以无拘无束地、自由地表达自己的思想观点和情感。"我手写我口，我手写我心"指的就是这样一种状态。

（二）作为意义实践的写作的特点

1. 写作的主体具有复数性特征

作为意义实践的写作的第一个特征就是写作主体的复数性。所谓复数性，指的是在写作过程中，主体并不是孤立的自我个体，而是处于社会规范约束中的个体。对于这样的主体而言，既有自我的存在，又有他性的存在，并且更为重要的是自我依赖于他人。人的自我主体是一种有待生成、有待想象、有待设计与有待调整的可塑性存在，自我主体的真正成型需要某种与他性相互作用的过程。作为一种具有内部复杂性与冲突性的存在，自我主体并不能自动地将自己内在的所有外发出来与发展起来，而是在与他性存在的多种交织中被触发与生成的。阿伦特因此说：一个人"活着"和"在人们中间"是同义词，如同"死去"和"不在人们中间"是同义词一样。[5]

2. 写作的总体功能在于建立与三个世界的联系

作为意义实践的写作的第二个特征涉及写作的总体功能。波普尔认为，我们可以区分三种不同的世界。第一世界是物理对象或物理状况的世界，第二世界是意识状况或精神状况的世界，第三世界是客观思想的世界，特别是科学思想、文学思想以及艺术作品的世界。人与第一世界的关系，实际上就是人与自然的关系，即韩礼德所说的人与物的关系。人与第二世界的关系其实就是韩礼德所说的人与他人的关系。人与第三世界的关系就是人与自身的关系、人与想象的关系。这个自身或者想象已经被符号对象化为语言，所以人与自身、人与想象的关系，其实就是人与语言的关系。意义实践就是通过以语言为媒介的人与人之间的交往，将人与物、人与人、人与语言的关系统整了起来。这种对意义实践功能的理解与哈贝马斯对人的行为的功能分析是相似的。哈贝马斯认为，人的行为有四种：第一种，目的行为，指的是在一定情况下使用有效的手段和恰当的方法以实现一定目的的行为；第二种，规范行为，指的是遵守一定的规范，以满足共同体期待的行为；第三种，戏剧行为，指的是以表现自我为目的的行为；第四种是交往行为，指的是行为者使用语言，通过行为语境寻求沟通，建立人际关系，协调行为，并完成行为计划的行为。[6]84哈贝马斯认为，前三种行为涉及的是行为者与一个世界或两个世界的关系，不能全面诠释人与世界的关系。目的行为建立的是行为者与客观世界的关系，规范行为建立的是行为者与社会世界、客观世界的关系，戏剧行为建立的是行为者与主观世界、客观世界之间的关系。唯有交往行为能够使行为者“从他们的生活世界出发，与客观世界、社会世界、自我世界发生关联，以求进入一个共同的语境”[6]95，因此它是一种建构和表现意义的活动，是一种意义实践。

写作的总体功能的实现依赖于写作的信息、人际、个体与想象等具体功能。写作的信息功能处理的是人与事物的关系，能帮助儿童在自身与第一世界之间建立联系。写作的人际功能处理的是人与人的关系，能帮助儿童在自身与第二世界之间建立联系。写作的个体与想象功能处理的是人与自身、人与想象的关系，能帮助儿童在自身与第三世界之间建立联系。

3. 写作的目的是实现人与塑造人

作为意义实践的写作建立的是人与世界的关系，它的目的在于以语言为中介，通过意义的协商与建构实现人与塑造人，这是作为意义实践的写作的第三个特征。写作只是学习抽象的写作技巧吗？写作只是学习语言的知识吗？当然不是！一方面，写作的目的在于人的自我实现。人是写作的动物，写作是人的生存性选择，是作为个体的人的生命价值的自我实现，儿童需要通过写作应对自己的内心，并通过写作达到自我实现。另一方面，写作又是塑造人的活动。写作对人的塑造表现为两个方面：第一，通过学习语言表达，以客观的“精神世界”塑造人。语言是人的本体存在，人通过语言把自己的生命活动变成自己的对象，对象化为语言，对象化为一种客体的存在。

这种客体的存在是人的生命活动的结晶，凝聚着人的本质力量，它塑造着人的本质，就像加达默尔所说的那样："既然语言是作为被说出的东西，而不是作为那种我们对其只能有自我肯定、征服和屈服的外在物的可怕领域而围绕着我们，那么它也就确定了我们的自由的空间。"[7]也就是在这个意义上，海德格尔说："人说话，只是由于他应合于语言。"[8]第二，通过学习语言表达，以"共同体的规范"塑造人。写作是一种人际间的沟通，通过学习语言表达，儿童把"自我"统摄进一个"我们"，或者是埃利亚斯所说的"我–们"，一个人是一个语言共同体的代表。当一个"我–们"和另一个"我–们"交流时，总是不断地衍生出某种东西，这种东西，绝不是哪一个个人所计划、所企图和所创造的。语言表达的学习使得个体进入了主体间语言交流的过程，这个过程是共同体成员的需求和意图的彼此交织，这种交织使得他们中的任何人都置身于各种绝不出自他们本意的强制机制中，束缚在共同体的意志、精神与规范中。人的思想、人的价值、人的行动、人的情感等都是这种集体的意志、精神与规范的产物，人因而有了"身份"，有了归属。

二、写作课程：基于活动的经验组织

（一）从课程的视角看写作

写作能成为课程吗？如果课程等同于学校中的科目，语文是课程，数学是课程，写作不是小学教育中的独立科目，也就不能称其为课程。但是如果我们把课程与科目剥离开来，把课程看作是有计划的经验或者活动，我们就可以在课程层面上讨论如何组织写作经验，如何开展写作活动，那么"写作课程"这种说法就能站住脚了。

从课程的层面上来思考学校教育中的写作问题，是一个新的视角。20世纪90年代，程民较早提出了建设写作课程论的构想。他认为只有从课程论视角出发讨论写作教学问题，才能改变写作教学局部成体、整体无序的状态。[9]二十年后，荣维东从课程取向的角度，提出了三种取向的写作课程。第一种取向为结果——文本取向，关注写作结果，是我国当前写作教学的主流范式。第二取向为过程——作者取向，将写作看作是信息处理和问题解决的过程，从关注写作结果转向关注写作主体。第三种取向为交流——读者取向，视写作为意义的主动建构，强调以读者为中心，意义的建构唯有通过作者与读者、个体和社会环境之间的互动交流才能实现。他认为，每种取向的写作课程都秉承不同的写作观，具有不同的写作要素，采用不同的教学方法，具有范式的不可通约性，但是孤立的某种范式不能解决写作课程的重建问题。[10]有研究者认为，到20世纪80年代，我国写作课程已经基本建立起一套基于三大文体的写作知识系列。这套知识系列在“科学化、序列化、逻辑化”的思路下不断完善，并结合标准化测试，定型为一套具有知识点、能力点、训练点的严密的“双基”体系。由于这套知识体系的存在，使得这一时期的写作课程具有三大特点：侧重于主题、材料、结构等文章学层面的静态知识的介绍；分解、重组写作课程内容，试图体现某种逻辑序列；很大程度上异化为应试作文教学，写作课程内容的主要元素等同于考场应试的写作技巧。[11]

上述学者对写作课程的讨论揭示了两种写作课程观：一种写作课程观将写作课程看作学科知识课程，所以课程最关注的是静态知识体系的组织；另一种写作课程观将写作课程视作活动课程，所以课程关注的是活动的过程或结果。

我们将写作视为“意义的实践”，实践的形式是活动，因此写作课程即写作活动。这里的活动，用马克思的话来讲，就是指实际的感性活动。人们在活动中与周围世界对象进行实际接触，感受到对象的压力，并依据它们的客观属性，对它们施加作用。正是这种代表实践的感性活动将马克思主义的活动学说与只承认抽象、思辨形式的活动的唯心主义活动学说做出区分。[12]3继承马克思主义传统的维果茨基提出了心理发展的活动说。他认为，人的意识不是与活动隔离的内部封闭系统，而是意识的客观表现，人的心理过程的变化与他的实践活动过程的变化是一致的。在讨论儿童的语言学习时，维果茨基认为，正是活动推动了儿童的语言发展。成人与儿童的语言交往活动使得儿童获得用以表达的词，虽然一开始儿童建构的词的意义与成人的不同，但是随着语言交往活动的逐步展开，儿童对词的理解会逐渐接近成人的观点。可以说，是活动让儿童获得了词语和句子，也正是活动让儿童建构起对词语和句子的最初理解。同样，也是因为活动，儿童对词语和句子的初步理解越来越接近社会的规范。从外部语言到内部语言的发展路径，就是外部活动内化的过程。没有外部的活动，也就没有外部语言，也不可能有内部语言的发展。

（二）写作活动的模型

有研究者根据已有的活动理论模型以及语言学习活动的特征建构了语言学习活动的模型，写作活动作为主要的语言学习活动，可运用此模型来实施组织写作课程，详见图2-1。这个模型由生产、交流、消耗和分配等四个子系统及活动结果五部分组成。在语言学习活动的模型中，生产、交流、消耗和分配等四个子系统各司其职，相互作用，共同指向“经验向语言的转化”。生产子系统直接引发了这种转化的启动，交流子系统、分配子系统通过不同的手段调节着转化的过程，消耗子系统则揭示了转化过程中的复杂性。

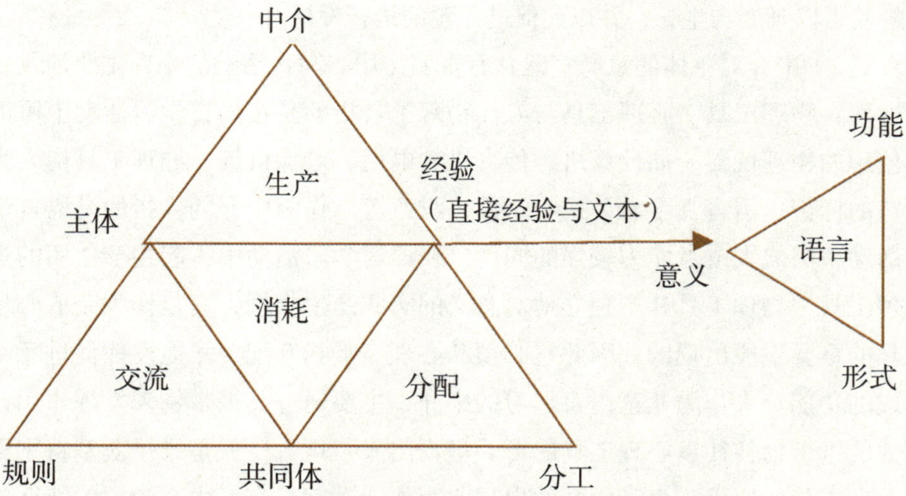

图2-1　语言学习活动模型[2]156

1. 生产子系统揭示了写作活动中意义建构的过程

在生产子系统中，主体经由中介作用于经验，生成意义，并把这种意义外化为具有功能与形式特征的语言。这个过程使我们对意义的源泉、意义建构的影响因素有了更为深入的了解。

（1）经验是意义的源泉。意义来源于人与三个世界接触时获得的经验。在杜威看来，意义不是由脱离具体属性的东西以及没有变化的、具有某种神秘实体的本质或本质存在物构成的。有机体和环境在境脉中不可分割地联结在一起。在这样的境脉中，意义是作为整体而出现的。意义所属的东西最初是由直接经验构成的，由于这种经验是不稳定的，因此意义总要及时依附在语言符号上，这些语言符号使意义更容易为人利用，也更为可靠。直接经验作为意义的第一个来源，对于意义建构的作用还不止于此。学生是在与周围事物交往的过程中获得经验的。在获取经验的过程中，学生产生了意义建构的需要与动机。关于意义的第二个来源，韩礼德认为，文本的属性就是意义与选择。文本首先是意义。虽然它是由词语与句子编码而成，这些词语与句子又是由声音或字母编码而成，但文本并不由声音或字母构成，同样它也不由字词、短语或句子构成，它由意义构成，用词语、声音与拼读来编码。[13]文本作为意义的来源，在写作活动中，不应当被视作学习的功课，而应当是吸收到自己经验里去的东西。通过阅读文本，学习者在自己的直接经验与他人的经验、社会的经验或者文化之间建立起一种链接。这种链接使儿童的直接经验得以延展与生长，并以此促进儿童的语言发展。

（2）中介对主体的意义实践具有重要作用。写作活动的中介主要涉及三个方面：物理工具、心理工具与人。物理工具指的是在语言学习活动中可能会使用的物理仪器，如计算机、传真机、电话、录像机等。心理工具指人为创造的标记、语言文字、公式、图像、纹章等。作为中介的人指的是语言学习活动中的成人或者能力较强的同伴。在语言学习活动中，起主要作用的是心理工具。物理工具并不独立地对意义的实践产生作用，它是作为获取心理工具的重要手段出现的，因此它必须和心理工具相互配合才能发挥促进意义生成的功能。人作为儿童语言学习的中介，主要通过其携带物来发挥作用，而他的携带物往往以心理工具的形式呈现出来。这大概就是维果茨基特别重视心理工具的原因。由于中介的出现，写作活动就具有了中介学习的特征，这与无中介的直接学习是有区别的。以色列的教育家福印斯坦对学习者与环境相互作用中成人中介者的作用进行了重点研究，并区分了直接学习与中介学习。他认为，在直接学习中，儿童直接与环境相互作用。在中介学习中，成人或能力较强的同伴把他自己放在了环境和儿童中间，这从根本上改变了学习者与环境相互作用的条件。由于中介者携带了大量与学习相关的心理工具，因此他会极大地影响儿童对意义的建构。福印斯坦还表明，中介学习具有目的性与互惠性的功能。在写作活动中，各种中介工具的使用能够使一个偶然的经验转变成有目的的经验，并且从这种有目的的经验中生发出意义。中介学习所具有的这个目的性功能引发了学习结果的互惠性。[14]这种互惠性体现在以下三个方面：

第一，作为对象的经验失去了自然的形式，变成了教育的结构。

第二，主体获得了中介学习的体验，这种体验在很大程度上促使学习者成为“识知”的人。所谓识知，是指知道怎么做。它隐含在行动中，是行动的一个重要组成部分，它与个体“拥有的知识”一起构成个人知识的总体。一个“识知”的人不仅知道关于世界的知识与关于语言的知识，而且能够直接实施行动获得这样的知识。

第三，中介者获得了中介者的体验。教师中介者会由于这种体验而获得教学技能的提高与专业的成长。

关于中介，还有一点需要做特别的说明，那就是：中介的作用以提供学习活动的资源为主，而不以直接发布指令为主。如果在写作活动中，教师或他人给予的全是指令，那么这样的教学成了直接教学。由于学习者被动地参与学习，因此他丧失了主体的特征，这样的学习就不属于真正的活动。

2. 消耗子系统揭示了写作活动的对话机制与能量消耗

消耗子系统由主体、共同体以及经验之间的关系构成。主体与共同体关于经验的对话是意义实践的重要机制。我们说意义来源于经验，但是它并不是外部客观事物在学习者大脑中直接建立的摹本，而是经由共同体内部成员之间的对话与协商产生。对话（dialogue）一词源于希腊语“dialogos”，“logos”的意思是“词”，或者说是“词的意义”，而“dia”代表的是“穿越”的意思。因此伯姆说：对话仿佛是一种流淌于人们之间的意义溪流，它使所有对话者都能参与和分享这一意义之溪，并因此能够在群体中萌生新的理解和共识。[15]

共同体内部通过对话生成共识揭示了共同体成员的同质性，但是我们不能忽视共同体成员的异质性。共同体成员来自于不同的家庭，教育背景不同，心理成熟度不同，学习习惯不同，爱好不同，语言学习对于他们的个人意义不同。这些不同意味着他们在语言学习活动中的起点是不一样的，因此在意义实践中，他们会发生冲突与矛盾，他们需要时间与能量去解决这些冲突与矛盾，所以能量消耗在意义实践中是不可避免的。

不过这种能量消耗不能光从消极方面去理解，它还具有积极的作用，表现在两方面：

一是，语言学习者在解决冲突中获得了解决冲突的策略与方法，这为后续的语言学习活动减少能量消耗提供了基础。

二是，语言学习者在解决冲突中获得了关于事物与语言的更为深入的认识。冲突与矛盾的存在使得观点的异质性凸显出来，而这种异质性的观点会促进个体对自己观点的思考，从而形成更富有深度的认识。

3. 交流子系统通过规则调节写作活动中的意义实践

在语言学习活动中，个体与共同体内其他成员的交往必须遵循一定的规则。这些规则是共同体成员相互协商的产物。凭借这些规则，共同体成员调节着自己的写作行为，整个共同体调节着写作学习活动。由于规则的出现，共同体成员将自己组织进共同体中，共同体整体也有了对其成员进行组织协调的依据，从而使最初呈混沌状态的共同体成员的关系逐渐清晰，共同体的活动逐步走向有序。

共同体内的规则主要有两种：一种是横向的协商规则，协调的是同伴间的合作学习；另一种是纵向的交往规则，协调的是学徒制学习。在同伴间的合作学习中，参与者知识水平相当但各有专长，可从自己的经验出发提出不同的观点进行交流与协商，共同生成意义。在学徒制学习中，参与的成员是专家与新手之间的关系，专家需要示范，需要提供资源与方法上的指导，新手则需要观察、模仿、建构与实际演练。这两种学习在语言学习过程中循环交错，共同体内的规则也根据参与者身份的变化、目标任务的变化、情境的不同而不同。但是不管规则如何变化，它始终起着调节意义实践的作用。

4. 分配子系统通过分工与合作调节写作活动中的意义实践

如果说交流子系统对共同体成员“应当怎么说”和“应当怎么做”做出了约束，那么分配子系统关注的是：对于活动的对象而言，我们每一个成员要“说什么”和要“做什么”。在共同体内部，任何成员都有责任为完成共同的任务而出力，要先参与、先奉献，再分享。也正是因为有了个体的积极参与与奉献，才能收获更多，才能共同完成共同体的任务，并在完成任务的过程中建构意义。分配子系统就是通过分工与合作的机制来调节意义实践活动中主体的意义建构。

5. 作为结果的语言

写作活动的结果不是声音，也不是图画，而是语言。作为结果的语言是写作活动中建构的意义的外化形式。语言意义的外化又与语言的功能、形式有关。

（1）语言的功能承载的是意义的“偏颇性”①。语言的功能承载的是意义实践主体的需要、动机与目的。在功能语言学看来，意义与功能是两个密切关联的概念，谈及意义，必将涉及功能，而功能又与语境相关，与参与交际的人、交谈的话题、交谈置身的场景相关。语境相关要素限定了语言的功能，也相应地限定了意义的表达。在这个意义上，我们说功能承载的是意义实践过程中主体的需要、动机与目的，类似于列昂捷夫所说的“偏颇性”。

（2）语言的形式承载的是意义的物化形态。意义的本原是意识。意识指我们对意识之外被意识对象的感知、探索、想象与领悟，即加工处理外部的信息并借助它来控制我们自身的行为。只要我们觉察自己在意识，所觉察到的就一定是意识之外部对象，在这个基点上，我们可以说，意识就等于被意识之物，即意义。被意识之物作为人的大脑的心理反映总要依据一定的物质载体，这个载体就是语言的形式。列昂捷夫曾对这个问题做过透彻的表述，他说：马克思和恩格斯指出，语言是一种实践的，既为别人存在并仅仅因此也为我自己存在的、现实的意识。不过，这个论点绝不能解释为意识是由语言产生的。语言不是它的创造者，而是它的存在形式。而且词汇、语言符号不单单是物理学代替者、约定的代替物。词义后面隐藏着社会实践，即在词义中改造过了的并定型化的活动，只是在活动过程中才向人揭示出客观现实。[12]11形式承载的是意义的物化形态。任何一种意义都不可避免地通过形式表现出来，也许我们会“得意而忘言”，但是没有“言”，没有语言的形式，意义就无从依附，也无从立足，无法成为具有分享本质的意义本身。

三、写作课程内容

（一）写作课程内容的构成

写作课程内容指写作课程教什么。对课程的认识不同，对课程内容的分析就不同。一些研究者把课程看作是一门学科，那么写作课程就成了小学生学习写作的一门学科，课程的内容应当从组成学科的知识体系去挖掘。可以

① 列昂捷夫是在讨论人的意识形成的个性化因素时谈到偏颇性的。他认为，心理学早就描述人的意识的主观性、偏颇性，在注意的选择性、表象的情绪色彩、认识过程对需要和欲望的依存性上，可以看到这种主观性、偏颇性的存在。所以列昂捷夫所指的偏颇性，属于需要和情绪的领域。

作为写作课程构建基础的学科主要有语言学、文章学和文学，那么写作课程内容就应当是汉语知识、文体知识与文学知识。

如果换一种角度看课程，把课程看作是有组织的学习经验，看作是学生的活动经验，就需要从学生经验的过程和活动所需要的知识等角度去构建课程的内容。教育家杜威强调从儿童当下的生活出发去建立课程，从建立学校生活与校外生活有机关联的角度出发去开发课程内容。20世纪早期的课程论专家博比特则着眼于儿童未来的工作活动，从人类生活的多种工作活动中剖析剥离出课程的内容与目标。在语文课程领域，许多研究者主张在写作教学中以作文能力、想象与思维能力培养为内容，也是基于这样一种研究的立场。

小学生写作课程是组织小学生在写作活动中通过写作发展写作能力，形成写作意识，培养写作兴趣的课程。小学生的写作活动从经验的层面上看，就是小学生在特定的语境中运用基本的语言表达方式表情达意的过程，这个过程涉及语言运用的环境和基本的语言表达方式。因此对语境与基本语言表达方式的学习就成了小学写作课程的主要内容。“理解语境及掌握基本语言表达方式”与“发展写作能力”不是两个事物，而是同一事物的不同方面。“理解语境及掌握语言基本表达方式”是小学生写作课程内容与目标在经验层面上的表达，“发展写作能力”是小学生写作课程内容与目标在心理层面上的表达。从学习心理角度看，“理解语境与掌握基本语言表达方式”的过程就是小学生“发展写作能力”的过程。

（二）写作课程内容之一：语境

语境与语言表达密不可分。韩礼德将语境作为语言学习的一个基本特征，他认为，脱离语境的词和句子在语法书和字典中有一席之地，但在生活中却是很少有的。

在具体的语言表达活动中，语境因素制约着语言表达方式的运用。假设小学生要与别人交流放鞭炮的事情，当对象是他的同学时，他可能会告诉同学，他买了多少鞭炮，什么时候放的，放的时候发生了什么事。而当他交流的对象是外国友人时，他可能首先要向他说明什么是鞭炮，为什么要放鞭炮。这个日常生活中的语言表达告诉我们，要完成一次语言表达，不仅要运用相关的语言表达方式，而且要理解语言表达发生时的情景语境和背景语境。情景语境由语言交际的对象、交际的话题、交际的目的与任务、交际的时间与地点等构成，背景语境指语言表达赖以发生的社会背景、历史背景和民族文化背景。

话题是语境的核心。在一个语篇中，话题往往是一个词或词组，它明确了书面交际的出发点，揭示了书面交际的意向，规定了交际的主体与语言表达方式，透露了交际的时间、地点等信息。如“成长记录”这一话题，告诉我们如下信息：交际主体是“我”与我的同学、家人等，交际以第一人称展开，交际的起点是生活中的成长，交际的意向是记录成长，表达以记叙为主。看到“校园里的花和树”这一话题，我们大致可以知道，交际主体依然是“我”，交际的起点是校园里现有的花和树，交际的意向是介绍校园里的花和树，语言表达以描写为主。看到“过年”这个话题，我们除了知道交际的主体、交际的起点，还能大致知道交际的时间是在春节。

（三）写作课程内容之二：基本的语言表达方式

1. 什么是基本的语言表达方式

（1）语言表达方式

《现代汉语词典》对“表达”和“方式”下了十分明晰的定义，“表达”指表示（思想、情感），“方式”指说话做事所采取的方法和形式。将两个词的意思联合起来就可以对“表达方式”做一个简单的界定，所谓表达方式就是指表达思想、情感所采取的方法和形式。顾名思义，语言表达方式就是指运用语言表达思想、情感的方法和形式。

语言表达方式主要包括两个部分：一个是语言表达的方法，如记叙、说明、议论等；另一个是运用语言表达方法表达后，物化为符号的语言表达形式，或者是蕴含某种语言表达方法的语言表达形式，如句、篇等。方法指解决思想、行动等问题的门路和程序，方法与做密切相关，属于过程范畴。形式则是做的结果，属于结果范畴。可以这样说，语言表达方式既包含如何做，又包含做的结果，既涉及行动的过程，又涉及行动的结果。它贯穿了语言表达的全过程，是语言表达行为的核心要素。

（2）基本的语言表达方式

要说清“什么是基本的语言表达方式”，首先要搞清“基本”的内涵。那么，什么是基本呢？我们从语言表达形式的特点、语言表达方法的特点以及学生学习语言表达形式的规律入手来讨论此问题。

在普通语言学视野中，语言表达形式是一个系统。系统是相互联系、相互作用的诸元素的综合体。展开来说，就是指系统至少包含两个以上的要素，要素和要素之间相互联系、相互作用，所有要素构成一个复合统一的整体，共同发挥整体的功能。语言学借用语法单位来讨论语言表达形式的结构体系。汉字作为词素可以构成词，词可以构成句子。有了句子，就可以构建表达整体意义的篇。如果我们把篇作为语言表达形式的一个子系统，那么这个子系统由字、词、句组成。字、词、句是篇的要素，缺了其中的任何一个要素，就不能构成篇。没有字，不可能有词；没有词，就不可能有句；没有句，就不可能有篇。在这个意义上，我们所说的“基本”就是指“要素”。

从社会语言现象来看，语言表达方法作为语言表达的门路或程序，受语境的制约。不同的交际对象，不同的交际话题，不同的交际目的都会影响语言表达方法的选择。就现实的语言表达现象而言，由于语境的纷繁复杂，很难用系统论的方法找出语言表达方法的要素。但是我们可以借鉴集合论的思想理解“基本”的内涵，将“基本”看作“原型”。集合论认为，集合是具有某种特定性质的具体的或抽象的对象汇总成的集体，集合内的每一个对象被称为集合的元素。集合的元素具有确定性、互异性和无序性。确定性指每个元素是确定的，意义明确的。互异性指集合中的元素互不相同。无序性指集合中的元素没有先后之分。如“高中1班同学的集合”，它是在高中1班学习的所有学生的集合。在高中1班学习的每一个人都是这个集合的元素，这些元素由于加上了“在高中1班学习”这个基本特征，因而具有确定性。高中1班的每个同学是不同的个体，所以该集合内的元素具有互异性。集合内的这同学和那同学之间并没有先后之分，体现了该集合的无序性。集合内的元素呈无序状态，但这些元素拥有共同的特征或要素，可以将其称为“基本成分”或“原型”。语言表达方法作为一个集合，它的原型是很多语言表达现象共同具有的特征，如新闻报道、故事讲述、报告文学、现场解说等语言现象，都会叙述事情的发展变化，记叙因而成为语言表达方法的一种原型。

语言表达方式是学生学习的内容，所以语言表达方式的学习应当遵循语言学习的主要原则。从语言学习心理的角度来看，有几个大家公认的教与学原则，如由简入繁的原则，即先学简单的再学复杂的；又如以熟带生原则，先学常见的、学生熟悉的，再学不常见的、学生陌生的。从学生学习语言表达方式的规律来看，所谓基本的语言表达方式指的是那些生活中比较常见的现象，这里的“基本”可以视作 “常见的”。

综上所述，基本的语言表达方式指常见的、作为原型的语言表达方法和作为要素的语言表达形式。

2. 基本的语言表达方式的构成

要讨论基本的语言表达方式究竟由哪些成分构成，必须要首先讨论语言表达方法的构成和语言表达形式的构成。

（1）语言表达方法的构成

①根据语言表达功能分析基本的语言表达方法

根据语言表达的功能，常见的、作为原型的语言表达方法主要涉及记叙、说明、描写、议论、抒情等。记叙指对人、事、物的发展变化以及空间转换的记录和叙述。说明指对事物、事理的解说。描写就是用生动形象的语言，把人、景、物的状态具体地描绘出来。议论指发表自己的意见，或者用自己的意见批评别人。议论与说明不同，说明主要使人理解某种事物、事理，议论则以改变他人对于某种事物的意向为目的。[16]抒情指情感的抒发，主观表达自己的愉悦、哀痛、悲壮、怀念、依恋等情感。

②根据语言的组织分析基本的语言表达方法

根据语言的组织，常见的语言表达方法主要涉及并列、连贯、开头、结尾、照应、过渡。并列指将语言并排摆列，不分主次。连贯指将语言按顺序摆列，分出前后。开头指将语言摆列在文章的开端处。结尾指将语言摆列在文章的结束处。照应指在不同位置的语言之间建立对照呼应的关系。过渡指用语言表达事物由一个阶段转入另一个阶段，或者空间由一处转向另一处。并列、连贯与句、篇等语言表达形式相关，开头、结尾、照应、过渡等主要与篇相关。

③根据语言的内容分析基本的语言表达方法

根据语言的内容，常用的语言表达方法主要涉及表达人的方法、表达事或事理的方法、表达景的方法、表达物的方法等。

④语言表达方法的三维综合

综合上述三个分析维度，可得到语言表达方法的综合构成表，详见表2–1。

表2-1　语言表达方法的整体构成

分析依据	语言表达方法
语言表达的功能	记叙、说明、描写、议论、抒情
语言的组织	并列、连贯、开头、结尾、照应、过渡
语言的内容	表达人的方法、表达事或事理的方法、表达景的方法、表达物的方法

在设计教学内容时，可从每个维度提取相关元素，组成三方统整的语言表达方法，如记叙人的连贯的表达方法、描写物的并列的表达方法、说明事理的文章的开头方法等。

（2）基本语言表达形式的构成

分析基本的语言表达形式，必须要关注字、词、句等基本要素，由于字、词的学习已经作为识字教学的主要内容，所以写作教学内容可以以句为出发点，在日常生活中，单句，连贯和并列的复句，由几个句子构成的连贯和并列的句群，以及记叙文、说明文、日记、读后感等篇的形式都是十分常见的语言表达形式。

①基本语言表达形式一：单句

单句，指不包含分句的句子，常由一个主谓短语构成，也可由一个词或其他短语构成。单句按语气可以分为陈述句、感叹句、疑问句、祈使句等句类。按句子功能可分为判断句、叙述句、描写句，以及表达见闻、表达愿望等心理活动的句子，详见表2-2。

表2-2　常见的单句表达形式

分析依据	类别	常见的单句表达方式例举
句子语气	陈述句	昨天，我们在操场上踢足球。
	疑问句	今天，哪个班级的同学在礼堂里演出？
	感叹句	那嫩绿的颜色该有多美呀！
	祈使句	请给我一张纸。
句子功能	判断	金星是太阳系九大行星中最亮的一颗。（“是”字句）
	叙述	1925年，在美国留学的闻一多回到了灾难深重的祖国。

续表

分析依据	类别	常见的单句表达方式例举
	描写	歌词像珠子似的从她的一笑一颦中，一粒一粒地滚落下来。
	表达见闻，表达愿望、喜爱等心理活动	我真不能相信他只比你小一岁。（长宾语句） 我最爱看天上密密麻麻的繁星。（长宾语句） 我看见一个小女孩搀着一位老奶奶缓缓走上桥来。（长宾语句）

②基本语言表达形式二：复句

由两个或两个以上意义密切相关、结构上互不包含的分句所构成的语言单位叫复句。按照复句中分句之间的逻辑语义关系，可以将复句分为并列复句、连贯复句、递进复句、选择复句、因果复句、转折复句、让步复句、假设复句、条件复句和取舍复句。在这十种复句中，最常见的、最具有原型特征的是并列复句和连贯复句。

根据表达的内容，并列复句可分为表示事情同时发生的并列复句、表示相关几种情况并存的并列复句、表示相反或相对情况的并列复句等，连贯复句可分为表示动作行为连续的连贯复句、表示时间连续的连贯复句、表示事物演变的连贯复句等，详见表2-3。

表2-3　常见的复句表达形式

复句类别	复句功能	常见的复句表达形式例举
并列复句	表示事情同时发生	我一边做作业，一边听收音机。
	表示相关几种情况并存	湖面波光粼粼，一碧千里。
	表示相反或相对的情况	同学们想唱歌，不想做作业。
连贯复句	表示动作行为连续	医生掏出听诊器，放在我的胸口。
	表示时间连续	王老师一到，电影就开始了。
	表示事物演变	紫藤先开花，后长叶。

③基本的语言表达形式三：句群

句群也叫句组，它由前后连贯共同表示一个中心意思的几个句子组成。根据句群中句子之间的关系，可以将句群分为并列句群、连贯句群、解说句群、递进句群、选择句群、转折句群、因果句群、目的句群、假设句群、条件句群等。在这十种句群中，最常见的、最具有原型特征的是并列句群和连贯句群。

常见的并列句群包括起分述作用的并列句群、典型例举的并列句群以及起铺叙作用的并列句群。起分述作用的并列句群，常常使用较固定的连接词，如“有……有……还有……”“有的……有的……”“像……像……像……”。根据表达的功能，连贯句群可分为表示动作行为连续的连贯句群、表示时间连续的连贯句群、表示事物演变的连贯句群、表示思绪延伸的连贯句群、表示事理推论的连贯句群等。在连贯句群中，还有一种特殊的形式，是对话，它用来表示会话的推进。详见表2–4。

表2–4　常见的句群表达形式

句群类别	句群功能	常见的句群表达形式例举	
并列句群	分述	几种固定的表达形式 有……有……还有……	我们从课外读物中已经了解了不少动物，有雪地里的狐狸，城堡中的蚂蚁，蜂窝里的蜜蜂，养育池中的海龟，极地的北极燕鸥、北极熊、企鹅，澳大利亚的树袋熊；有顽皮的松鼠猴，优雅的藏羚羊，机灵的燕子，凶猛的老鹰，美丽的翠鸟；有会喷墨的乌贼，能发冷光的萤火虫；还有任劳任怨的老牛，鲜美的刀鱼，有趣的小虾等。
		有的……有的……	爷爷家边上有个池塘。池塘边有棵大树。一片一片的黄叶从树上落下来。有的落在水里，小鱼游过去，藏在底下，把它当作伞。有的落在岸边，蚂蚁爬上去，来回跑着，把它当作运动场。 ——本套学本二年级分册《看看大自然》
		像……像……像……	雪花是美丽的。它洁白晶莹，玲珑剔透，就像朵朵白莲花，从茫茫的天空中飘落。每朵雪花都是一幅极其精美的图案，有的像明亮的小星星，有的像细细的银针，有的像六瓣的花朵，有的像张开的小伞……真是千姿百态，美不胜收！ ——本套学本二年级分册《走进少年宫》

续表

句群类别	句群功能	常见的句群表达形式例举	
		由固定表达形式演化出来的变式	地铁里人真多，看报的，玩手机的，互相交谈的，闭目养神的。 ——本套学本二年级分册《走进少年宫》 笨笨熊回去找了一罐蜂蜜，小刺猬滚来一身枣子，小灰兔扛来长长的胡萝卜，小灰鸭驮来圆圆的土豆，大家聚在一起美美地吃起来。 ——本套学本二年级分册《森林运动会》 我有很多兴趣爱好，爱唱歌跳舞，会画画弹琴，喜欢游泳滑冰。不过，我最喜欢的还是小动物。我养过锦鲤鱼，也养过巴西龟。看见人家养的小鸟，我也会停下脚步看半天。 ——本套学本三年级分册《交友》 当春尽夏初，我眼看见新桐初乳的光景。那些嫩黄的小叶子一簇簇地顶在秃枝头上，好像一堂树灯，又好像小学生的剪贴图案，布置均匀而带幼稚气。植物的生叶，也有种种技巧：有的新陈代谢，瞒过了人的眼睛而在暗中偷换青黄。有的微乎其微，渐乎其渐，使人不觉察其由秃枝变成绿叶。只有梧桐树的生叶，技巧最为拙劣，但态度最为坦白。它们的枝头疏而粗，它们的叶子平而大。叶子一生，全树显然变容。 ——本套学本三年级分册《落叶》
	典型例举	啤酒节上，德国人还发明了一种极具特色的“啤酒文化自行车”。这种自行车小的有7个座位，大的有16个座位，座位围着一张大桌子，每个人都有脚蹬子，一人负责掌舵。 ——本套学本五年级分册《世界之窗》	

续表

句群类别	句群功能	常见的句群表达形式例举
	典型例举	他的课讲得极好。祖国的历史使他自豪。讲到历代的民族英雄，他慷慨陈词，常常使我们感动得落泪。而讲到祖国近代史上受屈辱的岁月，他自己又常常哽咽，使我们沉重地低下头去。后来，我考入历史学系，和刘老师的影响有极大的关系。 ——本套学本四年级分册《校园人物志》
	铺叙	冬青树的花极小，不过像绿豆那么大，白色的花瓣，略带黄色的蕊，看上去，显得那么娇美。它没有浓郁的花香，你即使凑近花朵，也只能闻到一丝淡淡的清香。 ——本套学本三年级分册《落叶》 日本人家的风景，经常是，小小的院落，围着小小的栅栏；小小的栅栏里，放着几只小小的花盆；小小的花盆里，开着几朵小小的鲜花；小小的鲜花旁，立着一尊精巧的石灯笼。院里地上铺着平整的石板石条、干净的石块石子。绕墙几株袖珍的松树，修理得干干净净，像新剃的头。门边檐间翠竹挺立，三竿两竿的竹，一枝半枝的花，错落之中，红绿相间。而这所有的景致，都是围绕一座小木屋展开的。 ——本套学本五年级分册《世界之窗》
连贯句群	表示动作行为的连续	有一天，乌鸦飞出去给他的孩子找东西吃。他找到一片肉，叼了回来，站在窝旁边的树枝上，心里很高兴。 ——本套学本二年级分册《乌鸦受骗之后》 回到家以后，我把水果一一拿出来清洗干净，再找到一只精美漂亮的水果盘。我戴上手套，先拿出几只葡萄把皮剥掉，放在盘子中间，然后拿出几个苹果放在案板上，用水果刀对准苹果的中心位置用力一切，劈成两半；接着把半个苹果切成一片一片奇形怪状的样子，也放在盘子的中间。我又拿出橘子，剥掉皮，掰成一瓣一瓣，围在盘子四周边缘。 ——本套学本三年级分册《多彩的假期生活》

续表

句群类别	句群功能	常见的句群表达形式例举
	表示时间的连续	我用硬板纸造了个窝，好让蚕宝宝放心地住下。每天，我都会给它们吃桑叶。没过一星期，蚕宝宝的黑色身体慢慢变白了，个头也比之前大了些。起初，我以为蚕宝宝头上长了个黑点，后来才知道那是蚕宝宝的嘴。它们的嘴吃起桑叶来，老是一拱一拱的，可爱极了。蚕宝宝吃桑叶是很聪明的，它们会把嫩叶全吃光，只把叶脉留下来。 又过了几天，我发现蚕宝宝已经有小手指那么长了。每次去看它们时，桑叶都已被蚕宝宝吃精光了。爷爷告诉我，随着蚕宝宝的长大，它们的食量也开始变大，要提供更多的桑叶。看来我采桑叶得更勤快点才是呀，否则它们就会饿着了！ 又过了十多天，蚕宝宝有一点反常，它们不吃桑叶了，昂着头一动也不动，身体反而更白、更胖了。爷爷告诉我，这是蚕宝宝第四次眠了，它们马上就要上山结茧了。 ——本套学本三年级分册《种豆记》
	表示事物的演变	整整一个冬天，玉兰树无声无息，临风披霜，十分萧瑟。但我望着玉兰树，知道它并不消沉，而正酝酿着它的繁荣。过了春节，将近清明，有情况了，枝头悄悄绽出点点花芽。不细心观察，很难发觉这种变化。不经意中，花芽渐渐地增多，渐渐地长大。忽然有一天早晨，我惊喜地发现，玉兰花已经开满枝头，花朵重重叠叠，像一群白衣少女。无声无息，却也热闹得很。我知道白玉兰花一开，春天便来了。 ——本套学本三年级分册《校园里的花和树》
	表示思绪的延伸	记得上学期老师在我的《成长手册》上写下我在这个学期里的进步，还对我的不足之处提出了改进意见，更在最后留下了一个可爱的笑脸图案，这让原本冷冰冰的《成长手册》多了一点人情味。取消分数评价，改成等级评价，如果再加上笑脸评价，实在太棒了！ ——本套学本四年级分册《读报论坛》

续表

句群类别	句群功能	常见的句群表达形式例举
	表示会话的推进	记得初春的一天，我坐在窗前读书，忽然看见一只小鸟停在窗台上。我凑上前去一瞧，啊！多么漂亮的小鸟啊，它的身体橙黄橙黄的，宝绿色的眼睛像两颗绿宝石般镶嵌在脑袋的两侧，嘴巴尖尖的。 我觉得小鸟有点悲伤，于是，便好奇地问它："你怎么愁眉苦脸的呢？" 小鸟唉声叹气地说："唉！我和爸爸妈妈失散了，现在无家可归了。" "那你为什么不去那茂密的森林呢？"我指着远处说道。 "我去过森林，但那里连一只鸟都没有，只有几棵光秃秃的树。"小鸟无奈地说。 我问小鸟："森林里怎么会只有几棵光秃秃的树呢？" 小鸟对我说："有些人不懂得保护自然环境，乱砍滥伐，造成了水土流失，破坏了我们的家园。" 我问小鸟："你又是怎么和家人失散的呢？" "我和家人觉得现在居住的环境太差了，只能去寻找合适的住处，"小鸟回答道，"可是，当我们飞到半途却遇上了沙尘暴，我就是这样和家人失散的。"小鸟说完这段话后，又急着飞去找家人了。 ——本套学本三年级分册《编写"爱鸟日"宣传材料》

④基本的语言表达形式四：篇

篇是语言交流过程中一系列连续的语段所构成的语言整体。构成篇的各个语段在形式上是衔接的，在语义上是贯通的。篇在形式上的特征可归结为体裁。功能语言学认为，体裁是一类特征鲜明、高度约定俗成的交际事件，是使用语言的各个领域所锤炼出来的相对稳定的表达类型。它借助形式的规则体现着一类语言表达行为与另一类语言表达行为的差异。

划分依据不同，篇的体裁类型就不同。划分体裁主要有四种依据。第一，根据表达形式的特点进行分类，如刘勰在《文心雕龙》指出："今之常言，有文有笔，以为无韵者笔也，有韵者文也"。也就是说，按照有韵与无韵可以将文章分为文学作品（文）与应用文章（笔）。后来又有人根据全篇是否对仗将文章分为骈文和散文。第二，根据文章的功能进行分类，如“五四”时期的文论家们按照文章是否具有“实用”或“超实用”（即审美）的功能，将文章分为文学体裁和实用体裁。当代有些研究者也根据功能，将文章分为文学类、公文类、新闻类、外交类、科技类、财经类、司法类等。第三，根据语言表达方法进行分类，如陈望道在《作文法讲义》一书中，将文章分为记叙文、记载文、解释文、论辩文、诱导文等五类。[17]第四，根据文章的客观存在样式进行分类，可以将文章分为诗歌、小说、戏剧、消息、通讯、报告文学、政论、解说词、演讲稿等。

对小学写作教学的体裁做分类，可先按功能将文章分为实用文章和非实用文章。实用文章具有具体的用途，能够应对日常生活需要，非实用文章则具有审美的功能。实用文章按日常生活中客观存在的样式，进行第二次分类，分为书信、日记、通知、表扬信、推荐稿等。非实用文章可按语言表达方法，分为记叙文、说明文、议论文等。在进行二次分类后，再按照小学生的思维特点、常用等原则，确定适合在小学阶段教学的文体。

综上所述，我们认为，可纳入小学写作教学内容的篇的体裁主要有非实用文章中的记叙文、说明文，以及实用文章中的读书心得、文摘卡片、日志、读后感、海报、说明书、倡议书、墙报、新闻报道等。

3. 基本语言表达方式的价值：写作课程知识的回归

（1）写作课程要不要知识

写作是“语文”的一部分，“写作课程要不要知识”的问题从属于“语文课程要不要知识”的问题。对于语文课程要不要知识，一直存在对立的观点。主张知识无用论的那一派认为：语文课程应该不要知识或淡化知识，理由主要来源于日常语文教学实践。实践证明，教给学生语言学知识、文章学知识、修辞学知识并不能有效提高学生的语文能力。相反的一派则认为，现代语文知识的缺失制约了语文教学效率的提升，是六十年语文教育的一大过失。[18]倪文锦甚至认为，语文教学的去知识化和技能化倾向是六十年语文最大的过失。他指出，关于语文知识，大家不赞成语文课程照搬语言学、修辞学和文学等知识，因为事实证明，照搬这些知识并不能有效地培养和发展学生的言语实践能力，但这并不意味着语文课可以没有知识或不需要知识。[19]还有学者强调，人类的语言实践需要相关知识的引领，也同样呼唤有效的语

言知识的指导，语文课程与教育的实践性绝不是拒绝、淡化和排斥语文知识的理由。[20] 11

语文课程需要知识，从属于语文课程的写作课程也需要知识，如果没有写作课程知识，就无法确定写作课程内容。如果没有写作课程知识，就不能科学构建写作教材编写的内容体系，无法改变写作教材编写逻辑不清、方向不明的问题。如果没有写作课程知识，就不能让学生明明白白地知道怎样写作是有效的，不能引导学生形成自主写作的策略，不能帮助他们成为自主的写作者、思想者。

（2）写作课程需要怎样的知识

语文课程需要知识，那么语文课程需要怎样的知识？有研究者对语文课程知识做了深度剖析。他认为，需要什么样的语文课程知识与语文课程知识的类型相关。如果将语文课程知识分为陈述性知识、程序性知识与策略性知识三类，那么“关于做什么”的程序性知识应当成为语文知识教学的主体。如果我们把语文课程知识分为现象知识、概念知识、原理知识的话，那么包括常用词语、常用句式、常用语体、常用修辞的现象知识是语文知识教学的主体，对现象知识加以解说和命题的概念知识只起辅助作用，少知、粗知即可。“关于如何做才正确”的原理知识是人的行为方式的描述与规范，在活动中起着定向的作用，因此可以有效指导和提高学生的语文能力。这类知识不需要很多，但需要精细掌握。[21] 24—29也有研究者认为，现有的语文课程知识不能有效地转化为学生理解与运用语言的能力，我们应积极地开发和更新知识，构建新的语文知识体系，其核心为以语用为中心的动态知识。[20] 13

写作课程的知识可以按照加涅的知识阶层论，分为三层知识。第一层是语言表达现象知识，这层知识由各类常见的语言表达现象构成，包括教科书中的课文、报刊与其他图书中的文章、生活中出现在各类场所的实用文章等。第二层是语言表达概念知识，这层知识对各种语言表达现象进行抽象概括，并用术语命名各种语言表达现象。第三层是语言表达规则知识，这类知识运用各类概念和命题解释应当如何表达。（见图2-2）换一种知识分类标准来说，第一层是操作性知识的物化状态。各类语言表达现象并不是凭空产生，而是不同的交际对象根据交际任务与环境的需要所做出的思想与情感上的表达，这种表达以书面语言呈现，借助纸张与其他媒体得以物化。第二层是陈述性知识，对各种语言表达现象进行命名，说清楚“是什么”。第三层是策略性知识，对如何表达更恰当等做出解释，策略性知识如果得到内化，将成为学生自主写作的策略，调节学生的写作行为。

图2–2　写作课程知识结构

（3）基本语言表达方式与写作课程知识

基本语言表达方式是写作课程知识的核心，以基本语言表达方式为核心构建写作课程内容，体现写作课程知识的重要回归。

基本的语言表达方式包括基本的语言表达形式和语言表达方法两个方面。语言表达方法、语言表达形式、话题知识与语境知识的综合运用，构成语言表达的现象知识。对基本语言表达方法和形式的命名与解读构成了语言表达的概念知识，如什么是记叙文、什么是说明文、什么是实用文、什么是并列、什么是连贯等。如何运用语言表达方法和语言表达形式进行恰当表达，构成了写作课程的语言表达规则知识，如怎样利用关联词建立并列复句等。

四、写作课程目标

关于小学写作课程的总目标与学段分目标，《义务教育语文课程标准》（2011版）做了十分明确的表述。小学阶段写作课程的总目标为：能具体明确、文从字顺地表达自己的见闻、体验和想法。能根据需要，运用常见的表达方式写作，发展书面语言运用能力。第二学段的目标为：第一，乐于书面表达，增强习作的自信心；愿意与他人分享习作的快乐。第二，观察周围世界，能不拘形式地写下自己的见闻、感受和想象，注意把自己觉得新奇有趣或印象最深、最受感动的内容写清楚。第三，能用简短的书信、便条进行交流。第四，尝试在习作中运用自己平时积累的语言材料，特别是有新鲜感的词句。第五，学习修改习作中有明显错误的词句；根据表达的需要，正确使用冒号、引号等标点符号。第六，课内习作每学年16次左右。第三学段的目标为：第一，懂得写作是为了自我表达和与人交流。第二，养成留心观察周围事物的习惯，有意识地丰富自己的见闻，珍视个人的独特感受，积累习作素材。第三，能写简单的纪实作文和想象作文，内容具体，感情真实；能根据内容表达的需要，分段表述；学写读书笔记，学写常见应用文。第四，修改自己的习作，并主动与他人交换修改，做到语句通顺，行款正确，书写规范、整洁；根据表达需要，正确使用常用的标点符号。第五，习作要有一定速度；课内习作每学年16次左右。

课程目标就是预期的学习结果，用学习结果理论来解读上述课程目标，可将目标分解为事实性知识、概念性知识（包括概念、原理、图式与心理模型）、认知技能、态度等多个方面。

（一）认识与理解语言表达方式的概念性知识

关于语言表达方式的概念性知识，包括基本的语言表达方法和基本的语言表达形式，对概念性知识的学习目标要求定位在认识与理解上，也就是通过学习，学生要知道什么是记叙、说明、描写、议论、抒情等，什么是并列、连贯，什么是开头、结尾、过渡、照应，什么是句、什么是篇，记叙文的几个要素，一些实用文的格式和内容要求，等等。所谓知道，指学生能从蕴含这些知识的语言表达现象中领悟这些语言表达形式，处于“意识到”的状况，但不要求学生用语言把这些知识准确地表达出来。

（二）认识与理解写作语境的事实性知识

事实性知识指的是对具体客体与事件间关系的直接描述。在写作过程中，与语言表达方式不可分离的是写作的语境，语境中包含着大量的事实性知识，即关于交际的对象、双方交际的话题、交际的目的与任务、交际的时间与地点等。对事实性知识的学习目标要求也定位在认识与理解上，要求学生知道写作的读者、对象是谁，对交际的话题比较熟悉，明白交际的目的和任务是什么，等等。

（三）初步掌握语言表达方式运用的认知技能

认知技能指在练习基础上形成的按某些规则或操作程序完成智慧任务或身体协调任务的能力，包括智慧技能和认知策略。智慧技能是运用概念与技能办事的能力[22]129，如能根据六要素写记叙文等。认知策略是用来调节自己的注意、学习、记忆、思维过程的一种技能，如列提纲、回顾自己的写作过程、评价自己的写作等技能。对认知技能的学习要求是初步掌握，即熟悉常见的语言表达方式，并且能初步学会运用这些表达方式来表达自己的思想和情感。

（四）形成良好的写作态度

态度是影响个体行为选择的一种习得的内部状态。态度由认知、情感和行为三种成分构成。态度的认知成分是个体对态度的对象所持的带有评价意义的观念和信念。态度的情感成分是个体伴随认知成分而产生的喜爱或厌恶态度对象的情绪和情感。态度的行为成分是个体对态度对象企图表现的行为倾向。[22]181良好的写作态度在认知成分上表现为“视写作为有意义、有价值的一种活动”。良好的写作态度在情感成分上表现为“喜欢写作”。良好的写作态度在行为成分上表现为“有写作的意识，愿意在日常生活中写作，乐意通过写作来表达自己、表现自己”等。

五、写作教学方法

写作教学方法的选择除了与学生的年龄特征、生活经验相关，还直接受制于写作课程的内容。我们应从写作课程知识的属性出发，选择与课程知识学习相匹配的教学方法。

（一）暴露法

语言表达现象知识的学习主要通过大量的接触，熟悉常见的语言表达方式及语境知识，因此这类知识的教学以暴露法为主，即为学生提供大量的语言表达作品，或创设情境，让学生体验语言表达的过程，使学生沉浸与暴露在大量的语言表达现象之中，熟悉语言表达的常见语境和常见方式。

（二）案例法

语言表达概念知识的学习主要通过阅读与分析相关的语言表达案例，以达到认识与理解的程度，所以案例法应是语言表达概念知识教学的主要方法。有研究者指出，案例教学有两个特点：一是要有“案”，即要有一定的语言表达事件；二是“例理”，即这个语言表达事件是用来说明一个道理或某项知识的。[21]24-29运用写作例文来实施教学就是案例教学的典型做法。例文应当包含某项或某些语言表达的概念知识，同时又包含典型的与概念知识相关的语言表达现象。

（三）训练法

语言表达规则知识的学习以写作实践为主要途径，强调知识的运用，关注技能与策略的掌握，所以这类知识的学习以训练法为主。在教学中教师应明确训练目标，激发学生训练的动机，并努力创设良好的学习环境让学生在实际的写作实践中掌握目标技能。

六、写作教学途径

途径就是路径、路子。教学途径就是教学的路径和路子，路径或路子总是朝向一定的方向，即朝向最终要达成的目标。一条路径可以达成一个或几个目标，一个目标可以由几条路径达成。写作教学的途径以达成写作教学目标为方向，主要包括指导性写作教学途径、常态性写作教学途径与基于阅读课的随文训练途径等。“收放结合”“多作多改”是我国十分重要的写作教学经验。指导性写作教学途径重视“收”与“多改”，常态性写作教学途径重视“放”与“多作”，两种相互补充，相互支持。基于阅读的随文表达训练兼顾“收”与“放”，既是指导性写作教学途径和常态性写作教学途径的基础，又是它们的有益补充。

（一）指导性写作教学途径

指导性写作教学途径指依托教师的精细指导开展写作教学。它的主要特点是“六定”，分别为：第一，定教材，即根据一定的教材开展写作指导；第二，定训练点，即每次指导有明确的训练知识点；第三，定话题，即围绕着给定的话题实施教学；第四，定指导流程，即根据构思、写作、讲评、修改、发表等完整的写作过程来指导写作；第五，定时间，即在语文课内完成写作指导；第六，定次数，即指导学生写作的次数基本固定。

（二）常态性写作教学途径

常态性写作教学途径指在教师粗放指导下的写作教学。它的主要特点是“六放”，分别为：第一，放开教材，即常态性写作教学一般不用教材；第二，放开训练内容，即放手让学生写，对学生怎么写不做明确要求；第三，放开话题，即写作没有规定的话题，学生可从日常生活获取写作素材，自由确定写作的话题；第四，放开指导的完整性，即不强调写作过程每个环节的指导，重点关注给予学生发表与分享作品的大量机会和创设激励学生多写的环境；第五，放开指导时间，即常态性写作教学不一定在语文课中进行，可以在课余或者其他教学时间内相机完成；第六，放开次数，即不规定学生写作的次数。

（三）基于阅读课的随文表达训练途径

阅读是写作的基础，大量的阅读不仅能让学生沉浸在丰富的语言表达现象中，感受语言的优美与文化的灿烂，而且为学生积累写作素材、形成思想观点、学习语言表达方式提供重要的条件。丁有宽等许多研究者已经用读写结合的实验与实践证明了读写结合的必要性与可行性。基于阅读的随文表达训练指教师根据阅读课文的特点，随机确定语言表达训练点，并进行语言表达的训练。训练点小、单次训练时间花费不多是这类训练途径的一个重要特点。一个训练点可结合阅读课文内容进行反复多次的练习，以帮助学生打下牢固的表达基本功，是这类训练途径的第二个特点。

【参考文献】

［1］张志公．读写门径［M］．北京：北京教育出版社，2014：7.

［2］丁炜．全语言教育：语言学习的社会文化立场［M］．上海：华东师范大学出版社，2011.

［3］焦明甲．从“物性逻辑”到“人性逻辑”［D］．长春：吉林大学，2007：9.

［4］维果茨基．维果茨基教育论著选［G］．余震球，译．北京：人民教育出版社，2005：383.

［5］阿伦特．人的境况［M］．王寅丽，译．上海：上海人民出版社，2009：2.

［6］哈贝马斯．交往行为理论［M］．曹卫东，译．上海：上海人民出版社，2004.

［7］转引自李海林．言语教学论［M］．上海：上海教育出版社，2000：210.

［8］海德格尔．在通向语言的途中［M］．孙周兴，译．北京：商务印书馆，2004：27.

［9］程民．中学作文课程论［J］．湖州师专学报．1990（3）：98-103.

［10］荣维东．谈写作课程的三大范式［J］．课程·教材·教法，2010（5）：27-31.

［11］邓彤，王荣生．微型化：写作课程范式的转型［J］．课程·教材·教法，2013（9）：38-45.

［12］列昂捷夫．活动　意识　个性［M］．李沂，等，译．上海：上海译文出版社，1980.

［13］Halliday M A K．The Language of Early Childhood［M］．Beijing：Peking University Press，2007：284-285.

［14］柯祖林．心理工具：教育的社会文化研究［M］．黄佳芬，译．上海：华东师范大学出版社，2007：15-25.

［15］伯姆．论对话［M］．王松涛，译．北京：教育科学出版社，2004：6.

［16］谭正壁．文章体例［M］．北京：北京教育出版社，2014：157.

［17］杜福磊．中国写作学理论研究与发展［M］．北京：中央编译出版社，2004：196-199.

［18］徐林祥．学生主体与语文知识内容的缺失：谈六十年语文教育的“得”与“失”［J］．语文建设，2009（7）：19-21.

［19］倪文锦．语文教学的去知识化和技能化倾向：六十年语文教育最大的失［J］．语文建设，2009（7）：14-16.

［20］韩雪屏．语文课程知识初论［M］．南京：江苏教育出版社，2011.

［21］李海林．“语文知识”，不能再回避的理论问题：兼评《中学语文“无效教学”批判》［J］．人民教育，2006（5）.

［22］王小明．学习心理学［M］．北京：中国轻工业出版社，2009.

第三章　小学低年级写作学本设计思路

21世纪，人类迎来了信息时代。借助电脑、网络、视听手段的超文本崛起，书写工具、书写形式、书写作品的内容与呈现方式发生了革命。在相当长的一段时间里，这种现代写作多媒体文本将与传统写作文本并行发展。但是，无论运用何种文本，文从字顺地表达清楚所述内容，都是基本的表达要求，是一个现代人必备的基本功。从现实出发，现今的学生们，还是要静下心来，铺开纸张，提起手中的笔，认认真真地学习写作。

本套写作学本，对应小学低年级四个学期有两本册子。现将设计的基本思路表述如下。

一、小学低年级写作学本设计的四个要点

低年级写作学本应为学生形成写作能力奠基。学生从开始学习写作到具备一定的写作能力，需要经历一个漫长的过程。一般认为，从三年级起学生正式开始练习写文章。那么一、二年级该练些什么，它与中高年级的写作学习有怎样的联系呢？本套低年级学本在这方面做了认真的探讨。

（一）以阅读为原点

阅读是认识世界、认识自我、陶冶情操的基本途径，是学习语言文字的主要方法。学生入学后，即开始学习规定的阅读文本。

作为一套独立的写作学本，我们仍然选择将阅读作为原点，作为每次写作学程的开篇。这一方面是因为，对于学生来说，目前的阅读量不仅数量要增加，而且质量要提高，我们有理由让学生接触更多适合他们阅读的文章，丰富他们的认识水平和语言营养。另一方面，我们编辑的阅读材料，还与当次写作有一定的相关性，具有开拓学生写作视野，促进语言修炼的功能。

打开本套低年级学本，读读开首的听读文章，你会发现学本带给学生丰富多彩的世界以及充满童趣的语言表达。以一年级为例，总共16篇文章，除了两篇是自编的实用性故事外，几乎均是儿童文学中的童话名篇、民间故事，相当一部分是源于世界各国的有影响的绘本。到了二年级，学生还会读到金波、张秋生、屠格涅夫、安徒生等著名作家的作品。这样的开篇阅读，会使学生得到精神的滋养，获得知识、认识、情感、生活经验等方面的积累，并感受到阅读的快乐，提升阅读的兴趣。

在我们选择的这些阅读文章中，还包括需要让学生学习的某种语言表达方式。在学生听读完文章所叙述的故事之后，我们要求学生去探究某种语言表达方式，进而领会、学习这种语言表达方式。这也是我们选择这一文而不是那一文的理由之一。

一年级第二学期第7课，我们选择了张秋生《小巴掌童话》中的《睡在云上的朋友》。童话的主人公快乐蛙想躺在云上睡觉，上不了天怎么办呢？它扑通跳下水池，躺在白云的倒影上美美地睡上了。后来它又摘下落叶，让小刺猬睡了上去，把落叶推到了池塘里的白云倒影上。快乐蛙和小刺猬成了“睡在云上的朋友”的故事生动有趣，充满了迷人的幻想、聪颖的智慧、交友的真诚感以及朋友间和谐相处的快乐感。听着这样的故事，会滋养孩子们成长的心灵。这是一般阅读应该达到的通用性目标。我们的学本则有另一个要求：让学生细读“快乐蛙抬头看见白云在天上慢慢地飘”“小刺猬觉得躺在荷叶上真舒服”这样的句子，为后面学习“谁看见（听见）谁在什么地方干什么”“谁发觉（觉得）什么（谁）怎么样”这样的“长宾语”的句式提供了例句。

这样的阅读持续整整两年。到了中高年级，本套学本的阅读量将大幅度增加，并分为“作前阅读”和“习作例文”两类。每课的“作前阅读”至少3篇，“习作例文”至少1篇。阅读将伴随写作学习的全过程，产生积极的直接影响和长远影响。让学生从低年级学写作开始，就牢牢树立多阅读、好阅读的意识，培养良好的阅读习惯，这是他们形成写作能力的第一块基石。

（二）以生活为基点

现今小学生写作的实际情况是：写作动力不足，总体水平不高，写假话、空话、套话的现象比较普遍。究其原因，很重要的一条是学生与生活缺少联系。

丁炜对“全语言教育”进行了深入细致的研究，确立了语言学习的社会文化观，建立了解决学校语言学习问题的操作框架，并详细剖析了意义实践的形式——活动，认为要研究语言学习与理解问题，必须是在活的语言运用中，在真实的语言活动中进行。她还提出了涉及诸多要素的语言学习活动模式。徐家良、徐鹄对小学写作教学进行了近三十年的专题研究，提出了“实用作文”的概念。他们认为，要视写作训练为学生成长、发展的生命历程的组成部分，还原小学生写作的常态功能，提升小学生作文的价值取向，以系统的“活动性的生活课题”展开训练，用活动教学原则指导训练过程，并改革写作评价系统。

专家的理论与实践，提出了从根本上改变写作教学的途径，值得我们认真学习与思考。由于各种条件所限，我们尚不能达到上述的理想境界，但我们必须不断向其靠拢。本套学本从低年级起就努力探讨，强化“生活”和“活动”的要素，力图让现状有所改变。

1. 引导自我表达，会说心里话

说（写）自己，表达自我，应该是写作生活化的一个维度。作为写作主体，能够描述自己在生命活动中的经历，尤其是敞开自己的内心，把想说的话说出来，这正是写作所要求的自由自觉的真境界。对于低年级学生来说，要真正学会“自我表达”尚有一定难度，但我们要播下种子。

在我们的两册学本中，都安排有做真实的“自我表达”的训练。如一年级第一学期第1课，让学生用“我_____”的句式在全班同学面前做自我介绍。一年级第二学期第7课，让学生用“我希望_______”的长宾语句表述自己的愿望。二年级第二学期第1课，让学生写“……听到（看到）……想到……”，接着又鼓励他们随时随地写下自己的感受、想象等。从简单的自我介绍，到表达自己的愿望，进而观察世界，写下所思所想，贯穿其中的是一条与实际生活息息相通，与自我活动密切相连的逐层深入的表达链。虽然眼下学生的答案也许是简单的，甚至是幼稚的，但埋在心中的表达欲望经过不断催发，会迸发出强烈的自我意识、自我表现的写作兴趣与写作动机。

2. 联系生活实际，表现生活画面

在低年级学生的表达中，有不少是想象中的事物，童话故事就是学生们喜欢写、擅长写的内容。与此同时，低年级也有一部分表达内容是“写实”的。这些内容要加强与实际生活的联系。吴立岗教授指出：“为了发展语言能力，在小学阶段，应让学生观察、思考自然生活、学校生活和家庭生活的各个局部，加强习作与各科教学的联系，以充实学生在生活领域、自然领域和科学领域的知识和词汇，使他们会写简单的纪实作文和想象作文。”

本套低年级学本设计了几篇与学生生活密切相关的练习。如一年级第一学期第6课，话题是“认识图标”，要求学生留心观察公共场所的图标，说出图标所表示的意思，知道在公共场所要按照图标的意思规范行为。一年级第二学期第6课，话题是“我的一家”。这是学生第一次学习“写话”，要求学生在模仿的基础上，真实地描写自己的一家。又如，二年级第二学期有写“拔河比赛”的，有写“我的好朋友”的。在写这些文章的时候，学生势必要回忆真实的场景、真实的情况，收集真实可靠的材料（如收集公共场所的图标）；必要的时候，还可以请他们动口问一问（如问问父母家中的有关情况），动手做一做（如来一次拔河比赛）。这种“做”的环节，其实是亲身实践的意思。“活动——表达”和“体验生活——表达生活”，正确地揭示了写作与生活的关系。对于低年级学生来说，这样的生活体验虽然不会很多，却给了他们“写作源于生活”的最初启示，随着写作学习的步步深入，他们会懂得越来越多。

3. 设置应用话题，练习实用表达

小学生习作中还有一类与日常生活密切相关的应用性作文。随着社会的发展，这类作文的内容和形式不断有所充实，并越来越受到重视。本套低年级学本在二年级第一学期安排写“留言条”，在二年级第二学期安排写“表扬稿”。在中高年级，本套学本将进一步推出各类与生活密切相关的话题，有不少会以学生的观察、考察、实践作为写作的重要组成部分，让学生认识、感受、表达周围世界的能力不断提高。让学生从低年级开始就明白，联系丰富的生活是写好作文的很有用的办法，这是他们今后提升写作能力的又一块基石。

（三）以学习语言为重点

学习语言，是学习写作过程中的重点，这是毋庸置疑的。对低年级学生而言，语言学习具有特别的意义。

儿童的言语行为在他们成长的早期阶段就已出现。从他们出生后的言语发展总体看，听、说、读、写次第发展，最先是“听”，而后是“说”，再进入“读”和“写”的阶段。从“说”过渡到“读”与“写”，正是低年级学生要经历的言语发展过程。

还有口头语言与书面语言的关系问题。儿童入小学时，已经有相当的口语基础。当他们要经历从“说”到“写”的过渡时，必然要学习书面语言。有研究表明，一年级学生的书面语言落后于口头语言；在写作训练的过程中，二、三年级学生的书面语言将赶上其口头语言；从四年级起，学生书面语言的发展将超过口头语言。可以说，低年级，尤其是二年级，是引导学生学习书面语言的关键期。伴随着书面语言的学习，语言表达样式也有变化，从儿时口语的交际性表达转变为书面的独白式表达。这是需要认真学习的。

还应该看到，未经训练的口头语言带有自然性、随意性，在学习书面语言的过程中，口头语言的水平也会随之提高，变得有条理，有内涵，有文气。因此，在学生的书面语言得到发展的同时，给他们继续发展口头语言的空间也是十分重要的。

本套学本从学生入学一开始，就引导他们学习书面语言，从说简单的规范的句子起步，逐步提升；在一年级第二学期中期，让他们提笔写句，直至二年级终了，能写几句话，表达一件事时能包括其主要要素。

在从“说”到“写”的过程中，学本尽可能体现如下关注点。其一，要说普通话，做到发音正确。说普通话对规范语言有重要作用。其二，说话要流畅。儿童的内部语言不够完善，他们需把想说的话组织好，发展思维的条理性、清晰度。说话流畅是其外部标志。其三，先说再写。这里的“说”，是指把要写的话先说一遍，每次训练都走这个过程，这是给学生的书面表达设置一个坡度，让其有一个积累想法和语言的过程，并有一个“试表达”期。其四，在书面表达的初期，在书写技术、书写规范上严格要求。低年级学生经历了语言学习从口语向书面语的重要转变，就为中高年级系统的读写训练打下了基础。

（四）以养成习惯为关键点

习惯是由长期的经验或反复训练形成的一种固定的行为倾向。养成良好的写作习惯，是写作学习的重要内容，能大大促进写作水平的提高。叶圣陶先生这样说过：“凡是好的态度和好的方法，都要使它化为习惯。只有熟练得成了习惯，好的态度才能随时随地表现，好的方法才能随时随地应用，好像出于本能，一辈子受用不尽。”

低年级学生刚刚涉足写作，在较短的训练时间内难以使他们马上形成良好的习惯。但是，必须起步，并持之以恒。叶老所说的“好态度”“好方法”，在小学低年级阶段有哪些具体内容呢？主要是指：“仔细聆听，认真思考”；“积极发言，声音恰当，态度大方”；“合作学习，乐于发表自己的意见”；“留心观察周围事物，乐于写所见所闻，写自己想说的话”。这些内容分四个学期循序渐进地提出，在每一课的“学习目标”中反复提及。我们希望，这种反复训练能给学生留下印象，尽早转化为“固定的行为倾向”。

习惯养成需要时间的累积、个人意志的支撑。习惯包含的内容有很多，随着写作学习的深入，会不断有新的习惯需要培养。从这个意义上说，养成习惯是用不懈的努力不断追寻的目标。

二、小学低年级写作训练的内容与架构

本套学本的显著特点是设计了贯穿五个年级的“基本语言表达方式”的训练系统。在低年级，特设“学习语言文字”栏目进行专项训练。

（一）内容选择

语言文字的海洋浩瀚无比，该选择哪些内容作为有限时间内的训练内容呢？经反复斟酌，我们这样考虑。

1. 区间定位：句子→句子与句子的连接

从语言单位看，是按词语、句子、段落等的顺序排列。我们选择从“句子”这一表示完整意思的语言单位起步，至于选词用词等词法内容不设训练点，而是结合句子随机训练。一、二年级的训练止于“句与句的联系”，与三年级的“段落”训练相衔接。

从语言表达效果看，我们选择以句子的准确、通顺为主的语法角度，增强表达效果的修辞角度次之，修辞格则只采纳比喻、拟人两种。我们希望，

先在低年级打好说准、说通句子的扎实基础，到中高年级再在语言的表现力方面着力训练。

2. 选择要则：主要的、常用的、易学的

在具体选择训练内容的问题上，我们打破求全的思想。从语言构成角度看，我们抓主要的；从语言运用角度看，我们抓常用的；从学生学习角度看，我们抓易学的。

下面的“语法树”中，打“√”的就是我们的选择。

- 句子
  - 按语气分：√陈述句、√疑问句、√祈使句、√感叹句
  - 按结构分
    - 单句
      - √主谓句
        ↓
        动词性谓语中：√动宾谓语、动补谓语
        √连动谓语、兼语谓语
      - 非主谓句
      - （√句子的扩展）
      - （√句子的变化）
    - 复句
      - 联合复句：√并列复句、√连贯复句、递进复句、选择复句
      - 偏正复句：因果复句、转折复句、条件复句、让步复句

图3-1 “语法树”

语言学习有两种途径，一是外显的强化的“学得”，二是自然的默化的“习得”。由于语言内容繁多，无法穷尽，不少内容无法或无须做专门训练。所以绝大部分内容还是要通过语文学习、社会学习等多种途径在语言的实践中学习掌握。至于梳理出来的比较主要的内容，我们紧抓不放，争取有举一反三的效果。

3. 所选内容分类：掌握的、了解的

所选内容也有难易之别，我们做了分类：一类是必须“掌握”的，指经学习后能够在语言中实际运用的；另一类是只需“了解”的，并不要求具体操练，更不要求即时会运用。显然，需要掌握的内容是本套低年级学本语言文字训练的主体部分。低年级重点训练的语言表达方式为连贯句和并列句。

表3–1　一年级写作训练主要内容一览

一年级第一学期	一年级第二学期
简单完整句（二要素句）	四类句子（陈述、疑问、感叹、祈使）
三要素句（人、事、时或地）	连贯句（一人连贯、两人组合连贯）
四要素句（人、事、时、地）	判断句
描写句（修饰性）	长宾语句

表3–2　二年级写作训练主要内容一览

二年级第一学期	二年级第二学期
比喻句	★句子的变化
并列句（有关联词）	并列句（没有关联词，一句、几句）
连贯句（有关联词，一句、几句）	围绕一个意思写人
★句子的扩展与连接	★初步了解、学习用六要素记事

（注：标★的内容只需要了解）

（二）内容呈现

呈现方式是一个重要的问题。是用“讲述”“举例”还是用“操练”？反复思忖，根据语言的特点以及小学生的认知特点，我们决定采用实际操练，俗称“训练”的方法。

能以“训练”指称吗？我们对《义务教育语文课程标准》（2011版）做了研读。《义务教育语文课程标准》把语文课程定位为“实践性课程”，指出：“应着重培养学生的语文实践能力，而培养这种能力的主要途径也应是语文实践。”“应该让学生多读多写，日积月累，在大量的语文实践中体会、把握运用语文的规律。”这种实践的观点，反复实践形成能力的观点，是我们以“训练”作为称谓的充分的理由。

由此，本套低年级学本呈献给学生的是一道道思考题、练习题等，通过题干会有一些小小的说明。希望学生在具体操练中收获语言技能，逐步形成表达能力。具体分两方面阐述。

1. 要求“掌握”的内容：专项操练

对于要求掌握的内容，本套低年级学本设立“学习语言文字”专栏，集中训练。低年级的两本册子，每一课都有这样的专门训练，一课一般练习一个项目。项目的训练样式是比较丰富的。

（1）朗读品味型

朗读是理解文意、句意的好方法。在建立句子概念、学习各种语言表达方式的过程中，我们常常安排“朗读句子”的训练。

（2）口语交际型

了解一些口语交际的规则，学习一点口语交际的本领，也是低年级说话训练的应有内容。如一年级第二学期第1课，我们安排了“打电话”练习。

（3）辨别正误型

在帮助学生学习一项新本领的时候，有时候通过正误的辨别能加深对新知的理解。例如，在建立句子概念的时候，我们设计了如下辨别题：

> 下面这些是句子吗？请你仔细辨别一下，给句子打钩。
>
> 我喜欢自己　　（ ✓ ）
> 我的好朋友是　　（　）
> 朱妈妈洗衣服　　（　）
> 学拼音　　（　）
> 美丽的景色　　（　）
> 蝴蝶飞呀飞　　（　）
> 小朋友们手拉手　　（　）
> 数一数　　（　）
> 草莓和香蕉都是水果　　（　）
> 哗啦啦的声音　　（　）

（4）分析比较型

分析比较也是常用的方法。分析比较，有时用来辨正误，有时用来辨优劣，有时是让学生体会在不同的语境中怎样的表达更加合适。如在一年级第

★ 我捡起海螺。
我捡起大大小小的海螺。
（形状、数量）

★ 太阳照着沙滩。
太阳照着金灿灿的沙滩。
（颜色）

★ 海鸥和海螺说话。
海鸥和像小屋子似的海螺说话。
（形状——用打比方的方法）

★ 弟弟跑来了。
弟弟摇摇晃晃地跑来了。
（样子）

★ 蜜蜂在花丛中飞来飞去。
蜜蜂高兴地在花丛中飞来飞去。
（心情）

一学期第7课，学生学习怎样“具体地”表达。这里，让学生通过“分析比较”的方法来认识。

（5）模仿表达型

模仿，在学生的表达学习中有重要地位，它是通向“自由创造”的基础。模仿说话，模仿写话，这是我们经常用到的练习方法。

（6）积累词句型

让学生做积累词句的练习，能督促他们养成良好的积累习惯。在这类练习的呈现上，有的直接呈现积累内容，有的还渗透一点新知识。如一年级第一学期第4课设计了如下“积累表示时间的词语”的练习。

同一个时间，可以用不同的词语表示，包括描写性词语。表内有表示一天内不同时间的词语，一年内不同季节的词语。有表示虚指时间段的词语，如“有一天”；也有表示确切时间的词语，如“今天下午一点钟”。（见下图）

3. 下面这些词语都是表示时间的，请你读一读。

早晨　清晨　清早　晨练时　东方露出了鱼肚白
太阳从东方冉冉升起　上午　正午　中午　午饭时
红日高悬头顶　下午　傍晚　黄昏　夜晚　夜幕降临
夜深人静时　子夜　半夜里　明月升起来了
弯弯的月亮挂在天空　凌晨　春天　去年夏天
秋天的一个晚上　每年冬天　雨天　刮风天
下雪天　有一天　从前　今天下午一点钟

（7）调动感官型

在二年级第二学期第3课《画声音　写声音》中，我们调动学生的感官来做练习。这样的练习，新鲜有趣，学生初步学到了描写声音的词语，为下一步“写声音”打下了基础。

声音怎么画呢？请你闭上眼睛想一想：妈妈的声音像什么？轻轻的，柔柔的，可以画成：一根弯弯的，一片，一根粉色的。轻快的旋律呢？可以画成明亮的颜色，可以用小箭头⇧表示。你看，不是画出来了吗？

◎听声音，你听到的声音是什么样的？

轻轻的　尖尖的　低沉　清脆
细细的　悠扬　响亮　委婉

◎请你画一画听到的声音吧。

1

________的声音

2

________的声音

3

________的声音

4

________的声音

（8）探寻思路型

有的练习，我们在打开学生的思路上做引导，我们认为，这类练习对学生的自我发展很有价值。如二年级第二学期第1课，在引导学生写“想说的话”的练习中，列举了几个思考的角度。

听到……想到……

1. 我听到了__________，（提出疑问）。

法布尔听到一阵阵低微的嘎吱嘎吱声，就想：这是什么声音？是谁在叫？

我听到知了的叫声，就产生了一个疑问：____？

2. 我听到__________，（判断、推想什么）。

我听到布谷鸟“布谷布谷”亲切地啼叫着，我想一定是春姑娘来了。

当我听到轰隆隆的雷声，____。

3. 我听到__________，（我感受到什么）。

溪流弯弯曲曲，溪水奔腾时发出欢快的歌声，我感觉到溪水有一种勇往直前的精神。

今天学校广播站表扬了我们中队，我____。

4. 我听到________，（我明白其中包含的意义）。

当我听到激情澎湃的国歌时，就想到中国人民英勇奋战的情景，新中国来之不易。

当我听到铿锵有力的少先队队歌时，我____。

请你自由地说说写写。

我听到____________，______________（想些什么）。

____________（听），__________________（想）。

（9）自由创编型

这是在学生已有一定基础时安排的练习。学生能自由创编，创编出新意，这是我们要积极鼓励的，这也是写作学习要达到的目标。

以上讲的是练习的单样形式。在具体编制每一课的诸多练习题时，我们尽量注意训练要求的合理递进。如二年级第一学期第3课《吹泡泡》的“比喻句”训练，有好几道练习题是这样逐次呈现的。

1. 读儿歌，做填空。

蒲公英

毛茸茸，轻又轻，
好像威武小伞兵，
随风飞东又飞西，
到处安家乐融融。

毛茸茸的蒲公英像______________。

月 亮

天上月亮圆又圆，
照在海里像玉盘。
一群鱼儿游过来，
玉盘碎成两三片。
鱼儿吓得快逃开，
一直逃到岩石边。
回过头来看一看，
月亮还是圆又圆。

圆圆的月亮像________________。

2. 读一读下面的比喻句。

（1）弯弯的月儿像小船。

（2）太阳会发光发热，就像一个大火球。

（3）停在荷叶上的蜻蜓像一架小飞机。

（4）弟弟的脸蛋儿像红苹果。

3. 看图，模仿说句子。

例：青青的草坪像一块绿色的地毯。

（1）闪闪的星星像________

________________________。

（2）____________的月亮像

________________________。

（3）____________________

________________________。

4. 自由说比喻句。

____________像____________________________________。

整个训练由形象的画面、生动的儿歌和四道习题构成。没有给“比喻”下定义，没有对比喻类别做划分，四道练习题引导学生先从看图读儿歌中认识比喻句，而后读比喻句，再看图模仿说比喻句，最后“自由说比喻句”。这就是我们所设计的“不求甚解但求实际会用”和“逐层深入”的训练样式。

2. 只要求“了解”的内容：讲解、示范，配上例句

对于只要求了解的内容，因为不需要实际操练而采用讲解、示范的方法。不过，这种讲解与示范并不是单纯用文字做解读，而是与“练习”样式相结合的。这样呈现使学生容易理解，也与专项训练的样式相一致。

如二年级第一学期第7课《蚂蚁搬食物》一课中关于“句子的连接”的内容，是这样呈现的：先是总述的话，把要训练的内容交代清楚。接着从五个方面提示方法，每个方法后面用例句加以说明。

我们已经能写好一句一句的话了。如果要把更多的句子连起来写，怎样写得连贯通顺呢？下面举例说几点，让你了解一点句子连接的办法。

◆接着介绍上句提到的人。

我很喜欢我的舅舅。他是一位工程师，有许多发明创造。

李勇和张全是好朋友。李勇读一年级，张全读二年级，他们是邻居。

（第二句中可以用“他”“她”“他们”等词代替第一句中的人）

◆接着上句某个词语继续说。

草地上，晾着一双刷干净的童鞋。印在鞋子上的小鸡，露出了一副要哭的样子。

◆把上句的意思写具体。

在物质丰富的今天，大家用过东西就扔，多浪费啊。铅笔、图画本、橡皮，甚至手绢、袜子等，被放在失物招领箱里，永远无人问津。

◆通过表示时间的词语过渡到下文。

蜡笔头儿走到路旁的树荫下，歇一歇脚。这时，一个男孩儿朝这边走来。

◆用关联词使上句后的意思发生转折。

小汽车变得非常漂亮。可是，蜡笔头儿却变得越来越短了。

句子连接的办法还有很多，请你在写作过程中逐步积累吧。

（三）内容组织架构

诸多训练内容，必须有良好的组织架构，做到环环相扣、有序延伸、整体提高。

1. 从横向上看

每一课中，在突出语言文字专项训练的同时，在听读文章、说话写话综合训练中都有相关练习。本套低年级学本一共是三个模块，依次是听读文章、语言文字训练和说话写话。也就是说，三个学习模块对该课的主要训练点均有涉及，形成环环相扣的态势。

如前面提到的《吹泡泡》一课，开头的听读材料是《数字歌》："1像铅笔能写字，2像鸭子嘎嘎嘎……"说10个数字，构成了10句比喻句。读后的思考题要求学生说出每个数字"像什么"，引出"比喻句"，并让学生回顾过往学过的比喻句。学生带着这样的粗浅认识进入语言文字的专项训练。

经过语言文字的专项训练，学生就进入说话写话的综合性训练了。这时对学生的要求由"学习"过渡到"运用"。按照本套低年级学本的安排，每一课的语言训练，都经过认识、操练领会，再到学习运用的过程。

《吹泡泡》一课的看图说话练习是这样设计的：

看图说话

1. 看图，想一想泡泡像什么，说一说。

吹，吹，吹泡泡，
吹成一个个泡泡。
泡泡有大也有小：
泡泡变大了，就像______________。
泡泡变小了，就像______________。
啪！泡泡炸了！

吹，吹，吹泡泡，
吹成一串串泡泡。
泡泡飞呀飞上天：
泡泡飞高了，就像______________。
泡泡飞低了，就像______________。
咦？泡泡不见了！

2. 用“有的像……有的像……还有的像……”说话。

（1）一天，__________玩起了吹泡泡。泡泡可多啦，____。

（2）天上的云朵各种各样，____。

（3）____________________，____。

2. 从纵向上看

课与课之间，各训练点由浅入深、由易到难逐次铺陈，做到上下关联、螺旋上升。

例如，一开始的训练，从完整的二要素句向三要素句、四要素句扩展。到一定时段，还安排有复习。又如，连贯句的训练，共安排了三次：一人连贯行为的句子→两人组合连贯行为的句子→用上关联词的连贯句，或一句，或几句。句子结构从易到难，句子内涵逐渐丰富，由单个人发展为有人物之间的关系，乃至事情的简单过程。这样的训练为以后的叙事做了铺垫。

（四）内容分布

详见表3–3、表3–4、表3–5、表3–6。

表3–3　一年级第一学期写作训练内容一览

序号	话题	训练点	训练内容	说明
1	我是谁	我	我________（名字）。 我喜欢______的书。 我喜欢__________。	带有序言课性质，初步建立句子概念
2	他们在干什么	二要素完整句	谁（什么）干什么。 谁（什么）怎么样。	确立句子概念
3	电车图书室	三要素完整句（地方）	谁在什么地方干什么。 （“地方”可放在句首）	扩句：方位状语及其在句子中的位置
4	躲猫猫	三要素完整句（时间） 四要素完整句	谁在什么时间干什么。 （“时间”可放在句首） 谁什么时间什么地方干什么。（时间、地方可放在句首）	扩句：时间状语及其在句子中的位置

续表

序号	话题	训练点	训练内容	说明
5	蓝精灵	看多幅图，讲四要素句	继续练习说四要素句。 看多幅图，说清图中的人物、时间、地方、事情四要素	了解多幅图图意（即一件事）的主要要素
6	认识图标	图标的意思	我（在哪里）看到过这个图标，它告诉大家______。 复习：什么人 干什么。	实用性表达
7	像小屋的海螺	修饰性描写句	带有修饰语的描写句（描写人、物的“怎样的”，描写动作的“怎样地”）	扩句：写具体
8	月亮的味道	学期复习	二要素句 三、四要素句 带有修饰语的描写句	

表3-4　一年级第二学期写作训练内容一览

序号	话题	训练点	训练内容	说明
1	打电话	四类句子的不同语气	辨别与表达出陈述、疑问、感叹和祈使四类句子的不同语气	句子是带语气的
2	春姑娘来到我们身边	四类句子的不同语气及对应的标点符号	复述故事片段和连文说句时注意语气 了解：陈述句用句号，疑问句用问号，感叹句用感叹号，祈使句用句号（语气弱时）或感叹号（语气强时）	语气及标点符号

续表

序号	话题	训练点	训练内容	说明
3	三个和尚没水喝	准确运用动词	看图选词、说句等，学习准确运用动词	选词造句
4	小猪造房子	连贯句（1）（一人动作连贯）	认识连贯句，知道连贯句中有两个或多个动词表示人的连贯动作 看单幅图说连贯句	单句（谓语是连动短语） 连贯复句（各分句是同一个主语）
5	摘果子	连贯句（2）（两人动作组合连贯）	说两种连贯句：一人连贯动作、两人组合连贯动作 看多幅图说几句话，讲清两动物的连续行为	连贯复句（各分句有不同的主语）
6	我的一家	判断句	谁（什么）是______。 写“我的一家”（用上判断句）	第一次写话，指导书写格式、标点符号
7	我希望	长宾语句	谁看见（听见）谁在哪里干什么。 谁发觉（觉得）什么（谁）怎样。 看图、联系生活用长宾语句说话	宾语是主谓短语、动宾短语
8	打瞌睡的房子	形象生动的词句	练习形象生动词句的多种样式 看单幅图写图意（用上形象生动的词句）	第二次写话

表3-5　二年级第一学期写作训练内容一览

序号	话题	训练点	训练内容	说明
1	看看大自然（常态性写作）	观察笔记	了解作家、其他同学怎样观察怎样写 练说：看到什么，想到什么 学写“校园花坛”→常写观察笔记，逐步养成习惯	中高年级常态性作文准备课之一
2	要是我有一对翅膀	想象 了解句子的扩展	以“要是我有一对翅膀”为开头，展开想象，说几句话，写两三句话 （模仿—独立）	只需要了解，不要求掌握，不编写有关练习
3	吹泡泡	比喻句	说比喻句 写几组比喻句（模仿—独立）	第一次接触修辞格
4	走进少年宫	并列句（1） （有关联词）	学说几种并列句： ……一边……一边…… ……也…… ……有的……有的…… 看图说“走进少年宫”（用上并列句）	“并列”的多种表达方式
5	雪孩子救小兔	连贯句（3） （有关联词）	用上关联词说连贯句 在过渡语言的提示下，看动画讲述并写下“雪孩子救小兔”的过程（用上连贯句）	连贯复句（用关联词）

续表

序号	话题	训练点	训练内容	说明
6	留言条	格式化表达	写留言条	应用性作文
7	蚂蚁搬食物	了解句子与句子如何连接	根据问题或词语的提示说说“蚂蚁搬食物”的过程，并写下来	
8	安徒生爷爷告诉我	复习连贯句、并列句	说说《卖火柴的小女孩》的一些情节，选择一个写下来	了解安徒生的更多童话

表3-6　二年级第二学期写作训练内容一览

序号	话题	训练点	训练内容	说明
1	想说的话（常态性写作）	自由发表想法	说写：看到（听到）……想到…… 自由说写自己的想法→常写随感，养成习惯	中高年级常态性作文准备课之二
2	“玩”中长大	了解句子的变化	在讨论、提示的基础上说写“拔河比赛”	
3	画声音　写声音	用多种方法把声音写生动（把句子写生动）	画声音，说声音 写一个场景中的几种声音	
4	森林运动会	并列句（2） （无关联词） 并列句有“主要意思”	用并列句介绍小动物 根据内容梗概写“森林运动会”（用上并列句）	并列句内有“主要意思”
5	我的好朋友	围绕一个意思具体介绍人（举例子、概括例举）	围绕某个品格、特点，具体说说“我的好朋友”，并写下来（举一个完整的例子，或概括例举）	学习写人（片段）

续表

序号	话题	训练点	训练内容	说明
6	表扬稿	格式化表述	写表扬稿	应用性作文
7	乌鸦受骗之后	想象 了解节与节如何连接	展开想象，续说“乌鸦受骗之后”	
8	开心的事	围绕意思写一件事，交代清楚四要素 了解叙事六要素	围绕“开心”，把在夏令营中的一件事情写下来，交代清楚人物、时间、地点，尽量把事情的经过写具体	至此，叙事的基本要求学生已初步接触，便于中高年级深入学习

三、小学低年级写作学本设计的三大策略

本套低年级学本安排有听说读写多项语文训练，但作为写作学本，主要是奔着达成说与写（二年级开始主要指写）的表达目标而去的；本套低年级学本特设的语言文字专项训练，也是为学生的一个个表达话题做语言准备的。建立低年级写作训练的合理体系是我们的理想目标。

（一）以“话题”命题，拓展视野，自我建构

习惯上，每篇习作有一个具体的题目，以命题方式表达。本套学本以“话题”为题，并以此作为每一课的题目。“话题”，不是听读文章的题目，也不一定是习作的具体题目，它是一个与学生生活密切相关的生活话题，它指向当次习作的内容与范围。

对于“话题”，学生可以有多种立意的选择，可以比较自由地表达。话题，给学生的自我建构创造了条件。本套学本的中高年级，全部采用“话题”命题的形式，在低年级，绝大部分也采用这样的命题方式。

一年级第一学期第1课，“我是谁”就是一个话题，它指向“我”，提示说“我”的情况。听读课文《我喜欢书》可以视为对“我是谁”这一话题的第一个解读，作者从自己喜欢读书的角度来介绍自己。本课的说话练习，则

引导学生从姓名、爱好等角度做自我介绍。话题展示了多种视角，也把本课中的语言学习与语言运用统整了起来。

“我是谁”这个话题有反复说写的价值，比如，可以是“我”自己想说的自我情况，也可以是说别人想知道的关于“我”的情况等，就是说放在不同的语境中，由于不同的交际目的，“我是谁”可以有不同的内容和说法。“我是谁”这个话题其实带有永恒性。伴随着学生的成长，学生们可以也应该不断追问自己、完善自我。当下初入学的学生学的是第1课，不可能展开很多，但已经使学生打开了多向的视角，并启示了我们以后可以尝试的路径，“话题”命题的价值可见一斑。又如二年级第1课，“看看大自然”也是一个话题。这个话题的内容、范围实在太大了，包括观察任何自然现象的情景、感受等。本课的阅读内容是两篇观察日记，习作内容是写观察笔记。笔记中，看到什么就可以写什么，有什么观感就写什么观感，没有什么限制，有心的学生可以写出十分个性化的观察笔记。“看看大自然”这一话题关于“观察自然”的提示，会陪伴同学们的整个学程。毋庸置疑，“话题”的设置打开了学生的习作视野，鼓励他们自由表达，自我建构。

（二）提供习作支架，平衡难度，激活思维

低年级学生学习写作，必定会碰到这样那样的困难。本套低年级学本充分考虑到这一点，为学生提供必要的习作支架。好的支架还具有激活思维的功能。

1. 概念支架

必要的时候，告诉学生相关的概念知识。一年级第二学期第4课要求学生看图写一句连贯句。这里的“连贯”是什么意思呢？学本这样启发学生：“这个人（动物）在干什么？在图上的这个动作之前，他（它）会有什么动作，接着也许还有什么动作？”学生明白了，题目是要求把这个人（动物）连续做的动作写成一句话。学本用连续三个问题形象地把“连贯”的意思说清楚了。

2. 语境支架

必要的时候，创设相应的语境。语境，包括时间、地点、场合、情景、背景情况等。语境，可用语言设置，或用实景设置。一年级第二学期第8课要求学生写一个男孩的梦境。学本画了一幅小孩入睡的图画，画的上方有“飞机”“星星”“河马”“小鸟”等。在学生的书写页上还给学生要说的话开了个头：“小男孩睡在温暖的床上，进入了梦乡。他梦见____。”学本运用

图画和语言创设了一个具体的语境，使学生有话可说。从广义来说，低年级普遍使用的看图说话写话，其“图”就是给学生创设的语境。

3. 策略支架

必要的时候，从策略上给学生以指导。如思考问题的路径、解决问题的步骤、采用的方法等。一年级第二学期第5课要求学生看三幅图说说两只小熊摘果子的故事。这是学生第二次看多幅图讲故事，有一定困难。学本在学习步骤、方法上提供了支架：“（1）先将三幅图连起来看，大致了解整个故事的内容。再仔细看每幅图……（2）分别给两只小熊起名字。（3）每一幅图中两只小熊分别做了什么？用什么动词（背、扛、扶……）更合适？句子可以怎么说？（4）把整个故事连起来说。注意图与图之间的连接。”经过这样的点拨，学生就了解了“从整体到局部，再回到整体的”观察多幅图的方法。

4. 语言支架

必要的时候，直接通过提供语言（词语、句子）进行提示。二年级第一学期第7课要求学生看图写“蚂蚁搬食物”的故事，提供了“急急忙忙、一个接一个、团结一致、齐心协力”等词语给学生选用。二年级第一学期第5课要

求学生看动画画面写“雪孩子救小兔”的故事，画面故事比较复杂，写一个完整的过程对二年级学生来说很不容易，学本提供了表达的语言框架，把对学生的“写”的要求合理地设置在写句（而不是写段）上。

在习作支架的设置上，我们注意纵向上的“由扶到放”。除了语境支架的普遍设置外，语言支架会越来越少，策略支架会有所增加，越来越重视对学生思维的激活、方法的培养。

（三）合理编排，听说读写相互促进

经合理编排，我们把本套低年级学本组织成一个有层次等级的、体现语文学习规律的系统结构。这个系统，以语言文字训练架构为语言表达骨架，以32个话题为内容系列，语文听说读写各项训练次第铺陈、有序展开，并相互促进，最终促成写作目标的有效达成。

在听说读写的编排中，有值得注意的节点。

其一，“听”与“读”的衔接。“听”与“读”都是语言接受、学习的途径。一年级学生先是以听为主；从二年级第一学期开始，过渡到听全文、读文章片段；二年级第二学期，再逐步过渡到阅读全文。这样安排，是与学生语言学习的阶段特点相吻合的，也与他们的识字量、阅读能力有关。

其二，“说”与“写”的衔接。“说”与“写”都是语言运用的环节。一年级学生以“说”为主；在一年级第二学期第5课首次安排“写”，第8课第二次“写”。从二年级开始，要求在“说”的基础上过渡到“写”。前面说过，二年级是培养学生书面语言的关键期，这样的安排应该是合理的。详见表3-7、表3-8、表3-9、表3-10。

表3-7　一年级第一学期听说读写训练一览

序号	话题	听/读	说	写	了解
1	我是谁	听故事《我喜欢书》（［英］安东尼·布朗绘本《我喜欢书》）	我________		
2	他们在干什么	听故事《我喜欢自己》（［美］南希·卡尔森绘本《我喜欢自己》）	二要素完整句		

续表

序号	话题	听/读	说	写	了解
3	电车图书室	听故事《电车图书室》（［日］黑柳彻子《窗边的小豆豆》）	三要素完整句（地方）		
4	躲猫猫	听故事《躲猫猫》（张晓玲、潘坚绘本《躲猫猫大王》）	三要素完整句（时间） 四要素完整句		
5	蓝精灵	听故事《聪聪和笨笨》（《蓝精灵》）	看多幅图，讲四要素句		
6	认识图标	听故事《识图标》（自编）	图标的意思（应用性）		
7	像小屋的海螺	听散文《海螺》（《小朋友》2003年第7、8期合刊）	修饰性描写句		
8	月亮的味道	听故事《月亮的味道》（［波兰］麦克·格雷涅茨绘本《月亮的味道》）	学期复习		

表3-8　一年级第二学期听说读写训练一览

序号	话题	听/读	说	写	了解
1	打电话	听对话《打电话》	四类句子的不同语气		
2	春姑娘来到我们身边	听故事《小红帽》（［德］格林兄弟《格林童话》）	复述故事片段和连文说句时注意语气		
3	三个和尚没水喝	听故事《三个和尚没水喝》（中国民间故事）	准确运用动词		

续表

序号	话题	听/读	说	写	了解
4	小猪造房子	听故事《小猪造房子》（根据英国童话《三只小猪》改写）	连贯句（1）（一人动作连贯）		
5	摘果子	听故事《蚂蚁报恩》（中国童话故事）	连贯句（2）（两人动作组合连贯）		
6	我的一家	读短文《北海公园》（教育科学出版社《语文》）	判断句	“我的一家”（用判断句）	
7	我希望	听故事《睡在云上的朋友》（张秋生《小巴掌童话》）	长宾语句		
8	打瞌睡的房子	听故事《打瞌睡的房子》（［美］奥黛丽·伍德和唐·伍德的绘本《打瞌睡的房子》）	形象生动的词句	看单幅图写图意（用形象生动的词句）	

表3–9　二年级第一学期听说读写训练一览

序号	话题	听/读	说	写	了解
1	看看大自然（中高年级常态性作文的准备课之一）	读两则观察日记	看到什么想到什么	观察校园花坛，写下来→坚持写观察笔记	
2	要是我有一对翅膀	听故事《小鹌鹑》，读片段（［俄］屠格涅夫）	想象说话	想象写话两三句（模仿—独立）	句子如何扩展

续表

序号	话 题	听/读	说	写	了解
3	吹泡泡	读儿歌《数字歌》	说比喻句	写几组比喻句（模仿—独立）	
4	走进少年宫	听故事《走进冬天》，找句子	说并列句 看图说“走进少年宫”（用上并列句）		
5	雪孩子救小兔	听《白色的蛋》，读片段	用上关联词说连贯句 看动画说话（用连贯句）	在过渡语言的提示下写“雪孩子救小兔”的过程（用上连贯句）	
6	留言条	听留言的故事	格式化表达	写留言条	
7	蚂蚁搬食物	听故事《小蜡笔头儿》，读首页“作者的话”（[日]筱冢香绘本《小蜡笔头儿》）	根据问题或词语的提示看图说说“蚂蚁搬食物”的过程	根据问题或词语的提示写几句话，表明“蚂蚁搬食物”的过程	句子与句子如何连接
8	安徒生爷爷告诉我	听“安徒生简介”和他的童话《卖火柴的小女孩》，找句子	说说《卖火柴的小女孩》的一些情节	选择《卖火柴的小女孩》的一个情节写下来	

表3-10　二年级第二学期听说读写训练一览

序号	话 题	听/读	说	写	了解
1	想说的话（中高年级常态性作文的准备课之二）	听《童年的问号》（吉林美术出版社《新阅读10分钟》），读《法布尔小时候的故事》（人教版北京市义务教育课程改革实验教材《语文》）	看到（听到）……想到……	想说的话→坚持写随笔，自由发表自己的想法	
2	“玩”中长大	读《老鹰抓小鸡》（曾元沧作品，有改动）	说“玩”	在讨论、提示的基础上看图写“拔河比赛”	句子的变化
3	画声音　写声音	听散文《你一定会听见》（作者：桂文亚），读片段	说声音	写一个场景中的几种声音（把声音写生动）	
4	森林运动会	读《南海上的珍珠》（人教版上海市实验学校教材《语文》）	用并列句介绍小动物	根据内容梗概写“森林运动会”（用上并列句）	
5	我的好朋友	读《玛妮雅的故事》（《七彩语文》画刊2013年第2期）	说“我的好朋友”	写短文“我的好朋友”（围绕某一点）	
6	表扬稿	读《表扬稿》	格式化表达	写表扬稿	
7	乌鸦受骗之后	读《狐狸和乌鸦》	续说“乌鸦受骗之后”	续写“乌鸦受骗之后”	节与节如何连接

续表

序号	话 题	听/读	说	写	了解
8	开心的事	读《沙滩上的童话》（作者：金波）	说“开心的夏令营”（交代四要素，尽量把经过说具体）	写短文“开心的夏令营”（交代四要素，尽量把经过写具体）	叙事六要素

第四章　小学中高年级写作学本设计思路

中高年级写作学本，承载着引导学生比较系统地学习习作，达成语文课程标准中关于小学阶段规定目标的任务。本套中高年级写作学本与低年级写作学本一样，具有以话题命题、语言文字训练贯穿始终、习作引领扎实有序等特点。

进入中高年级的学习，写作学本又有了新变化、新特征。在话题选择上，跨入了更大的时空，内容更加广泛而多样。在写作前的思考、酝酿阶段，为学生准备了丰富的阅读材料与思考提示，从低年级的只有一篇听读文章扩展为至少四篇，且细分为“作前阅读”和“习作例文”两类。每一课构建了以“作前阅读—习作例文—习作”三大板块为主体的结构框架，并附有“解读”“思考与练习”“习作提示”等辅助环节，将阅读与习作相连接，将语言表达训练与当次习作相沟通。每课习作之后的“习作评价”“习作修改”则将习作指导扩展到“习作后”，关注、培养学生自主评价、自我完善的能力。

一、小学中高年级写作训练话题的设计

怎样设计话题？我们以为，应该在“广泛性”的基础上，用“生活化”的指标加以调节，系统考虑，认真设置。

（一）话题的广泛性

本套写作学本将写作的本质视为“意义的实践”，如丁炜所指出的：“意义实践就是通过以语言为媒介的人与人之间的交往，将人与物、人与人、人与语言的关系统整了起来。”“写作的总体功能的实现依赖于写作的信息、人际、个体与想象等具体功能。写作的信息功能处理的是人与事物的关系，能帮助儿童在自身与第一世界之间建立联系。写作的人际功能处理的是

人与人的关系，能帮助儿童在自身与第二世界之间建立联系。写作的个体与想象功能处理的是人与自身、人与想象的关系，能帮助儿童在自身与第三世界之间建立联系。”这里的“第一世界”指物理对象或物理状态的世界，“第二世界”指意识状况或精神状况的世界，“第三世界”指客观思想的世界。

本套写作学本将习作的目的视为“实现人与塑造人”。丁炜认为，写作是塑造人的活动，它体现为：通过学习语言表达，以客观的“精神世界”塑造人，以“共同体的规范”塑造人。

基于以上的认识，我们在设置具体的话题时，充分考虑到“三个世界”“塑造人”等关键词，结合小学生认识实际，铺展出一张话题的蓝图。这幅话题图分两个维度来划分：一是按照小学生习作文章的功能，分为实用话题与非实用话题；二是按照小学生习作文章的内容，分为“与自然世界有关的话题”“与社会（人际）世界有关的话题”“与自身世界有关的话题”。实用话题占全部话题的2/5。详见表4–1、表4–2。

表4–1　三至五年级实用话题一览

年级	实用话题
三年级	读书卡片、贺卡、给友人的画和话、标牌、有趣的小实验、宣传劝诫
四年级	读后感、启事、校园新闻、回信、中国画的题字与配文、班级日志、中餐与西餐
五年级	读书笔记、班级纪念册

表4–2　三至五年级“三大世界话题”例举

话题分类	话题例举
与自然世界有关的话题	种豆记（三年级）、有趣的小实验（三年级）、参观（五年级）、世界之窗（五年级）
与人际世界有关的话题	贺卡（三年级）、称赞（三年级）、校园人物志（四年级）、过年（四年级）
与自身世界有关的话题	成长记录（三年级）、读报论坛（四年级）、我的写作故事（五年级）、我的（中国）梦（五年级）

（二）话题的生活性

学生生活阅历有限，我们要尽可能打开话题范围，让他们了解、感受丰富的“三大世界”，这对他们的社会性成长、自我成长以及语言学习都是有益的。

但是，话题的设置并不是越大越好、越广越好，学生的认识能力毕竟是有限的。这就要求我们：话题的设置要尽量符合学生的认知水平，或者说，从学生的认知水平出发，引导他们一步步提升。这样，在宏大的话题面前，我们就需要做出选择或调整。

我们把学生生活中有体验有感悟的内容，概括为“话题”，让他们回视自己走过的成长道路，写下成长的足迹。如在“与自身世界有关的话题”类，我们设计了“成长记录”“我的××故事”等话题。

有些话题学生虽然并不是很了解，但可以通过观察、活动等实践途径体验过后再表达。我们设置的“与自然世界有关的话题”大多是这样的。《有趣的小实验》要求学生先做实验再写实验报告。《种豆记》则要求学生至少用十天时间观察豆子发芽的情况，在写观察日记的基础上写成“种豆记”。实用话题中的“标牌”话题，要求学生实际完成几块校园花草的标牌。这样的命题，学生能做能写；这样的写作内容虽然就在身边，但连接着大千世界。

有些话题学生应该掌握，但范围较大，我们就需对话题内容加以调节。如要求学生会写“新闻报道”“日志”等语言样式，我们将话题调整为“校园新闻”“班级日志”，这样学生便有话可写了。通过这样的练习，学生实际上也掌握了新闻、日志的基本写法。

还有相当一部分话题，学生主要通过文本阅读的途径来认识与表达。学生将通过文本获取间接经验。这类话题，我们尽量配置学习支架。如五年级的《世界之窗》，我们提示了“以图配文”的习作角度。五年级的《获奖者的故事》，我们给学生提供了大量莫言获诺贝尔文学奖前后的文字资料，还提供了选材组材的具体指导，帮助学生学习选择和整理材料，最终写出“莫言获奖”的故事。学生也可以根据收集积累的材料以及自己的爱好，写出其他获奖者的故事。

二、小学中高年级写作训练选文的确定

本套中高年级写作学本中，每一课的阅读选文至少有四篇，选文的确定与选文的诸多功能相关。

（一）话题内容的发言者

本套写作学本以话题命题，阅读选文便是每课话题的第一个言说者。话题是什么意思？包含哪些范围、内容？这些问题首先由选文来回答。一篇文章是不够的，只有多篇文章才可能囊括一定的范围与多样的内容。当学生读着这些“作前阅读”文或“习作例文”，他们会慢慢领会话题的内涵。

以三年级第一学期第7课《贺卡》为例，对“贺卡”这一话题，“作前阅读”中的五张贺卡做了如下“发言”：贺卡是多样的，如新年贺卡、生日贺卡、教师节贺卡等，它是人们在喜庆的日子或特殊的日子里，人与人之间表示祝福、问候的卡片。贺卡的祝贺人与被祝贺人的关系一定很亲密，可以是朋友之间或师生之间，也可以是长辈与小辈之间。贺卡有一定的书写格式与要求。我们编排了五张贺卡，学生可以通过分析、比较、概括，获得以上的认识。

（一）钱锺书、杨绛先生给任明耀先生的新年贺卡

无论您在何处……
愿我深深的祝福
带给您欢乐，平安与幸福
佳节快乐
年年如意

明耀先生年禧

钱锺书　杨　绛
一九八七年

（二）郑敏给巴金先生的新年贺信

巴老：

久未写信问候。经常想到您，祝您在新的一年里健康愉快。我的那册《诗集 1942—1947》可能要再版了。想到四十年前您对我们这一代的支持鼓励和您坚持不懈地为真理而创作的精神，心中十分激动。您是老作家中最了解人民群众的一位。我和您的几亿读者一样衷心祝您健康长寿！

郑　敏

八四年一月十日

（三）冰心老人给作家刘心武的贺信

心武：

好久不见了，只看见你的小说。得自制贺卡十分高兴。我只能给你一只古瓶。祝你新年平安如意。

冰　心

1991 年 12 月 22 日

（四）生日贺卡

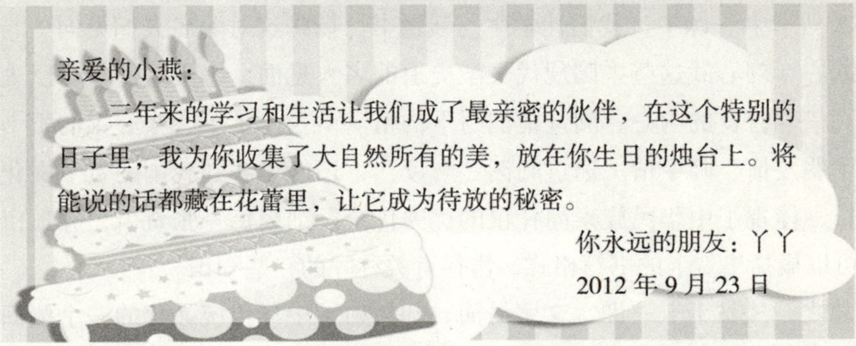

亲爱的小燕：

三年来的学习和生活让我们成了最亲密的伙伴，在这个特别的日子里，我为你收集了大自然所有的美，放在你生日的烛台上。将能说的话都藏在花蕾里，让它成为待放的秘密。

你永远的朋友：丫丫

2012 年 9 月 23 日

（五）教师节给老师的贺卡

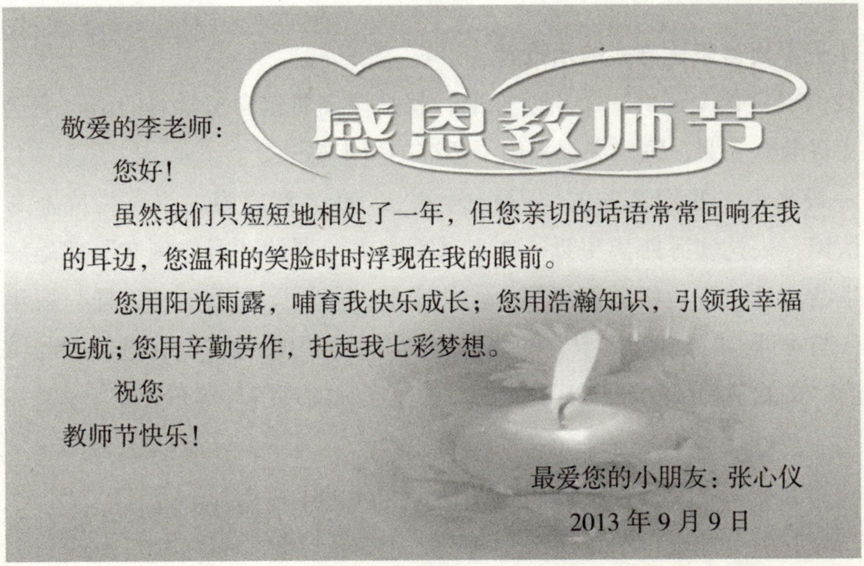

感恩教师节

敬爱的李老师：

您好！

虽然我们只短短地相处了一年，但您亲切的话语常常回响在我的耳边，您温和的笑脸时时浮现在我的眼前。

您用阳光雨露，哺育我快乐成长；您用浩瀚知识，引领我幸福远航；您用辛勤劳作，托起我七彩梦想。

祝您

教师节快乐！

最爱您的小朋友：张心仪

2013 年 9 月 9 日

（二）知识、情感、语言积累的提供者

在学生的成长中，阅读扮演着十分重要的作用，阅读能使学生获得精神的滋养和语言的营养。我们希望本套写作学本的阅读选文能为学生提供有关知识、情感、语言等方面值得积累的优质的语言材料。我们尽可能用心选择每一篇阅读文章。

《贺卡》一课中，我们让学生与钱锺书、杨绛这对著名夫妇见面，与巴金、冰心、刘心武这些中国现代文学史上的名人见面，感受这些文学巨人纯洁、真挚、善良的内心，阅读他们写下的精湛语言。丫丫、张心仪的贺卡则展现了朋友情、师生情。通过阅读“解读”，还能了解到我国的贺卡文化源远流长，体现了中华民族崇尚礼仪的优秀传统。细读每一张贺卡，并加以比较，可以概括出贺卡的书写格式，懂得有关称呼的一些知识。

总之，《贺卡》一课，文字虽简，却折射了中华传统文化的一个侧面，展示了人与人之间和谐相处的一个范例。毫不夸张地说，学生们学完这一课，一定会积累不少文化知识，受到积极情感的感染，获取丰富的语言材料。

（三）语言表达方式的示范者

我们确定选文还有一个重要标准，就是该文要包含拟学习的语言表达方式。《贺卡》一课，每一文都采用了标准的贺卡格式。

一般来说，我们选编的“习作例文”，在文章内容、语言构成上与学生的认识、表达实际距离更近一些。《贺卡》一课的“习作例文”就是一名小学生给自己爸爸妈妈的新年贺卡。例文的“解读”侧重于“怎样写新年贺卡”，与本课 “写新年贺卡”的要求相吻合。“习作例文”在选文上与“作前阅读”文的某种区别，体现了我们对学生实际的理解与尊重。

三、小学中高年级写作训练的内容与架构

（一）内容选择

对学生进行比较系统的语言文字训练，首先要选好内容。我们的选择标准是“主要的、常用的、易学的”。从语言构成角度看，我们抓主要的；从语言运用角度看，我们抓常用的；从学生学习角度看，我们抓易学的。

我们选择的内容大致如下：

第一，从学写文的系统看，包括从基于段落的分项训练到基于篇章的谋篇布局的综合训练。详见表4–3、表4–4。基于段落的分项训练安排在三年级和四年级第一学期，基于篇章的谋篇布局的综合训练大致安排在四年级第二学期至五年级。虽然表4–4所列的是一个个具体项目的训练，但在实际训练中，却是综合性的。例如，讲到选材、组材、详略等，必定要涉及确立文章的中心思想；确立文章的中心思想，也离不开选材、组材等。

表4–3　基于段落的分项训练例举

维度	分项训练项目例举
内容	把事情的经过写具体（连贯）
	人物对话（连贯）、肖像（并列）、心理（连贯）
	自我介绍（并列）
	“物”（如花草）的介绍（并列）
语言类别	具体的语言（如事情经过）
	描述的语言（如人物肖像）
	简要的语言（如新闻导语）
	精准的语言（如实验步骤）

表4–4　基于篇章的谋篇布局的综合训练例举

确立文章的中心思想
选择材料和整理材料
组织文序，详略得当
过渡自然，前后照应
表达真情实感

第二，从表达的内容看，关注写事、写人、写物、写景的方法。其中，写事与写人是重点。

第三，从掌握表达功能的能力看，“记叙”为首要，“描写”次之，而后是“说明”“议论”“抒情”。

第四，从语言类别看，训练四类语言。包括训练写“具体的语言”（如事情经过）、“描述的语言”（如人物肖像）、“简要的语言”（如新闻稿导语或人物的概括介绍）、“精准的语言”（如写实验步骤）。

（二）内容呈现

1. 语言要求的表述

每一课的语言训练要求通过“学习目标”和“习作提示”表述出来。如四年级第一学期第8课《中国画的题字与配文》，在“学习目标”的第二条，提出了语言学习的要求：为自己欣赏的图画配文，写自己的所见所思，综合运用连贯和并列的表达方法。在“习作提示”中，又有这样的提示：你可以围绕画面逐次介绍，像《吹不尽的蒲公英》那样写；也可以根据画面推想一个小故事，像《阿宝两只脚凳子四只脚》那样写。用连贯的方法写人物的动作，用并列的方法写人物的相貌、神态。

五年级设“表达词典”，其词条名就是本课语言训练的主要要求。如五年级第一学期第4课《路途见闻》，其训练点是“条理清楚，有详有略”，该课的“表达词典”词条是“组织文序，详略得当”。

在每一课的“作前阅读”和“习作例文”的“解读”中，有对语言训练要求的具体讲解。

2. 相关知识的呈现

语言训练中要不要教授一定的知识？我们的回答是肯定的。讲述必要的知识，可以帮助学生明明白白地投入训练，富有智慧地形成习作策略，做一名自主的语言表达者。

围绕每一课的语言训练点，我们对“是什么”和“怎样表达”两方面做相关知识的阐述，分别为概念知识和规则知识。

（1）概念知识

这是对各种语言表达方式命名，属于陈述性知识。根据年级的不同，我们在表述上使用或浅近或严谨的语言。

三年级第一学期第8课的“铺叙”知识，我们是这样介绍的：什么是铺叙？简单地说，就是详细地叙述、介绍，考虑到事物的方方面面。用设问的方式和浅显的语言，把“铺叙”这个内涵丰富的概念说得很“简单”，因为面对的是三年级的学生。

五年级第一学期第2课，训练“确立文章的中心思想”。我们是这样阐述的：中心思想，就是作者通过文章内容所表达出来的思想、观点、情感，它是文章的灵魂。中心思想又是文章的统领，材料怎样选择、结构怎样安排、语言怎样表达，都与文章的中心思想密切相关。显然，这里运用了规范的下定义的方法，表达严谨完整，对于五年级学生来说，这是合适和必要的。

讲概念知识，除了“定义”，还包括借助对语言现象的分析，让学生加深对该概念的理解。本套学本借助阅读文章的“解读”来完成这种分析。对于概念知识，学生只要意识到即可，并不要求他们用语言复述出来。

（2）规则知识

这是对如何运用各种语言表达方式做解释，属于策略性知识。规则知识重在学会运用，并希望逐步得到内化。根据年级的不同，我们设计了不同的策略知识结构。

在三年级，基本上处于回答“××应该怎样表达”这一基本层面，而且主要是借助对阅读文章的分析，边分析边阐述。如“铺叙”问题，在介绍了“铺叙”的概念之后，对三篇作前阅读的文章“怎样进行铺叙”做了详细的分析。读完这样的“解读”，学生对“详尽描述”的规则了解了，对铺叙的概念也更为明白了。

在四、五年级，除了回答“××应该怎样表达”，还根据不同的文章，设置了“比较表达”“怎样表达更好”等较高的层面，引导学生掌握一定的策略方法，提高思维技能。

“确立文章的中心思想”这一训练点，在引导立意时，依次讲述了“动笔前思考什么”“根据不同的文章找到相应的立意方法”“处理好与选材的关系”等几个方面的问题，对怎样立意阐述得比较全面。

五年级第一学期第7课《参观》，在讲解“怎样写参观”时，采用了比较的方法。指出“参观类的文章不同于游记”，然后讲两者的不同点；又指出“参观类文章也与‘介绍一个地方’的文章有所不同”，然后讲两者的异同。显然，在比较中认识规则，比单纯了解更为有效。

三、四年级，我们对有关知识的讲述主要以阅读文章的“解读”为途径，运用边讲述边结合阅读文章举例的方法。在五年级，设置“表达词典”栏目，每课一个词条，做专题性讲述。词条名即是该课的语言文字训练点。每个词条对语言文字训练的要求、概念知识、训练要则（即“规则知识”）

逐一阐述，具有一定的理性高度。其条目大多是有关谋篇布局的内容，其中关于“怎样写事”“怎样写人”“怎样绘景”“怎样状物”这四篇，比较全面地概括、综述了小学毕业生写作能力的期望面貌。

3. 具体训练方式的表达

具体的语言训练方式由“思考与练习”中的小题与该课的写作大题组合而成。

如四年级第一学期第7课《我的偶像》，训练点是“人物评价性肖像描写”。本课“作前阅读”后的“思考与练习一”中，要求学生“把（作前阅读的）三篇文章中有关评价性人物肖像描写的句子画出来，读一读，说说你找到了哪些评价语”。在“思考与练习二”中，出示有关人物肖像描写的四个语段，让学生区别原型肖像描写与评价性肖像描写，“把属于评价性肖像描写的勾出来”。在“习作例文”后的“思考与练习三”中，让学生将一段原型肖像描写，“加上一些语句，写出感受与评价”，转化为评价性肖像描写。接着又要求学生“用评价性肖像描写介绍一下你的父亲或母亲”。这一组题目分层次嵌在各个“思考与练习”题中，让学生学习、领会了评价性肖像描写的内涵、作用、写法，并进行了试写。本课的习作题为“我的偶像”，要求学生在介绍、描写自己偶像的文章中，运用评价性肖像描写。有了习作前的铺垫学习，在正式习作的时候学生的心里就有底了。

（三）内容累进

作为一个训练的系统，需考虑各项训练之间的关联与发展。本套中高年级写作学本对写事、写人等重点内容的训练流程大致是这样设计的：

★写事：（低年级初知写事六要素→）把“经过”写具体（三年级）→在“写人”中写好事（三、四年级）→修饰文章开头、结尾（四年级）→写事与写“景”（四年级）、写“物”（五年级）组合→一件事到两三件事，写事综合训练（五年级）

★写人：（低年级写人物动作行为，写人物片段→）人物对话描写（三年级）→人物原型肖像描写、评价性肖像描写（四年级）→人物心理描写（五年级）→写人综合训练（五年级）

★写“我”：（一年级第一课《我是谁》→）自我介绍（三年级）→成长经历、宣传劝诫（三年级）→我为社区服务（四年级）→我读报后的“看法”（四年级）→我的收藏故事、我的读书故事（五年级）→我读书时的发现、我的写作故事、我的梦想、话别母校（五年级）。

“并列”与“连贯”作为基本的语言表达方式，在学习、掌握本套学本的过程中有独特的地位和极大的作用。在一至三年级的学习中，在学习“并列”与“连贯”具体形态的过程中，学生们对应地了解了多种习作内容的表现方法（如人物肖像用并列的方法细细描写，人物对话用连贯的方法顺畅表达）；到了四、五年级，不必过分强调，学生们也会恰当选择好“并列”或“连贯”。由于有“并列”与“连贯”的基础训练，当他们在学习布局全篇的新知时，对文章结构的理解和掌握就比较容易。

（四）内容分布

详见表4–5、表4–6、表4–7、表4–8、表4–9、表4–10。

表4–5　三年级第一学期写作训练内容一览

序号	话 题	训练点	训练内容	说明
1	读书卡片（常态性写作）	读书卡片 基本格式	做读书卡片→常常动笔，养成读书做卡片的习惯	与课外阅读结合的常态性作文
2	多彩的假期生活	把一件事情的起因、经过、结果写清楚，写具体	选取假期生活中亲身经历的一件事情，把事情的人物、时间、地点、起因、经过、结果连贯地写清楚，写具体	完整体现叙事六要素 四元素句的拓展
3	种豆记	描写生长过程，用好表示时间的词语	连续10天观察豆子生长，做观察记录，再把记录写成“种豆记”，用好表示时间的词语	持续观察，持续记录，抓住特征划分阶段，利用素材合成一文
4	交 友	用并列表达方式做自我介绍	给新朋友写一封信，或做一般讲述，用并列表达方式介绍自己的兴趣爱好、性格特点等	

续表

序号	话 题	训练点	训练内容	说明
5	给友人的画和话	表达内心的想法	绘一幅画送朋友，给这位朋友写一段话，把画画、送画的内心想法连贯、具体地写下来	
6	我飞上天了	运用对话形式展开故事情节（1）	围绕“飞上天”的话题，展开想象，编写含有对话的童话故事	
7	贺 卡	格式化表述	根据自定对象写新年贺卡	应用性作文
8	落 叶	铺叙	发挥想象力、创造力，将自己收集的落叶贴成一幅有趣的落叶画，用铺叙的方法，为落叶画写一份说明词	先动手做，再按要求写

表4-6　三年级第二学期写作训练内容一览

序号	话题	训练点	训练内容	说明
1	成长记录（常态性写作）	成长记录	用第一人称把自己经历过的事情记录下来→经常写成长经历，放进成长记录册	常态性作文
2	那句话……	围绕一两句话讲述一个事例	围绕一两句印象深刻的话，集中写一个或几个小故事，注意将人物行为和想法结合着写	
3	有趣的小实验	实验报告	先自己动手做一项小实验，然后用实验报告的形式把自己的小实验写成一份实验说明书	用准确的语言说明实验步骤

续表

序号	话题	训练点	训练内容	说明
4	宣传劝诫	宣传劝诫（说理）	针对某一陋习，写一篇宣传劝诫的文章，说理时用上事实、数据，观点鲜明	
5	校园里的花和树	并列的表达方法	观察校园花草树木，查阅资料，了解有关植物，写一组植物标牌（用并列的表达方法）	有实用价值
6	橡皮泥的故事	创作童话故事/运用对话形式展开故事情节（2）（不同对话形式的相应标点）	发挥想象，捏一个有创意的橡皮泥玩具，利用玩具编一个有趣的童话故事，并把它写下来；用多种对话表达方式写好童话里的人物对话，正确使用标点符号	
7	称　赞	有根据、有分寸地称赞别人	写一篇称赞别人的文章，要有事实依据，并正确选用表示称赞的词句	
8	编写“爱鸟日”宣传材料	想象/运用对话形式展开故事情节（3）（对话引用语的分层表达、无提示语的直接表达）	发挥想象，写一个自己与小鸟之间的故事，宣传“爱鸟日”；故事中有多种对话形式	

表4-7　四年级第一学期写作训练内容一览

序号	话题	训练点	训练内容	说明
1	读后感（常态性写作）	读后感	写一篇读后感→常常动笔，养成写读后感的习惯	与课外阅读结合的常态性作文

续表

序号	话题	训练点	训练内容	说明
2	启　事	启事 格式化表述	写一篇启事，目的明确，内容清楚，语言简洁明了	应用性作文
3	校园新闻	新闻导语/校园新闻稿	写一篇校园新闻稿，导语部分要用简洁准确的语言概括新闻事件	
4	回　信	回信	根据来信内容，选择恰当措辞，写一封回信；掌握写书信的格式	
5	校园人物志	通过肖像描写和记事表现人物性格/人物肖像描写（1）（原型）	对一组校园人物做原型肖像描写和记事描写，反映人物性格、特点等	
6	为社区服务	开门见山的开头/段与段的过渡	用开门见山的方法开头，记叙自己为社区做的一件事情，注意段与段之间的过渡	先做事再写事
7	我的偶像	人物肖像描写（2）（评价性）/段与段的过渡	选择心目中的一位偶像进行描写，运用评价性肖像描写和恰当的事例写出这位偶像的特点或性格，注意段与段之间的过渡	

续表

序号	话题	训练点	训练内容	说明
8	中国画的题字与配文	综合运用连贯和并列的表达方法	为自己欣赏的图画配文，写自己的所见所思，综合运用连贯和并列的表达方法（用连贯的方法写人物的动作，用并列的方法写人物的相貌、神态）	中国传统文化的学习

表4-8　四年级第二学期写作训练内容一览

序号	话题	训练点	训练内容	说明
1	班级日志（常态性写作）	班级日志	把班级事件中有关同学的言行描写具体→班级同学轮流执笔，天天有人负责记日志	常态性作文
2	过　年	综合运用连贯和并列的表达方法	选择有年味的事物表现自家的年俗和家风，综合运用连贯和并列的表达方法，完整地记叙一件事	
3	游　戏	文章的开头	写一篇介绍游戏的文章，有合适的开头，把游戏的玩法写清楚	
4	读报论坛	连贯表达自己的想法	针对报纸杂志上某篇文章的内容，写一篇文章表达自己的观点，把内心真实的想法连贯地表达清楚	生活中选材
5	游　记	游记（有顺序）	写一篇游记，用连贯的语句描写自己的游览过程	

续表

序号	话题	训练点	训练内容	说明
6	中餐与西餐	记叙或说明/比较的方法	结合自己的生活经历，记叙一次用餐经过或说明一种菜肴的制作方法；可使用比较的形式写，写好结尾	中西方饮食文化比较
7	冠　军	记事表现人物特点/人物肖像描写（3）（评价性）	选择身边一个“冠军”式人物，通过具体事例写出他的“冠军相”，并加入评价性肖像描写	
8	介绍一个地方	分项并列介绍某个地方/概括性语言开头/抒情性语言结尾	写一篇介绍某个地方的文章，用分项并列的方法来写；文章开头用概括性语言，结尾用抒情性语言	

表4-9　五年级第一学期写作训练内容一览

序号	话题	训练点	训练内容	说明
1	读书笔记（常态性写作）	读书笔记	写一篇读书笔记→在以后的学习生活中，遇到有启迪的书，自觉地写下读书笔记	与课外阅读结合的常态性作文
2	中国名人	有明确的中心意思	用具体事例描写一位名人，突出他的品质、特点；文章中心明确，叙事有条理	五年级新设的“表达词典”对每课的训练有帮助
3	获奖者的故事	根据中心意思选择材料，合理组织材料	根据已确定的文章的中心意思，以及提供的有关材料，写一篇描写诺贝尔文学奖获得者莫言的文章	

续表

序号	话题	训练点	训练内容	说明
4	路途见闻	条理清楚，有详有略	选取合适的场景以“路途见闻”为题写一篇文章，做到中心意思明确，条理清晰，详略得当	
5	我的收藏	“状物”和“叙事”合理衔接	写一篇文章，介绍自己的藏品及收藏中的故事，注意“状物”与“叙事”的合理衔接	
6	读书的故事	心理活动描写（1）	选择一件或两三件自己读书的事情写下来，有一定的心理活动描写	
7	参　观	仔细观察/结合参观写参观感受	写一篇参观某处的文章，交代清楚参观对象的地理位置、结构、特点等，边写参观过程边写参观感受	
8	联　想	联想	写一篇有联想描写的文章	

表4-10　五年级第二学期写作训练内容一览

序号	话题	训练点	训练内容	说明
1	班级纪念册（常态性写作）	记事表现人物特点	叙述本班同学的一两件事，表现其特点	常态性作文/对“怎样写人”的全面要求
2	书中的发现	心理活动描写（2）/审题	写自己的读书故事，写出读书时的发现、感悟，读书对自己成长的影响，记事时结合写心理活动	

续表

序号	话题	训练点	训练内容	说明
3	我的写作故事	写事中心明确，故事连贯完整	写一个自己的写作故事，做到中心明确，故事连贯完整，写作感受真切动人	对“怎样写事”的全面要求
4	世界之窗	铺叙	观察图片，为图片配文，用铺叙的方法介绍国外的一个人、一样物品、一个地方或一件事情，突出特点	
5	我的（中国）梦	表达理想/引用	写一篇表达自己梦想、理想的文章，引用有关名言	
6	我心中的未来世界	想象	以“我心中的未来世界”为话题，写一篇习作，表达对未来世界的憧憬、畅想，结尾留有想象空间	
7	赠物寄情	表达真情实感	围绕一件赠物，记叙相关的事情，运用环境描写、内心独白、议论等营造情感氛围的方法，凸显人物的真情实感	
8	话别母校	表达真情实感/结尾用抒情性语言	自选一种文体，写一篇话别母校的文章，写出内心的真情实感，有一个抒情性的文章结尾	

四、小学中高年级写作训练的途径与方式

（一）精心设计常态性写作

中高年级每个学期的第一课我们定位为“常态性写作”。如果仔细看

一看课文结构可以发现，它有两点与其他课文不同：一是“学习目标”中的“习作”部分，不是一个目标，而是两个目标，包括当次目标和常态目标；二是学本的栏目设置上，除了有“习作任务”栏，还增加了“常态性写作任务与自我评价”栏。显然，这两点表达的是一个意思：本课的基本任务是引导“常态性写作”，当次做详细指导，以后进入常态。

如三年级第二学期第1课《成长记录》，“学习目标”上有关习作的内容有这样两条：（1）用第一人称把自己经历过的事情记录下来，无论喜和忧，无论成功与失败。（2）制作一本成长记录册，写下自己成长的一件件事情。在“常态性写作任务与自我评价”栏中，对制作成长记录册的要求、做法写了六条提示。可见，学本对第一篇“成长记录”进行了具体指导，这和其他指导性作文是一样的；以后的“记录”，要经常写，至于什么时候写，具体写什么，学生可以自作主张、自由发挥。

在二年级第一、第二学期的第1课，我们安排了“常态性写作”的“预备课”，让学生写观察日记，写心中的话。中高年级总共六次常态性写作训练主要围绕两方面内容进行，一是与课外阅读相联系的内容，二是与个人生活相联系的内容。详见表4-11。

表4-11　中高年级“常态性写作”内容一览

三年级第一学期 读书卡片	四年级第一学期 读后感	五年级第一学期 读书笔记
三年级第二学期 成长记录	四年级第二学期 班级日志	五年级第二学期 班级纪念册

“常态性写作”的结果以“成果”的方式呈现，带有实用价值：读书的各种记录可以一直伴随学生的学习生活，会引发他们更多的积累；“班级日志”“班级纪念册”作为自己所在集体的永久记录，学生们当珍藏于心；个人“成长记录册”更会激励他们不断续写、充实更多的成长印迹。这些“常态性写作”的话题，是学生喜欢的话题、能写的话题，对他们今后的阅读生活、个人成长有正面影响，有激励作用。

设置“常态性写作”，是我们研究小学写作教学有关理论和大量实践，结合多年来的教学科研，在指导学生写作方略上所做的尝试。我们希望，“常态性写作”的设置，能切实提高学生的写作兴趣，引导学生自由表达、充分表达，形成较好的写作习惯。

（二）自主学习贯穿始终

积极倡导“自主”的学习方式，是语文课程标准提出的要求。“自主”，我们将其定位为“独立”，具体表现为“有学习自信心”“自己学”“自觉学”“学习自我调控”。本套写作学本力图体现对学生自主学习的引导和观照。

在本套书的名称上，我们选择了“写作学本”这样的命名。学本，体现了学生的主体地位，说明我们这套书是直接写给学生们的，而不是一般意义的教材。

在具体编写中，我们力求比较完整地展现学生的自主学习过程。“作前阅读”和“习作例文”后面都有比较详细的“解读”，写作要求也都有具体的说明或“提示”，以便学生自己阅读、自己思考，逐步弄懂一个个问题，比较自主地进行认知建构，完成对习作的构思与练写。在没有教师、家长具体辅导或辅导较少的情况下，也能达成学习目标。

根据年级的不同，在“解读”和“提示”时，注意语言的适切性。在三年级初读“解读”阶段，为每一篇“解读”列出了“要点”，便于学生把握主要内容。四、五年级不再列“要点”，而是要求学生自己读懂。在五年级，还增加了语言表达较为严谨的“表达词典”。

每次习作后，都要求学生按照学习目标做自我评价，进行自我修改或主动与他人交流修改，督促学生养成文后修改、力求完善的好习惯。

第五章　小学生写作学本的编写策略

策略指制订计划、选择方法或者进行有目的活动过程中的决策。编写策略是写作学本设计的重要组成部分，是为了实现写作教学目标，根据学生的年龄特点与学习需要，对写作学本编写所做的一系列决策。这些决策涉及写作学本编写的全过程，包括学本的总体编写规划与各学习模块的设计。

一、总体编写策略

（一）以语言表达方式为纲的策略

以语言表达方式为纲的策略指将语言表达方式作为学本编写的主线。低年级关注学生句子概念的形成，并以四种语气的句子、判断句、描写句、长宾语句、连贯复句、并列复句等为线索来安排学本的内容；中高年级关注段落与篇章的写作，学本内容的编写以段落与篇章的衔接和组织、实用文体与非实用文体等为线索。详见表5-1。

表5-1　写作学本编写的线索

年级	语言表达方式
低年级	四种语气的句子、判断句、描写句、长宾语句、连贯复句、并列复句等
中高年级	段落与篇章的衔接和组织：并列句群、连贯句群、开头、结尾、过渡、照应 非实用文体：①记叙文（写人、记事、写景、状物） ②说明文 实用文体：读书卡片、观察记录、实验报告、书信、贺卡、标牌、读后感、读书笔记等

（二）关涉多维功能的策略

儿童语言的发展就是功能的发展。功能的训练维度越广，儿童熟悉的语境就越广，儿童语言的适切性、语言的灵活性就会得到更多的锻炼。本套学本从4个维度14种功能出发设计写作任务（详见表5–2），力求让儿童从多个侧面体验书面语言的功用与魅力。4个维度指处理人与事物关系的信息功能维度、处理人与人关系的人际功能维度、处理人与自己关系的个体功能维度、处理人与虚拟世界关系的想象功能维度，14种功能包括信息功能维度的记叙、描写、说明、通告，人际功能维度的问候、祝福、赠言、劝告，个体功能维度的计划、议论、总结、抒情，想象功能维度的创编、畅想。记叙功能的训练占中高年级所有训练的1/3左右，描写功能的训练占中高年级所有训练的1/4。说明功能、总结功能、创编功能各占8%。详见表5–2。

表5–2　中高年级写作任务的功能分布

功能		三年级	四年级	五年级	小计	占比
信息功能	记叙	5	6	4	15	31%
	描写	1	4	7	12	24%
	说明	2	2		4	8%
	通告		1		1	2%
人际功能	问候	1	1		2	4%
	祝福	1			1	2%
	赠言	1			1	2%
	劝告				1	2%
个体功能	计划		1		1	2%
	议论		1		1	2%
	总结	1	1	2	4	8%
	抒情			1	1	2%
想象功能	创编	3		1	4	8%
	畅想			1	1	2%
合计					49	100%

（三）关注多元题材的策略

本套学本结合学生的学习和生活实际，将作文题材分为生活与成长、阅读与收获、周遭的事物、周遭的人物、周遭的文化、想象的世界等六类。如前所述，“生活与成长”题材聚焦学生的家庭生活与学校生活，让学生运用第一人称叙述他们在知识、技能与品德方面的成长。“阅读与收获”是从“生活与成长”中特别分离出来的一个题材类别，这一题材类别强调阅读与写作的关系，强调阅读对于写作的重要作用，“生活与成长”关注体验后的收获，“阅读与收获”则关注读书后的获得。“周遭的事物”“周遭的人物”“周遭的文化”这三类题材要求学生观察周围的自然世界、社会生活以及重要的文化现象，并基于自己的理解用语言去表达对事物、人物与文化现象的看法，努力成为一个社会人、一个公民和一个文化的继承者。“生活与成长”“阅读与收获”“周遭的事物”“周遭的人物”“周遭的文化”等题材要求学生写实，“想象的世界”则允许学生遨游在虚拟的时空，去自由地想象与大胆地创造。

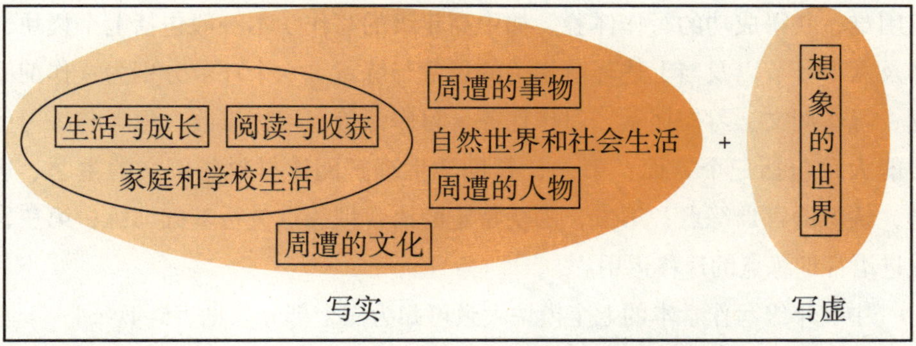

图5-1 小学生写作学本题材结构图

六类题材在三至五年级的分布如表5-3。“生活与成长”类题材最多，排位第二的是“周遭的文化”，“想象的世界”与“阅读与收获”类题材并列第三。从表5-3 中还可以发现，本套写作学本以写实类题材为主，写实类题材占87%，写虚类占13%。为帮助学生获得成功的写作经验，有话想写，有话可写，本套学本十分重视写作与学生熟悉的日常生活的关系，家庭与学校生活类题材占一半以上。在题材的设计中，本套学本尤其重视文化现象与写作的关系，把写作与认识文化现象紧密结合起来，让学生在了解文化、理解文化与表达文化的过程中发展语言。

表5-3 小学生写作学本三至五年级写作训练题材分布

题材类别	三年级	四年级	五年级	小计	占比
生活与成长	6	7	6	19	40%
阅读与收获	1	2	3	6	12%
周遭的事物	4			4	8%
周遭的人物		3	2	5	10%
周遭的文化	2	4	2	8	17%
想象的世界	3		3	6	13%
总计				48	100%

（四）按学习过程编写的策略

按学习过程编写的策略，顾名思义，指以学生学习写作的过程为基点编写写作学本。这一策略既关注学生的写作学习过程，同时又在过程中运用材料解读、思考与练习等方式相机插入相关的指导，以适时引导学生克服学习困难，获得成功的写作体验。如中高年级的写作学本一般包括七个模块，涉及六个环节以及与上述环节相关的思考与练习。六个环节分别为：作前阅读、习作例文、习作提示、习作任务、习作评价、习作修改。思考与练习的功能大致包括三个方面：第一，帮助学生理解阅读材料与例文的主题、选材，认识语言训练点；第二，围绕特定的语言训练点进行基础训练；第三，促进语言训练点的迁移运用。

中高年级写作学本的七个模块大致可归为三个部分，见表5-4。

表5-4 中高年级写作学本的结构

部分名称	模块
第一部分　作前阅读与思考	作前阅读、思考与练习
第二部分　例文学习与习作	习作例文、思考与练习、习作提示、习作任务
第三部分　习作评价与修改	习作评价、习作修改

二、各学习模块编写策略

（一）学习目标设计策略

小学生写作学本学习目标的设计策略包括三维设计策略、要素策略、衔接策略等。

1. 三维设计策略

三维设计策略，主要指根据知识与技能，过程与方法，情感、态度与价值观等三个维度来设计写作学习目标。知识与技能的目标指向与语言表达方式相关的概念性知识、与语境相关的事实性知识以及语言表达方式运用的技能。过程与方法目标指向写作的过程体验，以及为获得写作知识与技能而必须学习的方法。情感、态度与价值观目标指向学生写作的态度、兴趣等。三个维度的目标在每一个单元的设计中并不是均衡的，有的单元以知识与技能目标为主，有的单元则三个维度的目标都有。

知识与技能的目标设计兼顾行为目标与表现性目标。行为目标一般是结果取向，用具体的、可检测的行为表示学得怎么样。表现性目标一般是过程取向，指明在学习过程中要做些什么。如三年级《种豆记》一课的学习目标，既包含了行为目标，又包含了表现性目标。

（1）知道事物的发展都是有阶段的，每个阶段各有不同的特征。（知识目标）

（2）种豆，每天观察、记录豆子的生长过程。连续观察记录不少于十天。（表现性目标）

（3）根据自己的观察记录，将豆子的生长过程划分为几个阶段，显示豆子生长的阶段特征。（表现性目标）

（4）用相匹配的表示时间的词语，把豆子生长的几个阶段关联起来，然后连贯地写成一篇《种豆记》。（行为目标）

2. 要素策略

要素策略指从话题、语言表达方式与功能等三个要素出发设计写作学习目标。“话题”规定了写作内容的范围与领域，“语言表达方式”揭示了写作训练的点，“功能”则从语境的角度对写作的内容与语言表达方式的运用做出了限制。从要素出发设计学习目标有助于说清达成目标的行为动作、行为条件。如三年级《我飞上天了》这一课的学习目标，体现了话题、语言表达方式与功能这三个要素。

（1）围绕“飞上天”的话题，展开想象，编写一篇简短的童话故事。

（2）学习运用对话的形式展开故事情节，把握人物说话的语气，写好人物所说的话。

《我飞上天了》这一课的写作话题为“飞上天”。语言表达方式上的要求有两点：第一，用对话的形式写作；第二，写童话故事。教学文体对应的是记叙文，功能是“想象”。这一功能决定了写作内容是开放的，文章有哪些人物、发生了什么事情、事情发生在怎样的场景下等等，有着无限种可能性。这一功能也决定了在语言表达方式的选择上，除了对话，还可以运用许许多多具体、生动的修饰词来展开这个故事。如果这次的单元训练话题不变，但功能改为“说明”，那么需要重新确定写作的内容与语言表达方式。

3. 衔接策略

衔接策略指在设计学习目标时，考虑这一学习目标与前后其他单元的学习目标间的关系。小学阶段的写作是一个整体，整体的各个要素间存在一定的关系，细致思考学习目标之间的关系，并把这种关系在制定目标时明确地表达出来，有利于提高目标制定的科学性。如四年级《冠军》一课的学习目标设计，较明显地体现了衔接策略。

（1）进一步学习对人物进行评价性肖像描写。

（2）记一件事，体现“冠军”的某一个特点。

关于人物的评价性描写，四年级《我的偶像》一课中已有过训练。《冠军》是四年级第二次训练人物的评价性描写，所以学习目标就定位在“进一步学习”上。利用衔接策略编写学习目标，可以让教师与学生了解相关学习内容的联系，并在回顾前次学习的基础上开始本次写作的训练。

（二）作前阅读文章编选策略

本套学本的作前阅读文章一般选用多篇，数量在2至4篇。作前阅读选文的编选策略主要包括多种功能策略、多样构成策略、名家之作策略等。

1. 多种功能策略

多种功能策略指在选择作前阅读的文章时，以该文是否满足多种教学的功能作为选择的重要依据。作前阅读文章的教学功能主要为理解话题、认识语言表达方式、积累语言表达方式或内容、打开写作思路等等。如《种豆记》作前阅读有以下三篇：

第一篇　养蚕宝宝

天气渐渐暖和了，爷爷从市场上买了几条蚕宝宝回来。我特别兴奋，缠着爷爷让他给我养，爷爷爽快地答应了。

我用硬板纸造了个窝，好让蚕宝宝放心地住下。每天，我都会给它们吃桑叶。没过一星期，蚕宝宝的黑色身体慢慢变白了，个头也比之前大了些。起初，我以为蚕宝宝头上长了个黑点，后来才知道那是蚕宝宝的嘴。它们的嘴吃起桑叶来，老是一拱一拱的，可爱极了。蚕宝宝吃桑叶是很聪明的，它们会把嫩叶全吃光，只把叶脉留下来。

又过了几天，我发现蚕宝宝已经有小手指那么长了。每次去看它们时，桑叶都已被蚕宝宝吃精光了。爷爷告诉我，随着蚕宝宝的长大，它们的食量也开始变大，要提供更多的桑叶。看来我采桑叶得更勤快点才是呀，否则它们就会被饿着了！

又过了十多天，蚕宝宝有一点反常，它们不吃桑叶了，昂着头一动也不动，身体反而更白、更胖了。爷爷告诉我，这是蚕宝宝第四次眠了，它们马上就要上山结茧了。

第二天一早，为了方便蚕宝宝结茧，我用几根小木棒给蚕宝宝搭了一个簇架。放学回家，我发现小木棒簇架上有一些凌乱的茧丝，可能是蚕宝宝在给自己结茧造支架呢。

没过两天，蚕越来越小，被它吐出的大量的丝包围住，就这样，蚕茧慢慢地做好了。爷爷告诉我，躲在茧子里蚕宝宝会变成蚕蛹；如果气温高一点，蚕蛹又会变成飞蛾，破茧而出。

等了五天，正巧是星期六。清早，我一睡醒就跑去看看这些小家伙。哇！有几只已经变成蚕蛾，正在从茧子里钻出来。它们刚出来的时候，身上有点湿，翅膀叠着，好像把身体包了起来。它们一动不动，趴在盒子里，只是两只触角在摇晃。过了一个多小时，它们的翅膀渐渐地张开了，像一只白色的蝴蝶，但是还不会飞。

这时，我才看清楚它们的样子，它们和蚕宝宝完全不同，身体变短了，变胖了，身体的环节变得突出来了。蚕宝宝有十四条腿，蚕蛾只有六条腿，可它多了两只触角，长出两只翅膀。蚕宝宝是靠环节爬动的，蚕蛾是靠六条腿走动的。蚕宝宝真是个魔术师，在茧里待了一个多星期，就变成了另一个模样，真奇怪！

第二篇　茉莉花

一天，阿姨送给我一盆茉莉花，我把它放在阳台上。听说茉莉花开的花好看极了，所以它成了我家的宝贝。看着绿色的瓷盆衬托着幼小的枝叶，我仿佛看见一朵朵洁白的茉莉花盛开在眼前。

几天过去了，它的外貌还是那么美丽。我从笔袋里取出一把尺子对着茉莉花一量，好家伙！原来才14.5厘米，现在都长到了16.6厘米了。我兴奋地喊着：“爸爸、妈妈你们快来看呀，我们的茉莉花长高了。”爸爸走过来拨开枝叶一看，笑眯眯地说：“这花不仅长高了，它还有了花苞。”

“啊，真有了，还不少呢。”我用手摸了摸，轻轻地说，“茉莉花，快点长呀，等开花了，我给你换一盆松软的土。”

茉莉花的花苞每天都长大一点，三天后，一大早我又来到了阳台，发现花苞上部鼓鼓的，以为要开花了，急忙对妈妈说：“妈妈，茉莉花快要开了，我给它换盆土。”

我刚要下楼去，妈妈一下子拦住我。走到茉莉花旁，她仔细看了看，不禁笑了起来：“开花还得过些日子呢，这可急不来的！”

盼啊盼，终于盼来了这一天。就在一周之后，花终于开了。只见茉莉花的花瓣润如玉、白如雪、轻如纱；花蕊微微显示出淡黄色，花瓣雪白雪白的，仿佛身上涂满了一层银粉，美丽极了。它还不时散发出一股淡淡的清香。一阵风吹过，小花连连点头，在风中翩翩起舞，使人见了心旷神怡，如醉如痴。爸爸、妈妈也看得入神了。多美丽的茉莉花，我喜欢你！我们全家都喜欢你！你给我们带来了美丽和芬芳。

第三篇　海上看日出

为了看日出，我常常早起。那时天还没有大亮，周围非常清静，船上只有机器的响声。

天空还是一片浅蓝，颜色很浅。转眼间天边出现了一道红霞，慢慢地在扩大它的范围，加强它的亮光。我知道太阳要从天边升起来了，便不转眼地望着那里。

果然，过了一会儿，在那个地方出现了太阳的小半边脸，红是真红，却没有亮光。这个时候的太阳好像负着重荷似的一步一步、慢慢地努力上升，到了最后，终于冲破了云霞，跳出了海面，颜色红得非常可爱。当太阳完全脱离水平线，这个深红的圆东西，忽然发出了夺目的亮光，射得人眼睛发痛，它旁边的云片也突然有了光彩。

太阳愈升愈高，时而走进云堆中，时而露出脸来，若是在云堆中，就会把光线从云里射下来，直射到水面上。这时候要分辨出哪里是水，哪里是天，倒也不容易，因为我就只看见一片灿烂的亮光。

再过一会儿，红光悄悄退去，太阳闪出万道金色光芒。天空变得更蓝了，像是深沉的大海，辽阔而明净。云也变了，白花花的，显得无比柔和、优美。

这景色感染了我，陶醉了我，我仿佛觉得自己已经融入了朝阳的光辉。

《养蚕宝宝》和《茉莉花》虽然不写“种豆”，但是它们都与学生养育动植物相关，能够加深学生对“种豆记”这个话题的理解。《养蚕宝宝》与《茉莉花》记录了学生对动植物生长变化的细致观察，动植物的生长有着自己的规律，蚕宝宝要从身体发白、休眠到吐丝结茧变蛹，最后变成蛾子；茉莉花会逐渐长高变大，生出花苞，开花散香。通过对这两篇作前阅读文章的学习，学生会明白，豆子与蚕宝宝、茉莉花一样都有一个生长发育的过程，都要经过几个阶段，每个阶段都有自己的特点。种豆，不只是把豆子种下去就完事了，而且要仔细观察豆子生长发育的阶段及其特点。所谓“记”就是要像《养蚕宝宝》和《茉莉花》的作者那样，用准确的语言把观察到的情形表达出来，这样既能记录与反思自己的经验，又能与大家分享观察与发现的快乐。《海上看日出》讲的也是自然现象，虽然这种自然现象一般意义上人类无法干预，但天文现象自身会发展变化这一规律，与豆子的生长发育并不矛盾。在作前阅读中选用此文更重要的意义在于帮助学生认识与理解、积累更多表示时间的词语、短语。《养蚕宝宝》一文有表示时间的语言，如“天气渐渐暖和了”“没过一星期”“起初”“后来”“又过了几天”“又过了十多天”“第二天一早”“没过两天”“等了五天”“它们刚出来的时候”“过了一个多小时”等。《茉莉花》一文也有表示时间的语言，如“几天过去了”“三天后”“就在一周之后”等。《海上看日出》中表示时间的语言与前两篇文章不同，如“那时天还没有大亮”“转眼间”“过了一会儿”“到了最后”“当太阳完全脱离水平线”“再过一会儿”等。对《海上看日出》的阅读能帮助学生了解、积累更多表示时间的语言，为后续的写作活动提供语言形式上的准备。另外，这三篇作前阅读文章，可以开拓学生的思路，让学生明白，对自然界的观察和记录可以随时、随处进行，我们不仅可以观察植物，也可以观察动物，不仅可以关注生物现象，还可以关注天文现象。三篇文章还能让学生加深对自然的理解，体会自然的奇妙，明白自然既富有变化又有着内在规律的道理，深深感受用文字记录美妙自然世界的愉悦。

2. 多样构成的策略

为了更好地发挥作前阅读文章的功能，我们根据写作学习的话题与任务，按照不同的构成方式组织作前阅读文章。较典型的构成方式主要有三种：第一种，同体裁不同题材。将体裁相同但是题材内容不同的文章编选在一起，适用于写作内容开放、写作体裁明确的写作训练。如三年级《我飞上了天》这一课，三篇作前阅读《水滴》《月球之旅》《坐上了火箭》体裁相同，都是童话，《水滴》是拟人体童话，《月球之旅》是超人体童话，《坐上了火箭》是常人体童话。作前阅读这三篇文章，有助于学生了解童话及其特征，为完成“编写一个短小的童话故事”打下基础。开放的题材可以打开学生的思路，让学生充分发挥想象，写出构思精巧、趣味横生的故事来。第二种，同题材不同体裁。将题材相同但体裁不同的文章编选在一起，适用于写作内容明确、写作体裁开放的写作训练。如四年级的《中餐和西餐》，写作内容很清楚，就是要写饮食，但体裁可以是多样的，或者写记叙文，或者写说明文。同题材不同体裁的作前阅读构成方式，能帮助学生加深对写作话题的理解，积累写作的素材，并能根据写作的目的，灵活选用适合的语言表达方式表述自身关于饮食的见闻与体验。第三种，同题材同体裁。将同题材同体裁的文章编选在一起，一般适用于实用文体的训练。实用文体的内容指向明确，格式上也较为固定。如三年级《贺卡》的作前阅读就是各种各样的贺卡，内容以“祝福”为主。学习同体裁同题材的作前阅读选文能帮助学生在较短时间内掌握一种实用文体的写作。

3. 名家之作策略

作前阅读文章，作为重要的写作学习资源，应当文质兼美，让学生在学习优美语言的同时，感受语言的魅力，生成写作的动机，培养写作的意识。因此，我们编选了大量的名家之作，如巴金、老舍、冰心、叶圣陶、丰子恺、梁实秋、汪曾祺、陈伯吹、金波、张秋生、叶君健、牛汉、肖复兴、张抗抗、叶永烈、余光中、林海音、高尔基、端木蕻良等人的作品，让学生在阅读中体会语言的美妙，接受美的熏陶。

（三）思考与练习设计策略

思考与练习是启发学生思考、帮助学生达成学习目标的重要手段。本套写作学本思考与练习的设计策略包括链式设计的策略、形式多样的策略等。

1. 链式设计的策略

根据本套写作学本的设计，在一次写作学习中学生需要完成2–4次思考与练习。这些思考与练习虽然内容不同，但都在一条学习链上。“链式设计”的基本特征是以“写作话题与体裁”为线索，根据写作学习的进程适时设计有针对性的思考与练习。作前阅读环节的思考与练习往往与写作的话题与体裁相关，以开拓学生的思路，帮助学生理解话题与体裁。例文学习与习作环节的思考与练习一般与习作例文的内容、习作例文的语言表达形式、后续的写作任务相关，提示学生收集材料，为写作做好思想和内容上的准备。如四年级第二学期第5课《游记》有以下三个练习的设计：

思考与练习一

1. 读了这三篇文章，作者的哪些见闻是你特别难忘的？

2. 游记的表达比较自由，但无论是描绘景色、记录风土，还是抒发感想，都要条理清晰，表达连贯。你觉得下面的句子能够在文章中起到怎样的作用？

● 跟随着导游的脚步，我们一路前进，很快来到了“一线天”。

● 此时，彩霞已经飞上了西天，可是游客们依然久久不散。

● “快看！”不知是谁一声高喊，把所有人的目光吸引到了船头的前方。

● 最让我惊叹的是桥头上那些栩栩如生的雕刻。

思考与练习二

仔细回顾自己的旅行经历，可以翻一翻当时拍摄的照片，和同行的人一起聊一聊当时的情景，寻找值得分享的见闻和感受。

思考与练习三

读下面的句子，体会加点部分在表达上的特点。

进了颐和园的大门，绕过大殿，就来到有名的长廊。

走完长廊，就来到了万寿山脚下。

登上万寿山，站在佛香阁的前面向下望，颐和园的景色大半收在眼底。

从万寿山下来就是昆明湖。

试着自己写一写类似的短语或者句子。

比如：穿过……　　从……往东　　刚下桥……

沿着湖边的小路，我们继续往里走。

“作前阅读”环节的“思考与练习一”有两个问题，第一个问题旨在引导学生理解话题，游记其实就是“难忘的见闻”。第二个问题旨在引导学生关注体裁，游记这类体裁常用的构篇方式是“移步换景”，了解什么是移步换景和作者如何运用语言表达移步换景，完成语言上的过渡，是四年级学生学习游记体裁的关键。“例文学习与习作”环节的“思考与练习二”主要引导学生回顾自己的经历，为后续的写作做内容上的准备。同一环节的“思考与练习三”引导学生关注语言表达方式，从体会例文的过渡句到尝试自己写过渡句，以初步掌握游记体裁常用的过渡句写法。

2. 形式多样的策略

本套写作学本“思考与练习”的呈现形式较为多样，主要有问答式、选择式、列举式、积累式、记录式、改写式、小练笔式、口头操练式等。

（1）问答式，指提一个问题，引导学生思考写作的话题或特定的语言表达方式等。如四年级《我的偶像》“思考与练习三”设计了几个问题：生活中，谁是你的偶像？他（她）长什么样？为什么会崇拜他（她）？他（她）的哪种特质深深地吸引着你？这些问题指向的是写作的话题：偶像及其特质。通过思考与回答这些问题，学生对“什么是偶像”“我喜欢怎样的偶像”“为什么我会选择他（她）做我的偶像”等问题会形成初步的认识，写作就有了内容。

（2）选择式，指设计题干与若干选项，让学生选择符合题干要求的特定选项。选择式可以考查学生对话题、特定语言表达方式的理解。如四年级第一学期第8课《中国画的题字与配文》的“思考与练习二”运用选择式引导学生思考题字的作用。

图画上有画家的题字，这些文字有什么用处？（　　）（多项选择）

A. 录用人物的话，增强画面的幽默感。

B. 将画里的形象用文字具体地表现出来。

C. 标明画的题目。

（3）列举式，指要求学生列举写作的思想内容或者语言表达方式，以帮助学生构思或者积累某一类语言表达方式。如四年级《回信》的“思考与练习二”要求学生列举写信时会用到的称呼、祝福语、问候语等，为后面的写作活动扫清语言表达上的障碍。

（4）积累式，指按类列出一组相关的词语、句子等，要求学生阅读积累，以丰富、扩展学生的词汇量。如四年级第一学期第5课《校园人物志》的

“思考与练习二”，分类给出了许多与人物描写相关的词语、句子，引导学生内化与积累。

你一定读过不少写人的文章，下面这些词语、句子是关于肖像描写的，请你读一读，记一记。

头发 花白 长发 银发 刘海 羊角辫 披肩发 自然卷曲 鹤发童颜 又稀又黄 乌黑铿亮

眉毛 黑眉 细眉 长睫毛 弯弯长长 眉飞色舞 眉开眼笑 喜上眉梢 紧锁眉头

眼睛 明亮 泛红 单眼皮 黑眼圈 忽闪忽闪 炯炯有神 暗淡无光 布满血丝 眸子赛灯

手（手掌 手背 手心 手指 拳头） 灵巧 纤细 粗糙 胖乎乎 白白嫩嫩 布满老茧

皮肤 黝黑 红润 雪白 白皙 粗糙 黑里透红

牙齿 洁白 整齐 光洁闪亮 红唇皓齿 歪歪斜斜

腿脚（小腿 大腿 脚背 脚底 脚趾 脚跟） 脚步轻盈 脚下生风 步履蹒跚 一拐一瘸

身材 魁梧 瘦小 苗条 匀称 虎背熊腰 体态健美 骨瘦如柴 柳条细腰 身强体壮

我是一个活泼开朗的女孩，11岁了。我老爱扎两条小辫儿，开心的时候，甩甩小辫儿，特有意思。一张红润的瓜子脸上，镶嵌着小小的嘴巴、高高的鼻子、大大的眼睛，还是双眼皮——可惜是近视眼。眼睛下方还有一个芝麻大的小黑痣，有人说，这是掉泪痣。掉泪就掉泪呗，我才不在乎，回头上医院用激光一点，不就完事了吗？

隔壁胖叔长着一对单眼皮的小眼睛，鹰钩鼻子上架着一副金丝边眼镜。一张大脸和他矮胖的身子成正比。头发制成了流行式，既像知识分子，又像一个时髦的青年，样子十分有趣。

他黑黝黝的大手上尽是污秽油腻，浑身散发出一股汗臭味。穿着有点微微褪色的蓝大褂，风尘仆仆的样子，一脸岁月留下的沧桑。

将军俑身材魁梧，头戴金冠，身披铠甲，手握宝剑，昂首挺胸，站在队伍前列，像是在指挥身后的军吏和士兵行进。那神态自若的样子，一看就知道是久经沙场、肩负重任的高级将领。

武士俑高1.8米左右，体格健壮，体态匀称。身上穿着战袍，套着盔甲，脚上蹬着前端向上翘起的战靴，头发大多挽成了偏向左侧的发髻。它们有的握着铜戈，有的擎着利剑，有的拿着盾牌……个个目光炯炯，双唇紧闭，神态严峻，好像一场大战就在眼前。

骑兵俑上身着短甲，下身着紧口裤，足蹬长筒马靴，右手执缰绳，左手持弓箭，随时准备上马冲杀。

（5）摘录式，指引导学生寻找文中印象深刻的词语、句子，并把它们摘录下来。摘录式的目标也指向语言表达方式的理解和积累。如四年级《校园人物志》中有一个问题为：你还知道哪些用于描写人物肖像的词语或句子？请摘录。

（6）改写式，指引导学生从一种语言表达方式转向另一种语言表达方式，以训练语言运用的灵活性。如四年级第一学期第7课《我的偶像》设计了改写式练习，要求学生将人物肖像的原型描写转化为评价性肖像描写。

下面是一个同学对自己父亲肖像的原型描写，如果加上一些语句，写出感受和评价，就可以把人物肖像的原型描写转化为评价性肖像描写。请你试着写一写。

乌黑的头发中掺杂着几根白发，脸色稍有点黑，一双眼睛却炯炯有神，那就是我的爸爸。

（7）小练笔式，指要求学生围绕一个中心观点练习写作，旨在练习运用某种语言表达方式。如四年级《中国画的题字与配文》的“思考与练习三”，要求学生：“看看下面两幅图，你觉得有趣吗？你想到了些什么？请选择一幅图，把图上小朋友的动作、神态说一说。”这个小练笔的设计旨在引导学生综合运用连贯的表达方式说说人物的动作与神态，为完成后面的习作任务做准备。

（四）习作例文选择策略

1. 与学生的认识水平相一致的策略

习作例文的主要功能在于提供一个写作的例子，这个例子与写作任务有一定的关系。学生在写作前必须认真阅读例文，读懂例文，理解例文的内容，学习例文的语言表达，并尝试内化，所以例文的水平要与学生的认知水平相一致，要选择语言内容相对简单、段落结构相对清晰的文章，让学生看得懂，学得会。如三年级《橡皮泥的故事》的例文《彩色的小羊》是一篇学生的作品，故事描绘了小白羊变成小彩羊的有趣故事，故事简短，情节有趣，语言生动，符合这个年级学生的认知水平。

2. 内含语言训练点典型表现形式的策略

例文作为例子，主要是为了表现某种语言表达方式，所以例文必须内含语言训练点的常见形式。上文所述的《彩色的小羊》，包含该课所要训练的“对话”形式。通过学习这篇例文，学生会对“如何写对话，如何写好对话”有更加深入的认识。

彩色的小羊

有一天，一只小白羊来到公园散步。

小白羊看见一根大大的胡萝卜，就跑过去，吃了起来。当小白羊吃完胡萝卜后，发现自己的身体变成胡萝卜一样的红色了。小羊觉得好奇怪，又跑到菜园里去吃了茄子。它刚吃了一口，四条腿就变成紫色的了。它觉得自己怪模怪样的，不知道怎么办好。

这时，一只小老鼠经过它身边，看见了，对它说：“小羊，你真好看啊！”小羊听了老鼠的赞美，很开心，心想：我再去吃点别的东西，让身上的颜色更多一点。

于是，它又吃了番茄和黄瓜，这下，小羊的全身变成五颜六色的了。它大摇大摆地走到街上，许多动物都惊奇地看着它。

一只小猫好奇地问：“小羊，你是怎么变成彩色的？”

一只小狗跑过来说：“小羊，你真漂亮！”

小羊听了，得意极了。

（五）写作评价设计策略

评价是写作学习的重要一环，也是检验目标达成情况和学习成效的重要手段。本套写作学本关于写作评价的设计策略如下：

1. 自我评价的策略

写作的自我评价指学生根据学习目标与学习要求对自己的写作学习成效加以判断的过程，有助于学生更好地认识自己与反思自己的学习过程。本套写作学本以问题的形式引导学生开展自我评价，有利于学生和教师共同承担评价的责任，帮助学生成为自我诊断、自我矫正、自我完善的个体。以问题为形式开展写作自我评价，还有利于激发学生的内在学习动力，逐步养成反思与自我评价的习惯。

2. 与学习目标相一致的策略

简单地说，学习目标就是预期的学习结果。要进行有效的写作评价，必须根据学习目标设计评价内容，以判断预期的学习结果是否发生，所以在设计写作评价时，我们充分考虑了学习目标与写作评价的一致性程度。如三年级第一学期第4课《交友》，学习目标为“写一封信，运用并列的表达方式向对方介绍自己”，写作评价因此关注学生“是不是学会了自我介绍，是不是运用了并列的表达方式”。详见图5-2、图5-3。

学习目标

1. 认识结交朋友的重要性，在人际交往中学会自我介绍。

2. 给新朋友写一封信，运用并列表达的方法向对方介绍自己。

图5-2　三年级《交友》一课的“学习目标”

习作评价

读一读自己的作文，按照下面的提示进行自我评价。

1. 我的自我介绍有明确的交流对象吗？

2. 我的自我介绍写出我与众不同的地方了吗？

3. 我能用并列表达的方法列举多个方面介绍自己吗？

4. 字词都写正确了吗？

5. 标点符号都用对了吗？

3. 写作评价内容两类构成的策略

本套写作学本的评价内容包括两个成分：一类是特殊成分，即与特定话题相关的概念性知识、事实性知识与语言表达技能，特殊成分的内容来自学习目标。另一类是一般成分，即语言运用的一般技能，一般成分的内容来自语言的约定俗成，如字词的正确书写、字词的固定搭配、标点符号的正确运用等。如图5-3的“习作评价”，1至3项是评价内容的特殊成分，4至5项是评价内容的一般成分。评价内容的两类构成既有利于学生达成特定的学习目标，又有利于帮助学生规范地运用语言。

第六章 小学写作教学中的常态性写作训练

教育部颁发的《义务教育语文课程标准（2011年版）》（以下简称《11课标》）中有不少关于小学语文课程写作的论述。

关于课程的属性，《11课标》指出："语文课程是一门学习语言文字运用的综合性、实践性课程。" "语文课程是实践性课程，应着重培养学生的语文实践能力，而培养这种能力的主要途径也应是语文实践。语文课程是学生学习运用祖国语言文字的课程，学习资源和实践机会无处不在，无时不有。因而，应该让学生多读多写，日积月累，在大量的语文实践中体会、把握运用语文的规律。"

关于学生写作，《11课标》指出："写作是运用语言文字进行表达和交流的重要方式，是认识世界、认识自我、创造性表述的过程。写作能力是语文素养的综合体现。" "（学生应）尝试在习作中运用自己平时积累的语言材料，特别是有新鲜感的词句。" "结合语文学习，观察大自然，用口头或图文等方式表达自己的观察所得。" "热心参加校园、社区活动。结合活动，用口头或图文等方式表达自己的见闻和想法。" "写作教学应贴近学生实际，让学生易于动笔，乐于表达，应引导学生关注现实，热爱生活，积极向上，表达真情实感。"

综合上述论述，从教学的角度讨论，可以提出一个值得深度思考的问题，即培养学生写作能力的支架是什么。我们的研究发现培养学生写作能力的支架应当由三根支柱支撑起来：第一，在语文课程阅读教学中随文进行的表达基础训练；第二，在语文课程写作教学中实施的指导性写作训练；第三，在语文课程综合性学习活动中，学生独立自主进行的常态性写作训练。表达基础训练，是以阅读教学为载体的关注语言表达方式的写作基础训练。指导性写作训练则是指一般意义上的写作指导训练，就是老师们通常说的"大作文"，是对常态性写作训练和表达基础训练结果的一种综合运用，训练时具有较强的针对性，如指导如何写人、如何写景、如何叙事、如何状物等。常态性写作训练，是一种从日常生活中攫取写作素材，随兴表达的写作训练。

本文的任务是阐述第三根支撑柱——在语文课程综合性学习活动中为何以及如何进行常态性写作训练。

一、常态性写作训练的价值：破解“多写”难题

有一条学习写作的传统经验，是几乎所有学问家都曾提到过的，即“多读多写”。“学以为耕，文以为获”，是韩愈留下的名言。当代语文教育家叶圣陶先生在多篇著述中说到多读多写：“为养成写作的习惯，非多作不可；同时为适应生产的需要，也非多作不可。作日记，作读书笔记，作记叙生活经验的文章，作抒发内部情思的文章，凡遇有需要写作的机会，决不放过，这也是应该而且必须做的。”[1]4他还说：“能不能从小学高年级起，就使学生养成写日记的习惯呢？或者不写日记，能不能养成写笔记的习惯呢？凡是干的，玩的，想的，觉得有意思就记。一句两句也可以，几百个字也可以，不勉强拉长，也不硬要缩短。总之实事求是，说老实话，对自己负责……这样的习惯假如能够养成，命题作文的方法似乎就可以废止，教师只要随时抽看学生的日记本或笔记本，给他们一些必要的指点就可以了。”[1]156

1979年12月25日，在全国中学语文教学研究会成立大会上，吕叔湘先生发言指出：“作文训练，需要增加篇数，坚持多写多练。”当然，任何事情都有一个度，“多写多练”也是这样。“这个‘多’多到什么程度？这也是值得研究的。有人主张‘一日一文’，就是每天写一篇，这值得考虑。每天在作文上花这么多时间，他还有别的功课呢，别的老师是不是会有意见？”[2]

张志公先生是充分肯定“多写多练”的，他说：“凡工具，必须操作熟练，运用自如，才能发挥效力。”“掌握语文工具要靠积蓄丰富的语言材料，要靠纯熟地驾驭这些材料……于是，‘多读多写’就成了传统语文教学经验中很重要的一条。”“要把这些从书面上吸取来的语言材料做到能够运用自如，仍旧要在书面上下功夫——多写多作。”[3]

《11课标》把大师们的意见归纳成一句话写了进去：“应该让学生多读多写，日积月累，在大量的语文实践中体会、把握运用语文的规律。”

为了多写，有老师尝试让学生记日记，一日一文。但是，学生大都视日记为负担，每每动笔都才思枯竭，无话可记，勉强写出文字也味同嚼蜡；也有部分学生视日记为隐私，即使写了，也绝对不愿公示出来，老师无从评说优劣，心情也不畅快。实际上，几乎很少有老师能够长时间地坚持要求学生记日记的，大都是昙花一现而已。

从道理的层面上说，“多写”是语文教育工作者的共识。一个学期，单靠课堂上练习写七八篇文章是难以培养起写作能力的，必须多写一些。然而，从实际的操作层面上说，真正能够做到“多写”又是何其难啊！学生没有“多写”的兴趣，没有“多写”的时间，也没有“多写”的内容。

怎样去破解这个难题呢？关键还是在内容。从内容上去突破，去寻找一些可以让学生变“无话可说”为“有话说不尽”的内容。如果有这样的内容可说，学生多写的兴趣就有可能引发出来，甚至越来越浓烈。

再有一点思考，从“多”的数量上去突破，倡导多写，但不规定篇数，把控制“多写”数量的主动权交给学生自己。如果学生有了决定自己写与不写的权利，就不会因多生烦，影响写作心情。有写作心情，有写作冲动，就多写几篇，反之，就少写几篇，甚至不写。我们不是倡导“不写”，而是要让学生享受生活的乐趣，体验生活，产生“不吐不快”的表达欲望。

这种写什么、写多少篇都由学生自主决定的经常性写作，我们称之为“常态性写作”。我们希望这种形式能培养学生的写作兴趣与随时写作的习惯，破解“多写”的操作难题。

二、常态性写作训练的类型：两类六种

承前所述，常态性写作的内容设置直接关乎学生写作兴趣的产生与持久发展。内容决定一切。

写日记，是常态性写作的一个种类。但从执行情况看，有相当数量的学生从情感上抵制它，因此，“日记”不适用于全体学生。而且，日记原本是一种具有高度私密性的文体，是写给自己看的，不是用来发表的，更不宜在公众场合朗读日记，相互交流。没有交流，则无法判断评价学生的写作水平，就失去了学校写作训练的根本意义。

我们注意到语文课程的综合性学习活动与常态性写作有着天然的联系。

从这点出发，目前，我们开发了两个系列的内容，用以实施常态性写作训练。

（一）与课外阅读相联系的常态性写作

语文课程标准要求学生在小学阶段完成总量150万字左右的课外阅读。展示课外阅读成果的方式方法有许多，做读书文摘卡、写读后感、记读书笔记是最便捷最具体的三种方式。这三种方式都和写作相关，而且可以同步提升阅读能力和写作能力。

只要读书，就有话可说，只要不断读书，就有说不尽的话；每次读书，书的内容不同，要说的话自然也就不同。说“不尽”，说“不同”，永远是写作兴趣的保鲜剂。

做读书文摘卡，写读后感，记读书笔记，是由浅入深的表达训练排列，它们可以分别安排在三、四、五三个年级的第一学期第1课进行，尔后逐步累加。从会写读后感到会写读书笔记，不只是写作能力的提高，更是思想认识的进步。

1. 做读书文摘卡

做读书文摘卡，是读书过程中的摘录积累工作。在知识版权的摘记形式上可以格式化，至于摘录的具体内容是完全个性化的。下面四张读书卡片是三年级学生在教师指导下做的，摘录的内容有的侧重词语、句子的积累，有的侧重知识、道理的收获，也有的记下产生的疑问。

读书卡片1

<table>
<tr><td>篇　名</td><td>观　潮</td><td>作　者</td><td>赵宗成　宋明元</td></tr>
<tr><td>出　处</td><td>义务教育课程标准实验教科书《语文》</td><td>出版单位</td><td>人民教育出版社</td></tr>
<tr><td colspan="4">我的收获</td></tr>
<tr><td colspan="4">描写水的声势的词句：
隆隆的响声　山崩地裂　白浪翻滚　风号浪吼　漫天卷地　闷雷滚动　奔腾西去
浪潮越来越近，犹如千万匹白色战马齐头并进，浩浩荡荡地飞奔而来；那声音如同山崩地裂，好像大地都被震得颤动起来。</td></tr>
</table>

读书卡片2

<table>
<tr><td>篇　名</td><td>赏秋观红叶</td><td>作　者</td><td>木　子</td></tr>
<tr><td>出　处</td><td>义务教育课程标准实验教科书
《语文》</td><td>出版单位</td><td>人民教育出版社</td></tr>
<tr><td colspan="4">我的收获
描写红色的词语和片段：
像一簇簇燃烧的火焰
如一朵朵盛开的火玫瑰
犹如一抹艳丽的红亮
不同的树叶，不同的颜色。枫叶的红，红得艳丽；檫叶的红，红得深沉。就是同一棵树上的叶，色彩也迥然不同。树梢的叶，鲜红亮丽；枝间的叶，红里透黄；底层的叶，黄绿交融。有时同一片红叶，也红得灿烂各异。正面猩红，背面赭红；叶尖血红，叶柄嫩红；叶片嫣红，叶脉紫红。</td></tr>
</table>

读书卡片3

<table>
<tr><td>篇名</td><td>发现</td><td>作者</td><td>不详</td></tr>
<tr><td>出处</td><td>《走进阅读》</td><td>出版单位</td><td>上海远东出版社</td></tr>
<tr><td colspan="4">我的收获
我读到了一条哲理：在这个世界上，发现就是成功之门。
我的问题
为什么这位年轻人会想到这个拐弯处是绝好的广告位置？</td></tr>
</table>

读书卡片

<table>
<tr><td>篇　名</td><td>仙人掌</td><td>作　者</td><td>屠再华</td></tr>
<tr><td>出　处</td><td>九年义务教育课本
《语文》试用本</td><td>出版单位</td><td>上海教育出版社</td></tr>
<tr><td colspan="4">我的收获
我读懂了仙人掌的知识：
这篇文章介绍了仙人掌的四个方面的知识：第一，仙人掌的外形；第二，仙人掌的生活环境；第三，仙人掌的花；第四，仙人掌的生长过程。</td></tr>
</table>

续表

篇　名	仙人掌	作　者	屠再华
出　处	九年义务教育课本 《语文》试用本	出版单位	上海教育出版社

我喜欢的词语：

绿茸茸——写仙人掌鲜嫩的绿色。

长满刺儿——写一片片仙人掌奇特的长相。

像顽皮孩童翘起的一只只小脚丫——写仙人掌的样子。

我喜欢的句子：

1. 先是长出一只“手掌”，接着又长出一只“手掌”。仙人掌有伸不完的“手”，仿佛向我要“零嘴”吃似的。

运用比喻——将仙人掌的茎比作手掌、手。“手掌”写仙人掌的形状，又扁又宽。仙人掌有伸不完的“手”，写仙人掌的茎不断地长出来。

运用拟人——“仿佛向我要‘零嘴’吃似的”，写出了仙人掌的可爱、顽皮。

2. 又过了一段时间，仙人掌变起魔法来了！说它从掌上长出手指头来，不如说它更像在脚上长出脚趾头来。一片片仙人掌，就像是顽皮孩童翘起的一只只小脚丫！

运用比喻——把一片片仙人掌比作顽皮孩童翘起的一只只小脚丫，非常可爱。

我的问题：

仙人掌一年不开花，再等一年还是不开花，几年后才开花。仙人掌到底几年才能开花？

2. 写读后感

读后感，是在阅读结束后记下对读物的感受和想法。有感想就有读书收获。有哪些收获则完全因人而异，无论多或少，也无论深或浅，都在点赞之列。

下面是四年级学生写的一篇读后感。从这篇读后感中，我们可以感觉到这个孩子对科普知识情有独钟，所以他写读后感似囊中探物，信手拈来。

《万物简史》读后感

地球从哪里来？它有多大，多重？我们是宇宙里最聪明的生物吗？

从小，这些问题就一直在我脑瓜里转来转去。幸运的是，我发现了《万物简史》，从中找到了答案。

这本书是一部特殊的游记。作者比尔·布莱森带领我们从最小的质子、电子、中子一直漫游到浩瀚无际的宇宙。让我们沿着时光隧道，看世界如何从无到有，生命如何从一只三叶虫演化到人……看完这本书，你一定会觉得自己“博”了不少。

比尔·布莱森有个特别的本事——能够把抽象的科学知识形象化。为了解释“线粒体的小”，他举例说，“在一粒沙子所占的空间里可以装上10亿个”；为了阐述“光的速度”，他假设道，“要是你以每小时4.8公里的速度不停地大步走，一年可以走42048公里，差不多可以绕地球一圈。而光速大约是每小时1079252848.5公里，在同样的时间，光可以走9.6万亿公里，绕地球2.2亿圈”。这么形象生动的说明，作为小学生的我也能看得懂。不仅是这些最基本的科学概念，所有人类科学史上的发明和发现，在作者的笔下都成了一个个趣味横生的故事。让人不得不感叹人类和科学的伟大，也不得不敬佩作者高超的语言表现力。

小学三年级的时候，我第一次看这本书。以后每隔一段时间，我都会忍不住拿出来再看看。随着年龄的增长、知识的增加，我不断有新的理解和收获。虽然我已经读过不少优秀的科普书，但《万物简史》是最打动我的。它激发了我对科学的热情，让我对未知世界充满探索的兴趣，还让我意外地成了同学眼中的“小博士”。

3. 记读书笔记

读书笔记，是乘兴走笔。“乘”的是“读书的兴儿”，“走”的是“自己的随想”。可以写读书感想，也可以借书发挥，联想开去，说东道西。比如，读了《月亮的味道》，由一群小动物对月亮的味道产生兴趣而联想到自己童年时用舌头对各种实物味道进行的探究，又联想到自己读书时用心体味一个个主人公的“味道”，最后又从书本联想到生活……把各种随想一一记下来，就是一篇不错的读书笔记。

还有这样的味道

月亮会是什么味道？

我在绘本《月亮的味道》里，找到了一群和我一样对味道特别好奇的家伙。

小时候，我总喜欢把纸片啦、碎布啦，放在嘴里嚼。可是嚼了半天，什么味道也没有。我疑惑了：为什么有的东西有味道，有的东西没有味道？

到现在，我还不能确切地回答这个问题。

但是对于味道，我还是有发现的。

我的发现是——除了舌头可以尝味道，心也可以尝味道！

就拿读书来说吧——

《奥菲莉娅的影子剧院》让我尝到的是“酸”味儿。女主角奥菲莉娅那么善良，那么无私，还是被死神带去了天堂。一个平凡的甚至有点卑微的人，可以做出这么非凡的事情，而且始终无怨无悔，心甘情愿……我每读一遍，心里就久久不能平静。那种感觉，就像吃了个还不太熟的猕猴桃，被酸酸的味道笼罩着……

“甜”味是我最爱的了。《猜猜我有多爱你》里大兔子与小兔子之间的对话，是多么让人温暖，让人动情啊！读这样的书，心里被甜蜜之感撑得满满的，脸上会情不自禁地始终微笑着。

不过妈妈总说，我们这些孩子甜味尝多了，老也长不大，就刻意让我看一些“苦”味的书——就像《铁丝网上的小花》。女孩儿罗丝琪为了给犹太人送食物，被一个士兵误认为是敌人，用枪射死了……她的仁慈竟然换来这样的厄运，这个世界，怎么这么的不公平？战争，实在是太残酷无情了……

读《三只小猪的真实故事》，就像在喝一碗麻辣汤。为什么狼就非得是凶恶的、狡诈的？在作者重新构思的情节里，狼根本没有任何的恶意，至于伤害了三只小猪，不过是因为三个碰巧的喷嚏而已……哈哈，真够劲儿！

生活中味道还真多，如果只知道用舌头来尝，一定会错过许多精彩。

（二）与学生自己生活相联系的常态性写作

1. 成长记录

写自己，写同窗，也就是写自己熟悉的生活。从妈妈的怀抱到幼儿园，从幼儿园到小学，从小学一年级升到三年级，每个人都在一天天长大，我们应该给自己的成长做点记录，并延续到以后的生活中。不妨从“出生的故事”“名字的故事”等写起。写得多了，以事情发生的先后时间为顺序编辑成册，再为集子取个书名，如“小脚丫”“歪歪扭扭走一程”“七彩生活”等，就是一本个人的自传了。

下面两篇成长记录，记载了家庭与学校生活中有意思的经历。

生命的开始

那天，我偶然翻开相册，照片上的我剃着光头，活脱像个洋娃娃。想到妈妈把那么小的我抚养成现在又高又大的我，真是不容易啊！也许妈妈给我生命的时候也受了不少痛苦吧。我到底是怎么降临到这个世界上的呢？我的好奇心一下子冒了上来，拿着相册便跑去问妈妈。

妈妈笑着告诉我，我在妈妈的肚子里就很乖，从来不折腾，所以她也从来没有呕吐过，胃口也很好，估计吃下去的东西都让我给吸收了。每天，她挺着个大肚子跑很远的路去上班，早出晚归，倒也没事。在紧张而又兴奋的期待中，妈妈把一个可爱的小天使带到了人间。也许是我太留恋妈妈肚中舒适的生活吧，6月28日的预产期硬是被我拖到了7月4日，而且是在医生的帮助下，妈妈挨了一刀才把我给拽出来的呢！一过秤，嘿，是个重达3515克的胖闺女。

这时的爸爸就像热锅上的蚂蚁，在产房外的过道上踱来踱去，心乱如麻，为一墙之隔的母女担心着。当听到护士小姐说“母女平安”时才把提到嗓子眼的心放了下来，长长地吁了一口气。当时还发生了一件特别有趣的事情，护士小姐把我抱了出来，扫了一眼坐在长凳上的众多爸爸，直接把我交给了爸爸，原来我的脸和他长得实在太像了，简直是拷贝不走样。

听着妈妈的叙说，我深深地感动了，原来一个小生命的诞生那么漫长而复杂，妈妈太伟大了！我暗暗下定决心，绝不再惹妈妈生气，做个孝顺的乖女儿。

小舟要过万重山

今天上语文课时，老师叫我们去买一本自己喜爱的本子，并给本子起个有意义的名字。

放学后，我到文具店挑本子，妈妈给我做参谋。我挑中了一本本子，封面上画着一个背着书包的可爱小男孩。妈妈说："眼光真不错！"

起什么名呢？一开始，我想了许多名字，如"小蜜蜂""小树苗""小牛耕地"……

"这些名字没有个性，"妈妈提醒我说，"起名字可以从自己的长相、性格考虑，这样取出来的名字有个性，也可以去古诗、成语和童话故事中找，这样取出来的名字才有质量，别忘了还可以和成长经历挂起钩来，这样取出的名字才有意思。"

妈妈的话启发了我，我仔细想了想，突然想到了李白的诗句："两岸猿声啼不住，轻舟已过万重山。"我一向很喜欢这首诗，觉得它有气势。我想：我今年9岁，人生的旅途才刚刚开始，前方应有许多艰难的道路在等着我，我一定要坚强地走过去。对，就给成长记录本取名为"小舟要过万重山"。

我觉得这个名字表示了我要克服各种困难的决心。另外，你发现了吗，我的名字里有个"舟"字，这"小舟"就是我呀！

2. 班级日志

成长记录主要写自己。那么，写同窗以什么形式进行呢？在四年级第二学期可以开始记班级日志，到五年级第二学期已是临近毕业了，那就集体做一本班级纪念册，给母校、给自己留下一个美好的记忆。

班级日志用以记录每天与班级有关的人和事。一个本子得有人轮值记，练习第三人称的写法。虽然不是人人都天天写，但人人都会关心班级的每一天。于是，多姿多彩的班级生活会无一遗漏地流淌在孩子们自己的笔尖下：缤纷课堂、快乐午餐、参观工厂、一只袜子、猫咪多多……令人目不暇接。

下面是某校（1）班班级日志中的一篇。

4月27日　星期四　晴

“蜗牛”

为了迎接第16周区里的调研，今天英语陆老师让大家做一张模拟卷。这是上午第四节课，老师规定：吃饭前一定得完成。

老师话音刚落，大家便埋头奋笔疾书。就连平时动作最慢、最不愿写作业的小小陈也马不停蹄地写着。这时，教室里静得连一根针掉在地上都听得见。

下课铃刚打过没多久，大家都争先恐后地把卷子交给了老师。陆老师清点卷子发现少了一份，便焦急地问：“还有谁没交卷子？”

大家默不作声，只有周周轻声嘟囔：“我没好！”陆老师听到了问：“你大概还要多少时间？”她小声回答：“嗯，马上就好。”

这时，几个好事的同学走过去想看她还有多少没做完。不料，那几个同学竟不约而同地惊呼起来：“天哪，她才刚开始做第三大题！”

这下，陆老师火了，责问道：“周周，你的动作怎么这么慢？你刚才在做什么？”

周周抬起头，皱着眉头嘟囔着：“我不会做。”

“啊！？”大家又是大吃一惊。这么简单的题目居然不会做！

同学们一边吃饭一边窃窃私语，有的说她可能懒得动笔，还有的说她是“蜗牛”。再看看周周，她都快要哭出来了。

唉，“蜗牛”，你什么时候才能成为“兔子”呢？

班级生活中的任何一个侧面都可以成为班级日志的内容，任何一个人都可以成为班级日志的主角。可以记大事，也可以写琐事；可以称颂正面，也可以讽喻反面；可以严肃地一本正经地说教，也可以诙谐地博同学一笑……班级日志是反映班级生活的万花筒，有写不完的内容。

3. 班级纪念册

班级纪念册主要用来写人，把班级里一起相处了五年的每一个个体形象（包括任课教师）都留在纪念册上。不仅要写五年中的任何一个时期的“我”，还要写班上五年中任何时期的一个或几个“他（她）”。内容包含五年的时间跨度。朋友越多、越亲密，自然可回忆的事、可写的文章也越多。一篇文章写一个瞬间，写出人物的特性来。下面是某校班级纪念册中的两篇文章，一篇是写同窗的，另一篇是写一位任课老师的。

一次午饭时间

“丁零零”，下课铃响了，吃午饭的时候到了，大家做好了吃饭的准备。

老师叫我们去拿饭，我们班的“食肉王”小肖同学第一个冲出了教室，跑到饭箱面前，兴奋地大喊道：“今天有炸鸡腿吃了，太棒了！”只见他一边喊一边高兴得手舞足蹈，不一会儿，他就回到教室，走到自己的课桌前，打开饭盒，拿起炸鸡腿，一边啃，一边津津有味地傻笑着。

我班的安安同学长得又瘦又高，她对鸡腿不感兴趣，拿着筷子在拨弄米饭，在她眼中，这碗饭就像一堆珍珠，她正用筷子数珍珠呢。

“贪心鬼”小奚拿着饭盒走到安安面前，对安安面带微笑地说：“既然你不吃鸡腿，那么你就给我吃吧。”安安点点头，把鸡腿夹到了他的饭盒里。小奚兴冲冲地回到自己的座位上，拿起鸡腿，高兴地啃着，鼻子里还哼着小曲。

“大胃王”小董飞快地把饭吃完。我想，他这么快是想再盛一次饭。果然，不出所料，只见他脸上洋溢着笑容，飞快地走出教室打开饭桶，看着那冒着热气的米饭，不禁伸出舌头舔了舔嘴唇，脸上的笑意更灿烂了。他拿起饭勺把一大勺米饭盛入碗里，笑嘻嘻地回来了。

我吃完饭，开始喝汤。我把汤锅端起来，小心翼翼地盯着晃动的汤水，手里像捧了个定时炸弹。等我把汤锅搬到第一排课桌上才松了口气。大家也已排起了长队等着舀汤了。

午饭时间，多热闹啊！

“金毛狮王”

咦，那个站在操场上的人是谁？难道是新来的老师吗？我们来到操场上准备上体育课，却发现了一个“陌生人”的背影。我们一起去打探一下吧！啊！不看不知道，一看吓一跳！原来，他是我们的体育徐老师。

徐老师原来就很酷，一米九的个子，一双大眼睛，一张大嘴，还有一头漂亮的头发，总爱穿宽松的运动服。现在，他更酷了。这不，头发变成了快乐的“金毛狮王”的模样了。瞧，头发被染成了黄色，鬈鬈的，向外展开，就像手风琴的气箱，拉出来就收不回去了。

同学们见徐老师改变了发型，都好奇地议论起来：“徐老师的头发真搞笑，多么像《倚天屠龙记》里的金毛狮王啊！”

“原来的发型不是很好吗？干什么要换个新发型呢？”

“嗯，这发型不错，说不定还能和周杰伦媲美呢！”

我也觉得新发型不错，既时尚又可爱。不过，我不由地突发奇想：如果徐老师再换一个光头造型会怎么样？

唯一答案：面对现实，面对“金毛狮王”。最后我想对徐老师说：无论你的发型怎么变，大家都会喜欢你。

上述两类六种是常态性写作的主要类型，当然还可以继续开发新的选项。这六种内容中，除了班级纪念册有特定的时限外，其余内容的写作均可陪伴人的一生。

三、常态性写作训练的操作谋划：六大攻略

常态性作文是学生自由撰写的日常性作文，学生在多写的过程中逐步养成随时写作的习惯。教师的教学工作将如何开展呢？我们的答案是让学生享受写作的快乐。以下攻略就是以保持学生持续写作兴趣为目标而展开的。

（一）启发学生从日常生活中撷取写作素材

生活犹如泉源，文章犹如溪水，泉源丰盈而不枯竭，溪水自然活泼地流个不停。生活就在我们的每一天里。

让学生从记录自己或同伴的日常生活开始，如：自己掉了一颗牙齿，欢欢在卫生室里打防疫针时哭了，老师今天穿了一件新衣服来上公开课……进而鼓励学生在记录中不断寻求自己的独特视角，阐释自己的见解。发现了生活中的喜怒哀乐，就有了说不尽的话，让表达成为生活的需要。享受生活，享受写作的快乐。

（二）首次写作前教师要做具体指导

任何一项内容的常态性写作，在首次写作开始前，都要安排一次具体的指导。指导围绕引发写作兴趣展开：明确写作的目的和意义，激发写作动机；启迪写作思路，鼓励自由表达和有创意的表达；赏析佳作，提示可模仿的恰当的表达方式；指导自我评改，养成复读习惯。学生明白了要求，懂得了写法，就能由“这一篇”延伸到日常生活中持续写出N篇。

（三）保护和促进学生持续写作的兴趣

常态性写作不是一项规定的、在某个时间段里非做不可的作业，它仅仅是一种日常化的写作训练，以学生的兴趣和自觉为动力，随兴写作，日积月累。所以学生写的常态性作文，教师无须批改和评分。但是，教师要经常阅读他们的习作，并书面或口头三言两语地发表阅读感想，让学生有完成写作的成就感，保护并促进他们持续写作的兴趣。

（四）满足学生写后交流与分享的愿望

写作的价值在于沟通人和人之间的交流。学生写作不再是完成一项作业，它回归到了本源，只是为了与人交际发表自己的思想情感。所以，常态性作文不能被锁在教师的办公桌抽屉里等待判定成绩，而要以交流、分享为最优评价方式。

交流与分享也要随之常态化，教师和同学可以利用课内的几分钟、午间的悠闲时光，听几位同学的习作朗读；或是把大家的习作张贴出来，方便同学之间交流与学习。

（五）动员家长参与写作互动

家长经常读读自己孩子的习作，可以了解写作对孩子思想情感所起的熏陶感染作用。如果读完孩子的习作，父母能够和孩子亲切地交谈几句自己的感想，或是写下几句有情感色彩的鼓励赞扬的话，毫无疑义，必定会大大促进孩子持续写作的兴趣。如上文《生命的开始》作者的妈妈读了女儿的文章后，在末尾写了几句话：“仿佛就在昨天，胖乎乎、红彤彤的一个小肉团出现在我眼前。初为人母的我有些手足无措，竟情不自禁地往旁边闪了一下，为此还招来了护士小姐的责备：‘自己的女儿躲什么躲？’惶惶然中接过了孩子，看着她手舞足蹈的样子，不禁有一丝感动，感谢上苍赐予我这么珍贵的礼物，从此你便是我一生一世的最爱了。” 女儿读了她妈妈的这一段话，禁不住热泪盈眶了，写作的意义和价值得到突显。

（六）心平气和地引导学生修补写作缺陷

教师阅读学生的常态性作文，会发现他们写作上的许多缺陷：错别字一再出现，语言有些疙疙瘩瘩，甚至前言不搭后语，等等。其实，这些都很正常，教师不必批评，更不必厉声呵斥伤了学生的自尊心。写作是一门技能，原本需要鼓励，需要在平静的学习环境中慢慢地修补缺陷，需要长期不断的实践积累，有了积累自然会越写越精彩。在语文阅读课和写作指导课上，教师一定要心平气和地凭借教材有目的地设计、安排表达训练，纠正常见的错字病句，积累典范的表达方式。

【参考文献】

[1] 叶圣陶. 叶圣陶语文教育论集 [G]. 北京: 教育科学出版社, 1980.

[2] 吕叔湘. 关于中学语文教学的种种问题 [G]. 《语文学习》编辑部. 教学争鸣录. 上海: 上海教育出版社，2000: 12.

[3] 张志公. 传统语文教学的得失 [J]. 中华活页文选（教师版）, 2008（10）: 4-8.

第七章　小学生写作学本编写样例及解读

一、一年级写作学本编写样例及解读：《摘果子》

（一）编写样例

第5课　摘果子

学习目标

聆听

专心听故事，了解故事的主要内容，听清故事中运用的连贯句。

说话

1. 学习说两种连贯句。

（1）表示一个人的连贯动作。

（2）表示两个人组合的连贯动作。

2. 看多幅图说几句话，讲清人物的连续行为。

观察

继续学习看多幅图的步骤和方法。能看图展开联想，合理推断人物的连续行为。

积累

继续积累动词。

好习惯

仔细聆听，认真思考，发言声音适当，态度大方。

说说你所积累的表示人的手、脚动作的词语。

（老师根据学生的交流分成表示手的动作与表示脚的动作两组，将动词写在黑板上）

70 ■ 小学生写作学本　一年级

蚂蚁报恩

在一个炎热的夏季，有一只蚂蚁被风刮落到池塘里，非常危险。树上有只鸽子看到这情景，心想："好可怜哦！去帮它吧！"鸽子赶忙叼起一片叶子丢进池塘里。

蚂蚁爬上叶子，叶子再漂到池边，蚂蚁便得救了。

"多亏鸽子的救助啊！"蚂蚁始终记得鸽子的救命之恩。

过了很久，有位猎人来了，他用枪瞄准树上的鸽子，但是鸽子一点儿也不知道。这时，蚂蚁爬上猎人的脚，狠狠咬了一口。"哎呀！好痛啊！"猎人一痛，就把子弹打歪了，鸽子逃过了一劫。

蚂蚁报答了鸽子的救命之恩。

（中国童话故事）

思考与练习

1. 蚂蚁遇到了什么危险？鸽子怎样救了它？
2. 鸽子遇到了什么危险？蚂蚁怎样救了它？
3. 你怎样理解"报恩"的含义？

第5课　摘果子 ■ 71

一个人的连贯动作。

1. 读句子，说说句中人物（动物）连续做了什么动作。

（1）鸽子赶忙叼起一片叶子丢进池塘里。

（2）蚂蚁爬上猎人的脚，狠狠咬了一口。

（3）小猴子爬上树，摘下一只桃子，高兴地朝家里跑去。

2. 照上面的句子，说说这样的句子。

（1）____________________

（2）____________________

两个（种）人（动物、植物）组成的连贯动作。

1. 读句子，说说句中写了哪两个（种）人（动物、植物），他们分别做了什么动作。

（1）蚂蚁爬上叶子，叶子再漂到池边。

（2）小熊竖起大南瓜，大南瓜咕噜噜向前滚去。

2. 照上面的句子，说说这样的句子。

（1）兔子和乌龟在赛跑。兔子在前面跑，乌龟____________________。

（2）语文课上我们讨论问题。老师叫到我的名字了，____________________。

下面三幅图说的是两只小熊摘果子的故事。仔细看图，了解它们摘果子的全过程。想一想：怎样把每一幅图中小熊的连续动作说清楚？三幅图怎样连起来说？

小贴士

（1）先将三幅图连起来看，大致了解整个故事的内容。再仔细看每幅图，还要学会将图进行比较，想想这些说明了什么。（比如：第二、第三幅图中，太阳的变化；第一、第三幅图中，箩筐的变化。）

（2）分别给两只小熊起名字。

（3）每一幅图中两只小熊分别做了什么？用什么动词（背、扛、扶、拎、提、递、接、走、跑、爬）更合适？句子可以怎么说？

（4）把整个故事连起来说。注意图与图之间的连接。

____

____

____

____

____

____

（二）样例解读

1. 总析

这一课安排在一年级第二学期。本课的形态结构体现了本套低年级教材的基本结构：在表述了“学习要求”后，整个教学活动由“听读”“语言文字表达”和“说话写话”三个部分组成。基于本课是一年级的教材，以听、说训练为主，尚未进入“阅读”“写话”阶段，所以，“听读”部分实际呈现为“听故事”，“说话写话”部分实际呈现为“看图说话”。

本套教材构建了以语言文字训练为主要特色的设计框架，这是一个基于对语言知识系统、学生语言技能学习过程深入研究而形成的系统训练体系，有计划地贯穿于一至五年级。以“学习语言文字”为标题，作为教材的一个专项，进行集中的强化训练，则是低年级教材所独有的。低年级的“学习语言文字”，选择了最基本、最常用的语言内容，为中高年级的进一步训练打基础。其中，“连贯”与“并列”句式的表达是训练的重点。本课关于连贯句的训练，是低年级三次连贯句训练中的第二次。

2. 学习目标分析

低年级“学习目标”分若干类别，主要有“听读”“说写”“习惯”等方面，有时还会加上“观察”“积累”等。习惯的养成需要日积月累，要求由低至高。本教材对低年级四个学期分别提出了四项逐步提高的习惯要求，每一项习惯在一个学期的每一课中反复提出。

本课的训练重点是连贯句，这一重点在“聆听”、“说话”（包括“说句子”和“看图说话”）、“观察”的多项要求中都有提及，所以，这一训练是多角度、全过程的。进入本课的学习，一定要把握好这一学习重点。

3. 课文、思考与练习分析

听（或读）故事后，教材会列出“思考与练习”题，提示听读要点、重点。

本课为什么选择《蚂蚁报恩》这个故事？在低年级的设计中，聆听或阅读故事，往往是首要的环节，这是学生学习、吸收语言的过程。故事内容多样，主题多元，中外题材兼顾，其中，各种童话故事占比最重，并配以生动形象的图画。学生接触、学习这样的语言材料，必然会感受语言的魅力，感受文章所表达的情感、思想，积累对生活的认识和对社会规则的认同。《蚂蚁报恩》中关于“要懂得报恩”的主题思想，想必学生在听完故事、做完思考练习题后，会有所感悟。

选择本文的另一个原因是，文中表达蚂蚁和鸽子相互帮助的句子，正是本课要重点训练的连贯句。如鸽子救蚂蚁的句子：“鸽子赶忙拿起一片叶子丢进池塘里。”“蚂蚁爬上叶子，叶子再漂到池边，蚂蚁便得救了。”蚂蚁救鸽子的句子同样是两句连贯句。由以上分析可知，本文的聆听、学习，实际上就成为接下来要进行的语言文字训练的自然导入，为后程学习打下了一定的基础。

思考与练习题的设计，做到了文章主题与语言训练点的统一。内容、主题上的“互助”“报恩”，语言形式上的连贯表达，在题1、题2中做到了统一，题3让学生顺势归纳“报恩”的含义。

4. 语言文字学习分析

本课承接上一课《小猪造房子》，继续进行连贯句的训练。在上一课中，训练的是同一人的两个或多个连续动作，训练点为“正确选用动词”“注意动词连用时的顺序”（与动作上的连续性相一致）。本课训练的要求提高了：

其一，表示一个人（动物）连贯动作的连贯句，认识并学说多种样式。第一句，表示鸽子的连续两个动作，这两个动作连接比较紧密，表述起来中间无停顿。第二句，表示蚂蚁的连续两个动作，这两个动作的连接不如上一句紧密，表述起来中间有停顿（书面表达的话，中间可用逗号，本阶段并不要求）。第三句，小猴子的连续三个动作，呈现出过程性，表述时中间有停顿。三句连贯句，表达方式上逐步加深。这三句话中，前两句是《蚂蚁报恩》故事中的，第三句是外选的，从学生熟悉的句子引向新句子，这也有利于学生的有效把握。后面的照样子说句子，可让学生打开思路，自由说句。

其二，表示两个人（动植物）组合而成的连贯动作的连贯句。第一句选了《蚂蚁报恩》中的句子，另一句为外选。这类句子并不是很难掌握，但平时不太注意。这类句子主要是要把握好两个小句中的内在联系。其实，这样的句子十分常用，学好它是很有意义的。两个对象的动作相连接，一前一后，是相互关系的展示，是一个过程的展开、延续。这对以后写好事情的过程与发展具有奠基作用。

5. 看图说话分析

这个表达的综合训练，是全课的重点，是学习目标达成的具体体现。

《摘果子》的故事，描述两只小熊步入果林，相互帮助采摘果子，以及高兴而归的劳动过程。在具体讲述时，必然地需要用上一个个连贯句，包括本课“学习语言文字”中提及的多种类型。如：“小白熊把梯子架到树干上，然后爬了上去。”“小白熊（它）从果树上摘下果子递给小黑熊，小黑熊接过果子，小心地放进箩筐里。”在故事的推进中，两只小熊的互助是应有之义，由此，“合作意识”会潜入学生的心中。

这是学生第二次看多幅图进行说话训练，教材对看图的程序、方法做了提示，也对怎样选用合适的动词、进行连贯的表达做了说明。

二、二年级写作学本编写样例及解读：《我的好朋友》

（一）编写样例

第5课　我的好朋友

学习目标

阅读

认真读故事，了解故事中人物的特点。

说话写话

1. 围绕一个意思用几句话写具体，学习“写具体”的方法：写一个具体的事例、概括列举几点。

2. 介绍自己好朋友的某种品格、性格、爱好等，写一段话。

积累

表现人物品格、性格、特点的词语。

好习惯

留心观察周围事物，乐于写所见所闻，写自己想说的话。

玛妮雅的故事

波兰有个叫玛妮雅的小姑娘，学习非常专心。不管周围怎么吵闹，都分散不了她的注意力。一次，玛妮雅在读书，她姐姐和同学在她面前唱歌、跳舞、做游戏。玛妮雅就像没看见一样，在一旁专心地看书。姐姐和

同学想试探她，就悄悄地在玛妮雅身后搭起几张凳子，只要玛妮雅一动，凳子就会倒下来。时间一分一秒地过去了，玛妮雅读完了一本书，凳子仍然竖在那儿。从此，姐姐和朋友再也不逗她了，而是像玛妮雅一样，专心读书，认真学习了。

（选自《七彩语文》画刊2013年第2期）

思考与练习

1. 玛妮雅是个怎样的小姑娘呢？
2. 看看故事中的图画，向同桌介绍玛妮雅的故事。

好友互评

你真棒	顺利通过	再试一次吧

我们来学习写人。

要介绍一个人，就要写出他的特点，可以是性格、品质、习惯、爱好等等，用几句话把他的特点写具体。今天，我们就来说一说，写一写。

1. 描写人物特点的词语可不少，请你读读下面的词语，并试着写几个吧！

聪明　　勇敢　　幽默　　爱哭

爱跳舞　　脾气暴躁　　乐于助人

________　________　________　________

2. 下面的图片画的是一只叫汉密尔顿的小猪。仔细观察图片，看看汉密尔顿是一只怎样的小猪。你能根据图片把介绍他的话补充完整吗？

①

②

③

小猪汉密尔顿非常喜欢帽子。他有____________、____________、____________、____________、____________和____________。

他有各种各样适合不同场合的帽子。汉密尔顿的帽子真多呀！多到____________________________________。

汉密尔顿喜欢把帽子歪着戴，____________，____________，____________，____________，还可以用来做任何事。

（图片故事选自绘本《喜欢帽子的小猪》）

自己评 ☆ ☆ ☆ ☆ ☆

3. 读一读下面的两段话，想一想，比一比：它们有什么相同的地方？又有什么不同呢？

奶奶年纪大了，记性一天比一天差。她有时戴着眼镜找眼镜；有时刚把手里的东西放下，转身却找不到了；打开冰箱忘记了自己到底是要拿东西还是放东西；拿起药瓶，想不起来今天有没有吃过药；到银行取款成了头疼事，因为她总是把密码忘了。唉！我的奶奶真是“没记性”呀！

（选自小学作文网）

熊爷爷年纪大了，老爱忘事情。熊爷爷给老朋友写了封信，寄了出去。没过几天，邮差就来到家门口，递给熊爷爷一封信。熊爷爷非常高兴，心想，还是老朋友好，这么快就回信了！他接

过信一看，咦，怎么是自己写的那一封？再仔细看看，噢，原来是忘了贴邮票，信给退回来了！熊爷爷连连摇头：“老喽！老喽！记性真不好喽！”

（节选自《爱忘事的熊爷爷》，王晓明著）

1. 你的好朋友是个怎样的人呢？请你和同桌说一说。

我的好朋友是________________________________。

他（她）______________________________________。

2. 介绍自己朋友的特点，可以举一个例子来具体说明，也可以概括列举几点。请你也来为你的好朋友写一段介绍。

____

____

____

____

____

好友互评

请你介绍的这位朋友来为你做一个评价吧！

☆ ☆ ☆ ☆ ☆

恭喜你获得了______颗星

好朋友签名：____________

84 ■ 小学生写作学本　二年级

（二）样例解读

1. 总析

这一课安排在二年级第二学期，是低年级最后一个学期的第5课，处于与三年级过渡衔接的阶段。它的学习目标显现出低年级的较高要求，以及为中年级开始的系统写作训练打基础、做铺垫的特点。

从本课开始，首次出现“写人”的话题：让学生自主阅读《玛妮雅的故事》，而后写关于自己的好朋友的语段。“写人”是写作学习的重要内容，在本套教材中就从本课起步。本课在语言表达上，要求学生能围绕某人的一个特点用几句话写具体。本课之前的教材，一年级第二学期开始写一两句话，二年级第一学期开始模仿写话、根据提示写话，从一句话到几句话。到了本课，表达要求有一个明显的提高。

在“写具体”的问题上，本课让学生学习“写一个具体事例”和“概括列举”这两种方法。这些新知识对学生今后写人、写事的表达都很有用处。而“写一个具体事例”属连贯表达，“概括列举”属并列表达，这两种表达方式正是低年级语言表达方式的重点训练内容。学生过往的学习为达成本课新的学习目标打下了一定的基础。

2. 学习目标分析

“阅读”目标，提出要通过读故事，了解人物的特点。这里的“特点”，从语言表达形式的角度看，就是描写人物语段的“主要意思”。

“说话写话”目标列了两条，这两条是“一般”与“具体”的关系。第一条讲的是本课语言表达的训练要求，有两句话。先说“围绕一个意思用几句话写具体”。“一个意思”，就是那几句话所要表达的“主要意思”；“几句话”是表达语句的数量要求；“写具体”，指出了写话要求。第二句话具体指明“写具体”的两个方法：“写一个具体的事例”和“概括列举”，这就把上句话所说的“几句话”的表达要求说清楚了。

“说话写话”目标的第二条，是结合本课的具体写作要求而列出的。也就是说，介绍自己的好朋友，在语言表达上是这样要求的：好朋友的“品格、性格、爱好等”，就是上一条说的那“一个意思”；一段话的具体写法，就是上一条说的两种“方法”。

“说话写话”第一条中关于“写具体”的方法，不仅可用于本课写作，也可广泛用于今后的写作。专列此条的意义就在于此。

本课的“好习惯”，是低年级阶段的第四项要求，当重视持续培养。

3. 思考与练习分析

阅读后有两道练习题。第一题要学生找到玛妮雅的特点：“学习非常专心”。第二题是看图讲述玛妮雅不受姐姐和同学的干扰，专心看书的一件事。两个练习，就是“人物特点”和“通过一个事例把这个特点说具体”的关系；合起来练习，一方面复述了所读的故事，另一方面实际上就已开始了介绍人物的最初操练。

4. 语言文字学习分析

“学习语言文字”栏一开始就把本课的写作任务与要求提了出来，这比其他教材提前了。这样编排，使“学习语言文字”的准备性、基础性练习与“说话写话”的本体性练习紧密相连，所有习题统筹安排，渐次递进，让首次“写人”训练得到了强化。

5. 看图说话分析

本教材设计了充满童趣的看图说话练习。丰富的图画下面列有序号，与后面文字的填空内容相对应。当学生怀着愉快的心情，比较轻松地把练习做完，实际上，他们已经完成了用“概括列举”的方法介绍小猪的一段话。做完练习，应把这段话的结构梳理一下。这段话的“主要意思”，也就是小猪的特点，即“小猪喜欢帽子”，然后从“帽子真多”和“各种戴法”两个方面做具体介绍。每一方面的介绍又举了许多小例子。

这个看图说话练习，与前面的阅读后的讲故事，形成了“写具体”的两种模式。

看图说话练习部分编排的两段文字，从内容上看，这两段话都是讲“老年人记性差”。从语言表达来看，老年人的记性特点都在第一句话中做了交代，然后具体说明，语段的最后又都再次点明老年人记性差。

两段话的最大不同之处是，在如何具体说明“记性差”的问题上，采用了不同的方法。写奶奶的那段话，列举了奶奶“忘事”的五个例子，而且是用长长的一句话并列地表达出来的（因为讲一个例子可能不是一句话能够讲完，所以每讲完一例用一分号）。写熊爷爷的那段话，讲述一件自己给自己寄信的稀奇事。从写信、寄信、等信到最后恍然大悟，一个连贯发展的过程，用了好几句话。

在这之前的练习，学生初步了解了怎样用两种方法把（不同的）“主要意思”写具体。本次练习，两段文字是相同的“主要意思”，但用不同的方法写具体了。经过这样的比较学习，学生对“写具体”的认识又加深了一步。

如果学生学有余力，还可以了解以上两个语段的类别。这两个语段都是“先总说再分说最后小结”的语言结构。“分说”有多种类型，本课学习的是“概括列举”和“讲述事情”。这两段话最后的“小结”，用了不同的写法：写奶奶的那个语段，是作者发出感慨；写熊爷爷的那个语段，是主人公熊爷爷自己发感慨。

6. 说话写话分析

低年级学生口头表达的水平要高于书面表达的水平，所以“先说话，后写话”的安排有利于帮助学生理清表达的思路，找到表达的内容。“我来说”这一部分，要求学生确定写话对象，并找出他的某一个特点。“我来写”的开头，是一段学生必读的话，这是本次写话的要求。通过认真阅读“我来写”的要求，逐步帮助学生养成写作前弄清写作要求的习惯。

三、三年级写作学本编写样例及解读：《成长记录》

（一）编写样例

第1课　成长记录

（常态性写作）

学习目标

1. 用第一人称把自己经历的事情记录下来，无论喜和忧，无论成功与失败。

2. 写出自己的真情实感。

3. 制作一本成长记录册，写下自己成长的一件件事情。

作前阅读

（一）出生的故事

2004年7月19日早晨5点30分，一个小女孩呱呱落地了，她就是我。我出生在上海第一妇婴保健医院，体重6斤6两，身长50厘米。

听妈妈说，她的预产期是7月16日，可是到了那天，肚子根本没有动静，妈妈只有耐心等待了。足足晚了3天，我才恋恋不舍地从妈妈肚子里出来。

我很喜欢听大人们讲我小时候的故事，特别是讲我出生时的样子，所以这些我都记得很清楚。我出生的时候头发又密又黑，眼睛是闭着的，当医生从我口腔里吸出一口痰后，我便“哇”的一声哭了，声音很响呢！爸爸告诉我，妈妈还激动地问医生我的各项指标都正常吗。因为妈妈怀我之前在家里饲养过宠物狗，所以有点担心。当听到一切正常时，妈妈心里的一块石头终于落地了。

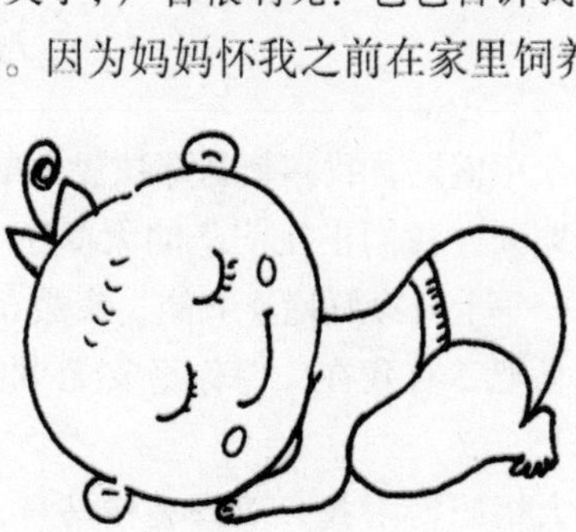

因为我是顺产，所以出生后没多久医生就把我抱给妈妈喂母乳了。刚刚还在哇哇大哭的我，一吃到母乳马上就安静了，也许这就是天性吧。和妈妈在一起，我感到很安全。

我的胃口大得惊人，像永远吃不饱似的，一饿就哭，吃了没多久又饿了，折腾得妈妈都没能好好休息呢！当一个生命出生后，妈妈就是世界上最辛苦的人了，我最爱我的妈妈。

这就是我出生的故事，一个平淡而独一无二的故事。

（二）我忘不了

说起难忘的事，我想，要数两个月前我被选为学校广播操领操员的那件事了。

记得一天上午，班主任刘老师对我说：“杨宁，体育老师叫你去一趟。”我一边往体育室走去，一边想：“找我有什么事呢？”走进办公室，体育老师对我说：“杨宁，从下个星期开始，我们决定由你担任领操员，你看怎么样？”听了这话，我一下子愣住了，这事太突然了，我丝毫没有思想准备。一时，我连话也说不出来了。体育老师见状，忙说：“别紧张，我相信你，你会做好的。”

转眼，一个星期过去了。这天早上，我一进校门，心就“怦怦”直跳。早操快开始了，我既兴奋又紧张。兴奋的是，老师在那么多同学中选中我，这是一件光荣的事；紧张的是，我将为全校同学领操，万一有什么差错，那可就出洋相了。我边想边快步走上了领操台，在台上站定，背对着大家。忽然间，我觉得这个平时站在下面看起来很大的领操台一下子变小了，不要做到一半人掉下去才好啊！我的两条腿不由自主地发抖了。“别慌，别紧张，已经站在台上，再紧张也无济于事了，镇定些。”我悄悄地安慰自己。于是，我头一抬，胸一挺，果然腿不抖了，人也不紧张了。音乐响起，我有模有样地做起操来，感觉比平时做得还要好，顺利地完成了领操任务。

第一次领操的情景，至今还深深地留在我的记忆中。

（三）草原遛马

今年盛夏，我到新疆那拉提大草原去旅游，还骑了一回马。

那天，我们正在茫茫的大草原上漫步，一群疾驰如风的骏马将我们团团围住。一个身穿鲜艳连衣裙、头戴花环的大姐姐笑着对我说：“远方的小客人，请上马吧，有我在，保你平安无事！”在大姐姐的搀扶下，我颤巍巍地骑到了马上。

大姐姐吩咐我，双脚夹住马身，挺胸坐直。她牵着缰绳，马儿就在平坦的草地上溜达起来。我悠然自得地哼起了小调。可是，当马儿前蹄奋起跃上一个高坡时，我一不留神，身子朝后一仰，差点摔下马来，吓得我直嚷着要下马。大姐姐“咯咯咯”地笑着翻身上马，坐在我背后，叫我不要怕。

她用双手护着我的腰肢，嘴里一阵吆喝，马儿随即飞奔起来。有了坚实的“靠山”，我不再恐惧。纵目四望，闪入眼帘的景致有着一种难以用语言表达的动态美。

一个多小时过去了，我们依依不舍地告别了那拉提大草原，告别了美丽热情的哈萨克族大姐姐。

解　读

要点：1. 什么是成长记录册？

2. 成长记录册可以写些什么内容？

记录是记忆的延伸。每一个人都在成长，每一个人都想在成长的道路上留下些什么。成长记录册就是这样一本用文字记录自己人生的册子，主要是自己写的一篇篇值得记忆的记叙文，还可以配上照片、插图，是一本专为自己写的个性化的“书”。

这三篇文章都可以成为作者成长记录册中的文章。

《出生的故事》记录的是从妈妈怀孕到“我”出生的故事。由于“我”在那个阶段没有记忆，作者用采访大人的办法来收集故事，把自己出生时的点点滴滴记录下来，言语间充满着对母亲的爱。每个人都有自己独特的“出生的故事”，这是人生的起点，把它记录下来作为成长记录册的开篇，你自己也会感到很欣喜。

《我忘不了》写了我第一次做学校领操员的经历，把“我”“紧张——兴奋——忐忑不安——害怕——释然”的心情一步一步写清楚了。每个人在成长过程中都会经历很多个“第一次”，每个“第一次”都令人难以忘怀。经过许许多多“第一次”的锻炼，我们逐渐成长起来。让我们一起来回忆成长中的点点滴滴吧。

《草原遛马》描写“我”旅游时在大草原上骑了一回马的难忘

经历。其中有惊有喜，作者将这一过程写得具体而生动。文章先写了“我们”在草原上漫步，遇到一个大姐姐邀请“我”骑马。接着写在大姐姐的指点下，“我”骑着马在草地上悠闲地溜达，可是在马跃上高坡时，“我”差点儿摔下来，害怕极了。最后写在大姐姐的保护下，“我”不再恐惧，欣赏着大草原的美景。旅游、参观也是我们生活的一部分。把印象深刻的经历记录下来吧！像《草原遛马》一样，把事情的起因、经过、结果交代得清清楚楚，把自己的心情表露得真真切切。

思考与练习一

1. 读了三篇选文，想一想作者是从哪几个角度来写自己的成长经历的？还可以从哪些角度来写？

2. 日子一天天过去，我们一天天长大。请你回忆一下，在你成长的过程中，哪些事情让你印象深刻。

习作例文

游泳池里找爸爸

在我的成长过程中有许多难忘的事情，有开心的、伤心的、有趣的、令人兴奋的……有这么一件事直到现在回想起来仍觉得心有余悸。

记得我八岁时，爸爸、妈妈和我去锦江乐园玩。在“水上天地”游泳时发生了令人心惊的一幕。

那时我不会游泳，可为了找爸爸，我从浅水区向深水区走去。只见水从我的腿部慢慢地没过我的腰部，水越来越深，可我一点也不觉得害怕，傻傻地向前走，一直来到爸爸跟前。爸爸看了吓了一大跳，赶紧大声叫我往回走。谁知这时我的脚一滑，身子往后倒下去，喝了几大口水。幸好爸爸连忙一把揪住我，抱起我回到了浅水区。爸爸狠狠地教训了我一顿，直到那时我才反应过来，想一想之前可真险，不禁大哭起来。

这件事虽然已经过去很久了，可是在我幼小的心灵里留下了深刻的印象。奇怪的是，我并没有因为这件事而惧怕水。每当夏天一来，我就缠着爸爸教我游泳，真希望能在水里自由自在地游着。

解 读

要点：作者怎样记录自己“泳池摔倒”的事？

要记录自己的成长，可以选择的内容有很多。就像文章开头所说的：“……有许多难忘的事情，有开心的、伤心的、有趣的、令人兴奋的……”本文选了一件至今“觉得心有余悸”的学游泳的事。

文章回顾了作者八岁时在“水上天地”游泳时滑跤、摔倒、喝水这“令人心惊的一幕”，真实地描写了当时的场景，细腻地写出了“我”开始“不觉得害怕”，遇险后“想一想之前可真险”“大哭起来”的心理活动。

文章最后写了这件事值得记录的理由。

我们也来回顾自己的成长过程，找出印象特别深的那些事，把它们记录下来。

思考与练习二

1. 和同学交流自己成长过程中的故事，选择自己印象最深的事来写。
2. 根据自己的选材，想清楚先写什么，后写什么。

习作提示

现在我们要开始写作了，先思考下面的问题。

1. 你准备写一件成长中的什么事？

2. 用第一人称来写一件事，要写清楚事情发生的时间、地点、有关人物和事情的起因、经过和结果。

3. 认真回想当时的情景，写出真情实感。

习作任务

请你用第一人称来记叙自己成长中的一件值得纪念的事。

习作评价

读一读自己的作文，按照下面的提示进行自我评价。

1. 我把一件事写清楚了吗？

2. 我是用第一人称来写的吗？

3. 字里行间有真情实感吗？

4. 句子通顺吗？字词都写正确了吗？

5. 标点符号都用对了吗？

习作修改

1. 再次阅读自己的作文，边读边检查、修改。

2. 将自己的作文读给小伙伴听，听听他们的意见。

3. 与小伙伴结对，互相修改作文。

4. 在习作本上誊清作文。

常态性写作任务与自我评价

现在开始，请你为自己制作一本成长记录册。

提示：

1. 今年，你已经十岁了，能不能回忆这十年的成长经历，想一想，哪些事值得记录。例如：出生的故事，第一次 ××，成长中的快乐（烦恼），我十岁了，等等。有计划地一一写下来。

2. 一件事情写一篇作文，题目自拟。要写清事情发生的时间、地点、有关人物和事情的起因、经过和结果。

3. 有了两篇以上的作文，就可以制作成长记录册了。准备一个本子，然后按次序放上自己的回忆作文。一般按照作文描述的时间顺序来编排，把出生的故事作为开篇。

4. 为了使成长记录册更吸引人，更个性化，你可以对封面和作文周围进行美化，配上图案、照片等。还要记得给成长记录册起一个响亮好听的名字，漂漂亮亮地写在封面上。

5. 十岁以后也要继续记录自己的成长经历，平时习作练习中合适的作文也可以收进成长记录册。

6. 每次自主地完成一篇作文后，都可以参照“习作评价”的几项要求进行复读，并做出自我评价和修改，再收录到成长记录册里。

（二）样例解读

1. 总析

这是三年级第二学期的常态性写作课。升入三年级，表达训练就进入了新的阶段。如果说低年级的表达训练是打基础的准备阶段，那么，从三年级起，学生便开始了系统的读写训练。

本套教材从三年级起将学生写作分为指导性写作和常态性写作两大类。指导性写作是指由教师具体指导后撰写作文，每学期一般有七次。它的教材形态结构由三部分组成：第一部分为“作前阅读与思考”，内含“作前阅读”“思考与练习”两个模块；第二部分为“例文学习与习作”，内含“习作例文”“思考与练习”“习作提示”“习作任务”四个模块；第三部分为“习作评价与修改”，内含“习作评价”“习作修改”两个模块。

常态性写作是学生自由撰写的日常性写作，教师的指导重在培养学生的写作兴趣和作文意识，不在于具体指导与批改。为使学生懂得如何写好常态性写作，每一学期设一次常态性写作指导课，由教师来做指导。学生明白了要求，懂得了写法，就能由“这一篇”延伸为日常生活中的N篇。常态性写作的形态结构由四部分组成，前三部分与指导性写作相同，增加的第四部分为“常态性写作任务与自我评价”。

本课由教师指导学生写成长经历。在往后的日子里，学生由自我需要而不断生成新文章，展现自己的成长过程，最终形成“成长记录册”乃至“自传”。这一有关自我成长的写作内容是本套教材常态性写作内容体系的重要组成部分。

2. 学习目标分析

常态性写作的“学习目标”分两个层次：当课学习目标、常态学习目标。本课上述目标中，第1、第2点是当课目标，即怀着真情实感写一件自己成长中的事情；第3点是常态目标，即在日常生活中随机写下自己成长的一件件事情，可以用成长记录册或其他方式整理、汇总。

3. 阅读、思考与练习分析

本课的三篇“作前阅读”，选择“出生”“第一次经历”“旅游”三个侧面表现学生的成长经历，文章内容真实，感情真切，作为读者的学生也都有类似的经历。因而，他们在阅读之后，对话题“成长记录”就有了具体的了解。

紧接着“作前阅读”的是“解读”，用以帮助学生了解“作前阅读”各文章的主题意义、文章特点，指导如何打开表达思路。三年级学生初次接触这样的解读文字，阅读上可能有一定困难，所以在解读文字之前，用“问题”的方式给学生提示了要点。

“解读”，先对成长记录册这一常态性写作汇集本做了介绍，这是不同于指导性写作“解读”的地方。而后，对三篇“成长记录”逐一讲解。因为是常态性写作，每一篇记录，不仅是独立的一文，还将在以后的成长记录册中占有一席之地。所以，在“解读”中就有两个层次：该文记录了什么？该文有什么意义，在成长记录册处于什么地位？如《出生的故事》，在讲述“把自己出生时的点点滴滴记录下来，言语间充满着对母亲的爱”之后，继续解读：“每个人都有自己独特的‘出生的故事’，这是人生的起点，把它记录下来，作为成长记录册的开篇，你自己也会感到很欣喜。”后面的“第一次经历”“旅游”也都由“这一篇”引至常态性写作文集。

“习作例文”一般安排一篇文章，选文符合话题要求，表达方式与本次表达要求相一致。常采用优秀学生习作，这样更贴近学生实际，便于学生学好表达。

本课“习作例文”，选自一篇三年级学生的习作。文章描述了自己学游泳遇挫折的事，全文篇幅不长，但叙事过程清晰，心理活动逼真，能起到示范作用。

“习作例文”后面有“解读”，可帮助学生理解例文，学习例文。尤其在实际习作表达时，如何借鉴例文的写法，“解读”一般会重点讲解。本课表达训练的重点是：记录自己成长中的事情，本“解读”的要点就列为：“小作者怎样记录自己‘泳池摔倒’的事？”接着，“解读”给出了这样的思路：选择一件事情→交代这件事发生在什么时间、什么地点→说说这件事的大致经过→说说这件事情中自己的想法→写下自己想记这件事的理由。这样的具体提示给三年级学生做参考还是必要的。

在“作前阅读”“习作例文”及各自的“解读”之后，都安排有“思考与练习”，它们具有使学生加深认识话题、文章主题，认识相关语言表达形式的作用。相比较而言，“习作例文”后的练习，与当次习作的联系更为紧密，在选择表达材料、构思文章、按照语言要求表达等方面，借助恰当的习题操练，有较为具体的点拨、指导。

本课“思考与练习一”，让学生思考：“作者是从哪几个角度来写自己的成长的？还可以从哪些角度来写？”“哪些事情让你印象深刻？”

在“思考与练习二”中，就具体为“选择”一件印象最深的事，并进而要求“想清楚先写什么，后写什么”。可以说，“习作例文”后的练习，常常是正式习作前的准备。

4. 语言文字学习分析

“习作任务”以明确的语言告诉学生本次训练写什么。“习作任务”前的“习作提示”，为学生选材、构思提供了支架，并对如何表达做了要点式引导，如第2、第3点。

本课以学生的自我评价为基点，引导学生对照本次写作的要求，反思自己的写作过程，获取有关学习策略的知识，尤其关注写作内容、语言表达方式以及语言表达的规范性等方面。一般说来，所列评价点，是本次写作要求的分解侧面与具体指标，对小学生而言，这种分析评价的方法易于把握。

学生对自己作文的评价与修改能力，也是评估他们表达水平高低的重要指标。本套中高年级教材，每一课都提出了“习作修改”的任务，鼓励学生自读自改，或与同伴交流、合作修改，最后誊清，督促学生养成良好的修改习惯。

如果是指导性写作，上面的过程已经完成了学习目标，但对常态性写作来说，还只是刚刚开始。接下来的任务是，要按照常态性学习目标，引导学生进行常态性写作。

“常态性写作任务与自我评价”是专门针对常态性写作而设置的教材内容。它具体指出常态性写作的任务、写法，如本课说清了 “成长记录”的选材、写作要求，还详细指导了成长记录册的制作过程与方法，使学生的“成长记录”归于有序的整理和美丽的包装，这对学生也有一定的激励作用。

常态性作文的写作，提倡自主修改、自我完善。与指导性写作相比，常态性写作更注重主动性、自主性，更强调培养主动动笔、自行修改，不断自我提升的能力。

四、四年级写作学本编写样例及解读：《中餐与西餐》

（一）编写样例

第6课　中餐与西餐

学习目标

1. 了解中餐和西餐的不同特点和就餐时的不同礼仪，体会中西方饮食文化的特点。

2. 写一篇文章，可写用餐经历，也可写制作过程，要写出中餐或西餐的自身特点，注意到段与段之间的过渡。

3. 恰当运用对比的表达方式，写好比较后的总结。

作前阅读

（一）吃西餐

庄　玲

“你看，吃西餐时脊背要挺起来。”我的法国朋友说。我看了看周围的法国人，确实是这样，在这样的餐馆，没有一个人弯腰低头伏在桌上吃东西的。

那是我第一次在法国吃西餐。我自认为了解西餐礼仪，比如左手持叉、右手执刀之类。上来了一盘羹，我笃定地用右手拿起银汤匙，低下头开始喝汤，自我感觉还是挺斯文的，却没料到朋友会有这样的发问：

“汤滴洒在桌上怎么办？”

我不知道该怎么回答。

“椅子往桌边靠，盘子往身边拉，即使滴下来也在自己的盘子里。”朋友小声告诉我。

难怪西餐要用分餐制。

有一次，我在巴黎参加一个去意大利的旅游团，游客中有一大部分是从中国大陆过来的。导游说到了罗马就应该吃一顿罗马大餐，否则白来了。好吧，

100 ■　小学生写作学本　四年级

全体中国游客都很爽快地说，当然，来就是为了吃正宗的意大利餐，怎能放过机会。于是一行三四十人鱼贯进入一家大餐厅。

最后一道冰激凌上来了，大家说快尝尝这有名的意大利冰激凌。但是冰激凌冻得太硬，放在雪白的盘子里勺子挖不动。于是所有的中国游客都用左手拿叉子按住冰激凌，右手拿起刀子在盘子里使劲地切这块硬家伙。冰激凌在盘子里滑来滑去，有一位游客的冰激凌箭一般地射出了盘子，他飞快地用手把它捞回到盘子里再切。刀子切到盘子上，发出清脆的声音，整个餐厅“叮叮当当”，如同开打击乐音乐会。

现在回想起来，当时的其他欧洲食客肯定更惊奇了，他们还从来没听过这样的音乐会呢！

这件事成了我心中的谜。回到法国，我问我的朋友：“为什么你们吃那么硬的冰激凌就没有声音？”

他说：“我们等。”

（选入时有改动）

（二）吸刀鱼

叶公觉

横沙岛渔民老张很好客。一天，他邀我随船出港，尝尝他亲手在长江口捕捉的刀鱼。

说话间，锅子开始蒸汽四溢，飘出淡淡的葱姜味，不一会儿，掺着些许腥味的鱼香扑鼻而来。

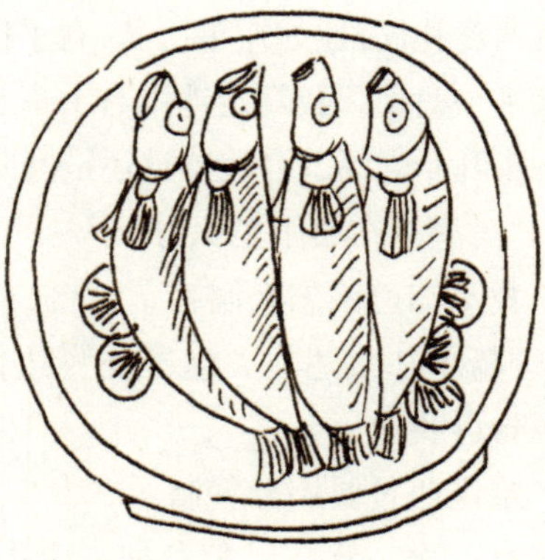

老张端出一大盘清蒸刀鱼来。与生鱼不同，鱼头上的鱼眼已经暴出，鱼鳞也已不见踪影，盘中一片雪亮。我连忙用筷子夹食，可是，鱼皮一破，就见横七竖八的鱼刺锋芒毕露，令人举箸难下。

老张见我欲尝又止，便递给我一根饮料吸管，随后夹起两条刀鱼，连汤带水放入我的碗中。我拿着吸管不知所措，见了老张的示范才恍然大悟，原来刀鱼可以吸食！我对着碎鱼肉轻轻一吸，呵，鲜美的鱼汤和着细腻的鱼肉吸进嘴里，一股鱼香留在舌尖上，丝毫没有鱼刺的纠缠，真是清爽可口，妙不可言。吸食刀鱼，是渔民的吃法创新，不能不令人发出赞叹：妙哉妙哉！

我在欧洲工作了七八年，一日三餐正襟危坐，拿着刀叉切切割割，心里常常想着清蒸刀鱼的滋味，可是刀叉之下是难觅清蒸鱼的踪影的，西方人不吃清蒸鱼。如此美味，失之交臂，惜乎惜乎！

（三）干 丝

汪曾祺

南京、镇江、扬州、高邮、淮安都有干丝。发源地我想是扬州。这是淮扬菜系的代表作之一,很多菜谱都著录。但其实这不是“菜”。**干丝不是下饭的，是佐茶的**。

扬州一带人有吃早茶的习惯。人说扬州人“早上皮包水,晚上水包皮”。“水包皮”是洗澡，“皮包水”是喝茶。“扬八属”各县都有许多茶馆。上茶馆不只是喝茶，是要吃包子点心的。这有点像广东的“饮茶”。不过广东的茶楼是由服务员（过去叫“伙计”）推着小车，内置包点，由茶客手指索要，扬州的茶馆是由客人一次点齐，陆续搬上。包点是现做现蒸。总是等一些时候，一般上茶馆的大都要一个干丝。**一边喝茶，吃干丝**，既消磨时间，也调动胃口。

一种特制的豆腐干，较大而方，用薄刃快刀片成薄片，再切为细丝，这便是干丝。讲究一块豆腐干要片十六片，切丝细如马尾，一根不断。**最初似只有烫干丝**。干丝在开水锅中烫后，滗去水；在碗里堆成宝塔状，浇以麻油、好酱油、醋，即可下箸。过去盛干丝的碗是特制的，白地青花，碗足稍高，碗腹较深，敞口，这样拌起干丝来好拌。现在则是一只普通的大碗了。我父亲常带了一包五香花生米，搓去外皮，携青蒜一把，嘱堂倌切寸段，稍烫一烫，与干丝同拌，别有滋味。这大概是他的发明。干丝喷香，茶泡两开正好，吃一箸干丝，喝半杯茶，很美！扬州人喝茶爱喝“双拼”，倾龙井、香片各一包，入壶同泡，殊不足取。总算还好，没有把乌龙茶和龙井掺和在一起。

煮干丝不知起于何时，用小虾米吊汤，投干丝入锅，下火腿丝、鸡丝，煮至入味，即可上桌。不嫌夺味，亦可加冬菇丝。有冬笋的季节，可加冬笋丝。总之烫干丝味要清纯,煮干丝则不妨浓厚。但也不能搁螃蟹、蛤蜊、海蛎子、蛏，那样就是喧宾夺主，吃不出干丝的味了。

北京没有适于切干丝的豆腐干。偶有“大白干”，质地松泡，切丝易断。不得已，以高碑店豆腐片代之，细切如扬州方干一样，但要选片薄而有韧性者。

这道菜已经成了我偶设家宴的保留节目。

美籍华人女作者聂华苓和她的丈夫保罗·安格尔来北京，指名要在我家吃一顿饭，由我亲自做。我给她配了几个菜。几个什么菜，我已经忘了，只记得有一大碗煮干丝。华苓吃得淋漓尽致，最后端起碗来把剩余的汤汁都喝了。华苓是湖北人，年轻时是吃过煮干丝的。但在美国不易吃到。美国有广东馆子、四川馆子、湖南馆子，但淮扬馆子似很少。我做这个菜是有意逗引她的故国乡情！我那道煮干丝自己也感觉不错，是用干贝吊的汤。前已说过，煮干丝不厌浓厚。

（选自《汪曾祺全集》卷五）

（四）中餐与西餐

江 冲

在中国，一提起“燕、鲍、翅、参”，大家马上就会肃然起敬，感受到奉为上宾的体面。而在法国，只要上了黑松露、鹅肝酱，也就显示出主人的用心。至于在俄罗斯品尝鱼子酱，在西班牙见识番红花的神奇功能，也是一地一式的独特表现。综观中西饮食文化，差异不小，中餐重滋味，讲排场；西餐重情调，讲浪漫。在此对中西菜式在选料、烹制、技法、配色、配酒等方面进行比较，体会其不同的奥妙之处。

先来说说选料的差异吧！在选料时，中餐讲究“粗料细做、下脚料精做”，化腐朽为神奇，在动物原料方面基本上是全选。而西餐在选料上较为严格，只取主要原料，下脚料和内脏基本上是不用的。这其中既有经济上的原因，更有文化上的差异。以家禽为例来进行比较，中餐基本上全盘应用，从头至脚一点都不浪费。单就鸭子这一原料来说，中餐能给出五十多道菜式：“卤汁鸭头”、“烩鸭舌”、“五香鸭颈”、“金松鸭蹼”（金陵名菜）、“炒四件”、“炒脆肠”、“火燎鸭心”（京菜）、“鸭肫干”。扬州人更偏爱鸭肠子，“宁叫爹和娘，不失胃和肠”。至于鸭脯、鸭翅、鸭腿更是不在话下，没有一点舍弃。

西餐则明显不同，只用鸭脯和腿肉，其他的部分一律不用。这主要和西方就餐文化有关，西餐用餐一般是只吃进去而不吐出来，以保持餐桌上礼仪的优雅。所以在加工时，西餐原料要进行去骨、去刺处理。吃虾也不用整虾，而是用去头虾或是虾段来烹制。如果面对淮扬菜的“清蒸刀鱼”，老外会表现出巨大的心理压力，更有人连同鱼刺一起吞下而出现麻烦。

和中西餐选料的差异比起来，烹调方法的区别更是可以用“天差地别”来形容了。中餐烹制方法多样，西餐尤重烤、熏、煎等法，在此不再重复，主要来谈谈烹饪的用油。西餐用橄榄油、黄油等来烹制，尤其是意大利菜，可以说没有橄榄油就没有意大利菜。一般的植物油使用的是果实种子，但橄榄油是用果实压榨而成的。橄榄油味道香醇，更难能可贵的是其抗氧化，被认为是促使地中海地区居民长寿的健康用油，为世界各地所接受。其自然风味更适合用于拌沙拉或直接涂抹在面包上。黄油在西餐中多用于"煎"，其烹制的菜肴香味浓郁,如"香煎鹅肝"等。中餐现在也广泛使用沙拉油等精制油，但对于调味油则喜欢用原料熬制，如虾籽酱油、蚝油、蟹油等。至于用猪油烹制的"网油系列"菜肴，也只有在中餐中可以看到。在面点的制作上，西餐重烘烤，中餐多蒸煮。

"秀色可餐"的成语显示出配色的重要性。中餐很注重利用原料的本色来搭配，并通过菜名来表达寓意，如花色冷盘"万紫千红"，就是用各种新鲜蔬菜拼出来的，"翡翠虾仁"等也是利用原料本色的经典菜式。**西餐**更善于利用不同的调味汁来增加色彩，像巧克力色、琥珀色都是调制出来的。中西餐都讲究"菜菜有花，盆盆见景"，但却有本质上的区别，中餐所有上盘的装饰材料都可食用，而西餐有些装饰材料是只能观赏而不能品尝的。

如何配酒也显示出中西餐之间的文化差异。中餐用酒尽管有白酒、黄酒、米酒之分，但大多是一种酒从开始用到结束。而西餐则根据用餐的次序分为餐前酒（开胃酒）、佐餐酒和餐后酒。开胃酒有助于放松心情，缓和气氛，一般用香甜酒类，以香槟为最高级，也可以是葡萄酒，如果是啤酒，就不能喝得太多。其基本原则是白葡萄酒配鱼类，红葡萄酒配肉类。餐后酒主要起到帮助消化、调节宴会气氛的作用，一般有茴香酒、白兰地等。西方酒类牌子很多，中国人一般只了解和熟悉其中一些常见的类型，很难体会到老外对酒的情趣。

无论中餐、西餐，其中展现出来的不同特点都是人们在长期生活中形成的习惯，其中蕴含深刻的文化背景和人文底蕴。啖美食，怀着期待；品美食，静心接受来自烹饪者的信息和关爱，就是美食带来的乐趣吧。

（选入时有删改）

解　读

这里选编了四篇文章，叙述中餐和西餐中渗透的不同文化背景。

《吃西餐》写中国人对西餐礼仪的了解：比如，左手持叉、右手执刀；喝汤的时候，椅子往桌边靠，盘子往身边拉，即使有汤滴下来，也滴在自己的盘子里；吃冰激凌要有足够的耐心……文章从几件吃西餐的事情中充分表现出了西方人用餐的特点，他们从容、克制、不急不躁，体现了对自己也是对他人的尊重。

《吸刀鱼》写一位渔民用独特的方法请“我”品尝美味刀鱼的故事。刀鱼的味道是极其鲜美的，说起刀鱼大多数吃过的人都会馋涎欲滴。但是，几乎所有的西方人都不敢吃刀鱼，因为他们面对刀鱼无数的锋芒毕露的鱼刺有巨大的心理压力。老渔民请“我”用一根吸管吃“清蒸刀鱼”，让“我”感觉到了中国人舒舒坦坦享受美食的自由。

干丝，淮扬菜系的代表作之一，也是中餐里的佳肴。这道菜虽然食材普通，烹调简易，但是刀工精致，一块豆腐干片出十六片，再切成马尾细丝，绝非一般厨师能做到。汪曾祺是美食家，而且能亲自下厨，所以他写的《干丝》要比他的大学老师朱自清先生介绍扬州干丝,内容更为丰富。

文章的内容多了，写的时候就要精心安排什么先写，什么后写；还要思考后一部分怎么和前一部分连接起来。《干丝》第一自然段从它的发源说起，指出它在扬州不是菜，是佐茶的。由“佐茶”引出第二自然段写扬州茶馆，茶客一般都会要一个干丝佐茶。第三自然段就写扬州茶馆怎么做烫干丝的。“最初似只有烫干丝”是作者留的伏笔。第四自然段就用“煮干丝不知起于何时”起笔，承接上文，介绍煮干丝需吊汤，区别于烫干丝。从本自然段开始，文章用三个自然段侧重介绍煮干丝。第五自然段从扬州回到北京，写作者客居北方时怎么选用煮干丝的食材。“这道菜已经成了我偶设家宴的保留节目”，是为下文过渡用的句子。文章最后一个自然段，写作者用煮干丝来款待海外朋友。朋友竟然“端起碗来把剩余的汤汁都喝了”，勾起了海外游子的故国乡情。结尾落在煮干丝的特色口味上。

全文六个自然段，每个自然段之间联系得非常紧密，过渡句用得十分贴切。（见文中标黑的句子。）

《中餐与西餐》，是一篇比较中西餐不同特点的文章。作者从中西菜式在选料、烹制、技法、配色、配酒等方面进行比较，体会其不同的奥妙之处。文章内容比较多，分成好几个方面，但是读起来倒是不会乱，因为作者很巧妙地运用了过渡和承接的语言，将几部分的内容连接起来，使得比较的几个方面前后呼应，融为一体，增强了文章的完整性。

文章结尾作者总结性地告诉读者：中餐、西餐中展现出来的不同特点都是人们在长期生活中形成的习惯，其中蕴含深刻的文化背景和人文底蕴。啖美食，怀着期待；品美食，静心接受来自烹饪者的信息和关爱，就是美食带来的乐趣吧。

这四篇文章内容不一样，前面三篇都是通过记一两件事来介绍中菜、西菜各自的特点，其中也包括就餐习惯、餐桌礼仪等内容。这些文章，其实是在介绍宣传饮食文化。饮食文化中有值得发扬的文明精神，也有要改正的陋习，我们拿起笔来写点与饮食文化有关的文章，也是为宣传精神文明出一份力。最后那篇文章的作者是对中西餐做过研究的，有很丰富的生活素材的积累。我们现在还写不了这样的文章，但是，我们阅读了这篇文章会吸收许多新知识，能帮助我们写宣传饮食文化的小文章。

第6课　中餐与西餐　■ 105

思考与练习一

1. 读完上面的文章，说一说：吃西餐、吃中餐在就餐的基本礼仪上有哪些不一样？

2. 你知道在上海的餐馆里请人吃饭，为什么上的第一道菜常常是虾仁吗？

3. 你有没有发现我国有的省市的人用餐先喝汤，而有的省市的人后喝汤？

思考与练习二

请再读一读《中餐与西餐》，注意标黑的句子，体会这些句子对段与段衔接所起的过渡、承接作用。

思考与练习三

读下面两篇短文，再学点中餐和西餐的礼仪知识。

（一）汉族传统的宴饮礼仪

作为汉族传统的宴饮礼仪，一般的程序是，主人折柬相邀，到期迎客于门外；客至，互致问候，延入客厅小坐，敬以茶点；导客入席，以左为上，是为首席。席中座次，以左为首座，相对者为二座，首座之下为三座，二座之下为四座。客人坐定，由主人敬酒让菜，客人以礼相谢。宴毕，导客入客厅小坐，上茶，直至辞别。席间斟酒上菜，也有一定的规程。现代的标准规程是：斟酒由宾客右侧进行，先主宾，后主人；先女宾，后男宾。酒斟八分，不得过满。

上菜先冷后热，热菜应从主宾对面席位的左侧上；上单份菜或配菜、席点和小吃先宾后主；上全鸡、全鸭、全鱼等整形菜，不能把头或尾朝向正主位。

（二）西餐的桌上礼节

西餐的桌上礼节特别多，如你想当个令人愉悦的客人，餐桌礼节将是你必修的课程，下面是西餐餐桌基本礼节。

入座。女士尚未入座时，男士不可先入座。无论男士、女士都要养成由左入座的习惯。

席间起立。主人介绍宾客，介绍女士，女士可以不起立。但是，介绍男士时，这位男士则要起立。如有女士或德高望重人士席间到场，在场的男士要起立，女士则看情形而定。

举止行为。打喷嚏要赶快用餐巾挡一挡，并说声“对不起”。如要擤鼻涕，应用自己的手帕或纸巾，轻轻擤下，可别像奏乐似的要所有的人都“欣赏”你，擤过鼻涕的纸巾不能放在桌上。打嗝也应向近旁的宾客说声“对不起”。万一咳嗽或有人被呛到，在场的其他人要若无其事，免于当事者尴尬。

喝酒的礼节。喝酒不过量。不劝酒，更不可闹酒。开席时，主人可举杯祝酒。

西餐上菜顺序。一般是遵照开胃酒、汤、主食、沙拉、甜食的顺序。

习作例文

（一）许家特色美食——朝鲜米肠

施承奕

我们班级开展了“家庭美食料理大比拼”的活动，第一位走上擂台的是许殷龙同学。

许殷龙是朝鲜族人，介绍的是具有他们民族特色的美食。小许给我们带来了他们的特色菜——泡菜、紫菜卷饭、米肠。米肠这样的小吃我从来没见过，当然要特别说一说品尝后的感受喽！

米肠是小许家过年才做的美食，虽然外貌不咋地，但是小小的外形下却包含着大大的技术含量，真可谓“物不可貌相”啊！小许给了我们一人一块，多余的放在了哈老师那里。有些同学舍不得吃，而有些同学却已经开始“慢慢”地品尝了起来。

我也尝了一块，黑色的猪肠包裹着浅咖啡色的糯米。尝了一口，糯米又糯又软，吃到嘴里，糯米很有弹性，而且淡淡中有一点点咸，让人情不自禁地想要咬第二口。而且越吃越好吃，越吃越想吃。我迅速地“消灭”了第一块，又问哈老师要了第二块，吃完了第二块，刚想再问哈老师要第三块，却看见碗里的二十多段米肠已经全被大家吃光了。

仅仅几秒钟，班里就发出一阵阵的感叹——“好吃！好吃！真是太好吃了！”哈老师也拿了一块品尝，“不错！不错！”听这语气，哈老师肯定也蛮喜欢的！小许见大家吃了个精光，可开心了！

我们汉族人过年也吃糯米食品，像八宝饭、猪油糖年糕、黑洋酥汤团，不过大都是甜品。朝鲜族的特色美食我们可是第一次尝到呢，第一次尝就给我们留下了好印象，能不开心吗？哈老师还拿出手机拍照，把小许制作米肠的介绍录下来，以后可以回家自己做了！大家吃得乐滋滋的，可开心了！很多同学吃完了还问哈老师要了第二块、第三块，看来他们对米肠很感兴趣啊！

这时，哈老师又爆出了一条惊人的消息——明天吃“李家秘制叉烧”！“哦，哦，哦！太棒了，太棒了！明天又有美味吃了！”我们发出一阵阵欢呼。

明天的广式秘制叉烧又会给我们带来怎样的惊喜呢？想知道具体内容，请关注我的后续报道哦！

（二）朝鲜族的特色小食

许般龙

韩国的电视剧中经常出现泡菜、烤肉，在上海也有许多韩国风味的美食，比如韩国烤肉、韩国年糕、韩国料理等。我是朝鲜族人，我对那里的饮食比较了解，妈妈还经常下厨为我们做具有民族特色的美食。今天我就来为大家露一手。

泡菜的制作

准备：大号缸盆、大白菜、盐、泡菜酱料（泡菜酱料有辣椒酱、白萝卜丝和黄瓜丝）。

制作方法：

1. 把白菜洗干净，沥干水，不要切。
2. 把白菜放进缸盆，每放一瓣白菜叶就撒上一些盐。最后撒上泡菜酱料。
3. 腌制两天后就能吃了。吃的时候切成块状。

紫菜卷饭

这道小食是我们朝鲜族家庭经常做的。

准备：方形紫菜、煮熟的米饭、芝麻油、胡萝卜、黄瓜、香肠、鸡蛋卷、腌萝卜、绿叶菜。

制作方法：

1. 将胡萝卜、黄瓜、香肠、鸡蛋卷、腌萝卜、绿叶菜切成小块状。
2. 把饭放到紫菜上，均匀地铺平。在饭上涂上芝麻油，再把各种食料铺在饭上，最后卷成圆柱形。切成一片片就能吃了。

米 肠

制作方法：

1. 把猪肠用凉水洗净，用啤酒浸泡 2~3 小时，然后洗干净并晾干。

2. 浸泡糯米。在新鲜的猪血里放入盐、酱油、干香菜粉、味精、白胡椒粉。

3. 把糯米和猪血搅拌在一起，直到不见猪血块为止。

4. 将猪肠的一头用绳子扎牢，把糯米灌入肠子里，塞得紧一些，塞满后用绳子扎住开口。

5. 放在锅里蒸熟，冷了以后切成一段一段就能吃了。

解 读

许殷龙写的朝鲜族特色菜食谱十分诱人。如果想吃，依照食谱提示的内容，一步一步照着做是有希望做出来的。

施承奕是吃了许殷龙做的朝鲜米肠后写的感想。文章开头是交代背景：班级开展“家庭美食料理大比拼”的活动，朝鲜族的许殷龙第一个亮相，他做的是民族特色菜。接着，文章围绕“米肠”来写，它外貌一般，但好吃。第一次品尝的人都吃得停不下来。写完“品尝”，文章转到写感想，顺势拿汉族糯米食品与之比较，凸显一种新鲜感。末尾，哈老师爆料明天比拼的内容，照应文章的开头。全文各个自然段之间联系得非常紧密，过渡句使用得好，全文读来十分顺畅。

思考与练习四

1. 读例文《许家特色美食——朝鲜米肠》，想一想：文章有八个自然段，各写了什么内容？

2. 文章的内容是怎样连贯过渡的？把那些起过渡作用的句子圈画出来。

习作提示

在你动笔写作之前，请先阅读下列提示。

1. 可以围绕“一次用餐”来写，简单介绍你所了解的中餐或西餐的特点，最好有点比较的叙述。

2. 适当融入自己就餐的感受，联系中西方的饮食文化来写。

3. 如果你要写某一样中餐或西餐的制作方法，也是可以的。

4. 写好段与段之间内容上的过渡句，写好文章的结尾。

习作任务

结合自己的生活经历以及了解的饮食文化资料，写一篇介绍中餐或西餐的文章。可以使用比较的形式写，段与段之间要过渡好，写好结尾。当堂完成草稿。

习作评价

读一读自己的草稿，根据以下提示进行自我评价。

1. 是否写出了中餐或西餐（中菜或西菜）的特点？

2. 是否使用了比较的写法？

3. 是否注意到了段与段之间的过渡，做到了内容连贯、语句通顺？

4. 文章是否有好的结尾？

习作修改

1. 再次阅读自己的草稿，边读边检查、修改。

2. 将自己的作文读给小伙伴听，让他们提出意见。

3. 与同伴结对，相互修改。

4. 在习作本上认真誊写作文。

110 ■ 小学生写作学本 四年级

（二）样例解读

1. 总析

这是一篇四年级第二学期的指导性写作教材。在本套教材的诸多话题中，生活性话题占有一定比例。本课《中餐与西餐》即是一例。

生活性话题源于生活，具有真实性、现实性。让学生接触这类话题，尝试着表达这类话题，使他们切身感受到生活中离不开表达，表达必须反映生活，这是从写作本源的层面激发他们的写作动力，培养他们正确的写作意识以及表达生活的实际能力。这对他们最终形成较高的基于生活的写作水平和写作素养，具有十分重要的意义。

《中餐与西餐》谈的是饮食文化。饮食，是每个人都离不开的生活必需。本课为学生展示的有关饮食种类、选材、烹饪、礼仪的介绍，会极大地丰富学生对饮食的认识，不仅获得知识的增长，而且受到文化的熏陶。这种极富真实性的学习会让学生们兴趣盎然。此外，还设置了多种实践环节，具有很强的活动性。特别是"用餐经历"（亲历后描述）和"介绍菜肴制作过程"（操练后撰写），把表达训练与生活实际完全融合在了一起，学生的表达成果成为生活的组成部分，使学生在完成写作任务的过程中体验了生活，并提升了生活品位。这种"活动—表达""体验生活—表达生活"的过程，对学生的言语能力训练和思维能力训练都是很有效果的。

本次的表达练习提供了两种可供选择的角度：用餐经历，或是制作过程。这两种文章，按文体分，一是叙事文，一是说明文；从言语功能分，前者属于"叙事功能"，后者属于"与人交流功能"。我们在整套教材的设计中，注意多种言语功能类别文章的合理配置。我们以为，对小学生而言，在"自我表达""与人交流""叙事""论证"四种功能类别中，前三种表达是主要的。与过往的作文教学相比，我们适当加强了"自我表达"（如"成长记录册"）和"交流表达"（如"宣传劝诫"）的力度。

2. 阅读、思考与练习分析

本课的"作前阅读"共编入四篇文章。

这几篇文章围绕"中餐与西餐"的话题，选择不同的角度与内容进行介绍，汇总成一组诱人舌尖的中西方饮食文化图。"解读"中对各文的内容、思路、特点做了点评。这几篇文章的文体表述分两大类。第一篇通过"我"吃西餐的几桩事例道出了吃西餐的礼仪。第二、第三篇都写中餐，第二篇实实在在写了"我"吸刀鱼的过程，第三篇介绍"扬州干丝"这道菜。前者用叙事的方法，后者用说明的方法（虽然文中有叙事内容，但主要是介绍说明）。第四篇对中餐与西餐的方方面面进行了比较，过渡严谨，最后有小结，是比较典型的说明文。

本课的“学习目标”要求理解文中段与段之间的过渡。在第三和第四篇文章中，这一特点比较明显，“解读”中做了详细说明。“思考与练习二”中专门设题，让学生再读课文，体会过渡句的作用。回答这些问题，除了读文章，也许还要去问一问父母，去瞧一瞧饮食店、西餐厅，也许还想亲口尝一尝。

为了强调饮食的文明礼仪，本课破例增加两篇有关文章。这样本课的作前阅读文章就高达六篇。这两篇文章文字凝练，有些语句还带有文言色彩，宜细细阅读，慢慢品味，逐句弄懂。结合生活中所见的场景或亲身的经历，可加深领会。

3. 语言文字学习分析

本课的“习作例文”编排两篇文章。

细读这两篇例文可以发现，两文有内在联系：例文（一），施同学在描述班级开展的“家庭美食料理大比拼”的活动时，重点是写自己和全班同学怎样品尝许同学做的米肠；例文（二），许同学写的是泡菜、紫菜卷饭及米肠的制作方法。同学们津津有味品尝的，正是许同学精心制作的美食。

这给了我们这样的启示：生活中的一次活动，可以从不同的角度进行表达；一个侧面一样文章，多个侧面多样文章，其中往往有不同文体的呈现。根据活动的具体情况，可以进行组合训练，以此丰富学生的思维，体现不同文体的作用及其组合起来的综合效果。上述例文（一）生动形象的描写，与例文（二）平实准确的说明，两者组合在一起，可以看到学生进行美食料理大比拼的过程，学生在叙事与说明方面都得到了训练。

“习作提示”列了两个方面，学生可以选择其一进行写作。学有余力、有兴趣的同学可以参考例文（一）（二），从两个角度，写两篇文体不同、意思相关的文章。为了完成好这次习作任务，提倡写作前实际体验一下。

本课的话题是“中餐与西餐”，对学生写作的具体内容、文体表达没有统一规定，由学生自行选择，自行命题。本套教材中高年级的“习作任务”都是这样，只列话题，不列具体命题。我们的做法是：引导学生看清话题，在话题的范围之内选择作文题；看清本课的“学习目标”和“习作任务”中提出的具体要求，在达标的前提下自由发挥。

五、五年级写作学本编写样例及解读：《世界之窗》

（一）编写样例

第4课　世界之窗

学习目标

1. 通过图片和资料，了解世界各地的风俗人情。

2. 观察图片，查找资料，用铺叙的方法介绍国外的一个人、一样物品、一个地方或一件事情，突出特点。

作前阅读

（一）长　城

远看长城，像一条巨大的长龙，在崇山峻岭之间蜿蜒盘旋，飞腾起伏于连绵的群山，跨越漫漫的戈壁草原，从东头的山海关到西头的嘉峪关，绵延不绝，长达6000多公里。据说，飞往月球的宇航员拍摄的地球照片上，能清楚地看到我国的长城。

从北京出发，不过几十公里就来到长城脚下。这一段长城修筑在八达岭上，高大坚固，是用巨大的条石和城砖筑成的。墙身是城墙的主要部分，平均高度为7.8米，有些地段高达14米。山岗陡峭的地方构筑得比较低，平坦的地方构筑得比较高；险要的地方比较高，一般的地方比较低；城墙内部比较低，外部比较高。城墙顶上铺着三四层砖，面上一层是方砖，铺得十分平整，再用石灰砌缝，使得野草难以生根滋长。墙顶宽约4.5米，像很宽的马路，五六匹马可以并行。城墙外沿有两米多高的成排的垛子，垛子上有方形的瞭望口和射口，供瞭望和射击用。城墙顶上，每隔三百多米就有一座方形的城台，是屯兵的堡垒。打仗的时候，城台之间可以互相呼应。

八达岭长城是明长城中最具代表

性的一段，史称天下九塞之一，地势险要，历来是兵家必争之地，是重要的军事关隘和首都北京的屏障，易守难攻，扼守此地，可谓“一夫当关，万夫莫开”。登上八达岭长城，居高临下，尽览巍巍群山的壮美景色，还可以清楚地看到长城的结构，它总是外侧高险，有的地方下临绝壁。“因地形，用险制塞”，是修筑长城的一条重要经验，在当时的军事条件下，要想循着险峻的山势攀到城下，无依无傍地仰攻、破城，几乎是不可能的事。长城是中华民族坚不可摧的象征。站在长城上，踏着脚下方砖，扶着城墙的条石，很自然地想起古代修筑长城的劳动人民。从春秋战国开始建筑，到明朝为止，2700 多年间，历朝历代几乎都对它进行过修造、加固、翻新、增建。上下两千年，纵横十万里，这数不清的条石，每一块都有两三千斤重，那时没有火车、汽车，没有起重机，单靠着无数的肩膀无数的手，把这些巨石一步一步地抬上这陡峭的山岭。多少劳动人民的血汗和智慧，才凝结成这前不见头、后不见尾的万里长城。

这样气魄宏伟的工程，在世界历史上是一个伟大的奇迹。

（选自人教版小学实验教材《语文》）

（二）小木屋

在日本，见得最多的建筑是小木屋。

从东京到横滨，从大阪到京都，从神户到奈良，沿途极目望去，都是一排排小木屋。走进横滨或京都的住宅区，随时都会像春风迷失在巷子里一样，迷失在一大片小木屋的尽头。

日本人家的风景，经常是，小小的院落，围着小小的栅栏；小小的栅栏里，放着几只小小的花盆；小小的花盆里，开着几朵小小的鲜花；小小的鲜花旁，立着一尊精巧的石灯笼。院里地上铺着平整的石板石条、干净的石块石子。绕墙几株袖珍的松树，修理得干干净净，像新剃的头。门边檐间翠竹挺立，三竿两竿的竹，一枝半枝的花，错落之中，红绿相间。而这所有的景致，都是围绕一座小木屋展开的。

日本人以木为美、以朴素为美、以自然为美，木造文化，是日本文化的本质。小木屋即是传统美学、木造文化的象征。小木屋简单，小巧，精致，木架草顶是传统形式，地板架空，出檐深远，以木板为主要材料，柱梁壁板几乎都不施油漆。室内木地板上铺一层草席，汉语称为“榻榻米”，一家人坐卧起居都在上面。古代日本风俗，一屋只住一代，下一代另建新屋居住，因此，屋子都很小，两三间，最多两层。木质轻巧，若有地震，还大大减轻了房屋倒塌对人体的伤害。

走近小木屋，你会发现，家家户户的庭院，往往不是铁铸的门，而是用木头或竹子编的，那就是柴门。小木屋与柴门最匹配，柴门永远守住小木屋，拒绝与水泥、钢铁合作。在风雨面前，水泥老化，铁会生锈，因为风雨把它们视为敌人，摧残它们的时候，一点都不留情，拼命地摇撼，使劲地敲打。但是，柴门不同。柴门是风雨的朋友，柴门甚至可以像留住朋友一样地留住风雨，可以让风雨在门隙里穿来穿去地做游戏。

我喜欢一个人走在小木屋巷子的深处。一个人行走时，四周很安静，可以随意、从容、一点也不拘束地从一家一家门前走过，柴门花树，赏心悦目。

我特别喜欢春天的时候，穿过春风、花树和小木屋，去拜访朋友。长长的巷子，有时山重水复，深不见底，有时没有路，又柳暗花明地绕回到原来的地方。虽然我认识路，也知道门牌号码，但家家户户，巷子很相似，柴门很相似，因此，我常常会在相似的柴门、相似的春风、相似的花树前迷失方向。这种时候，很容易敲错门。

即使找不到朋友也没关系，因为走进小木屋的巷子，就像走进春天的童话。

下一条巷子，是什么路？巷子外面是怎样的世界？还会遇到怎样漂亮精致的日式小木屋？有木屋的巷子常常令人期待。

（选自人教版小学实验教材《语文》）

（三）在幼儿园门前

这是一个看起来很普通的场景，但这张照片却是20世纪的经典摄影佳作。

分别的时刻到了。父亲和儿子来到幼儿园大门口，是该说“再见”的时候了。1931年，《苏黎世图片》杂志的摄影记者汉斯·斯托布拍下了这个镜头，留下了这个温馨的瞬间。

天气很冷，照片上，父亲和儿子都戴着帽子，穿着厚厚的大衣。父子俩是一直从家里走到幼儿园门口的，因为从照片上看，父亲骑的是一辆老式的大号自行车，没有可以带人的车后座。在这样一个冬天的早晨，父亲慢慢地推着自行车，配合着儿子的脚步，一路慢慢地走过来。因为天气很冷，小男孩就一直把两只小手插在大衣的口袋里，一路蹦蹦跳跳，轻松快活地和父亲说说笑笑。

父子俩聊得正欢，不知不觉，幼儿园到了，该说再见了。远处的景物模模糊糊，摄影师虚化了周围的环境，但可以猜想，幼儿园就在几步之遥的前方。于是，高大的父亲弯下腰，一边拉着自行车，一边深深地亲吻可爱的儿子。虽然，我们只看见父子俩的侧面，但仍能深切地感受到浓浓的亲情。父子情深，黑白照片中，父子俩一大一小两个侧影占据了大部分画面，也留下了世界摄影史上一个永恒的回忆。谁都有过父母陪伴着去幼儿园的时刻，多少年来，很多看到这张照片的人都说，这张摄于冬天的照片，却让人感觉非常温暖。

解　读

图配文，是一种图文结合、互相补充的表达方式。图配文的形式很多，漫画、连环画，都是以图配文，中国画也是。国画上常题有诗词字句，这些文字就是画的灵魂，使画生色不少。丰子恺先生的漫画，被称为沟通文学与绘画的一座桥梁，简洁的画面上，寥寥数字，短短几句，却立刻能画龙点睛。

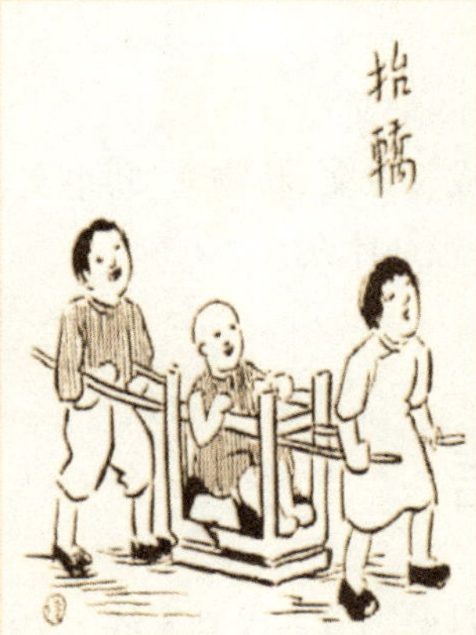

自从1826年第一台照相机问世以来，照片为我们留下了生活中的许多精彩瞬间，新闻报道、广告宣传、纪念分享……现代社会越来越离不开图文结合的表达方式了。“作前阅读”的三篇文章都是以详细叙述的方式，介绍图片所包含的内容、信息以及所要传递的情感。

第一篇文章《长城》，详细介绍了图中的万里长城。依照从大到小、由远及近的顺序，具体介绍，并用列数字、打比方、作比较等方法介绍了长城的墙身、墙顶、墙垛、城台。长城是中华民族的伟大象征，作者又充满感情地介绍了长城的历史地位，联想到我国古代劳动人民的勤劳与智慧。

第二篇文章《小木屋》，作者用充满诗意的文字，描绘了日式小木屋的自然之美。先总写小木屋在日本最常见，再详尽地介绍了院落之美、木屋之美、柴门之美和小巷之美，使人宛若身临其境，大饱眼福。全文意境优美，情景交融，作者通过细致的观察与描写，将对小木屋的喜爱之情，不留痕迹地融在景物的描写之中，细细读来，就如同正在欣赏一幅色彩鲜明、风格浓郁的日本浮世绘版画。

第三篇文章《在幼儿园门前》，记录了西方人生活中的一件小事。文章详细描绘了一幅国外经典老照片中的人、物、景，父子俩的身材、衣着、动作，甚至连自行车的款式，都一一精细描述，并通过对画面的细致描写，渲染着一种父子情深的温暖意境，引起了读者的共鸣。

大千世界，处处精彩。这三份图配文材料，分别从人、物、景、事，古、今、中、外等不同的角度去取材，并运用铺叙的方法，使文章紧紧围绕图片展开。

思考与练习一

1. 想一想，生活中还有哪些地方用到了图配文？

2. 根据图画内容，所配文章可以分别写成写景文、状物文、写事文、写人文。以上三篇文章各是什么文？每一篇的中心思想是什么？

思考与练习二

一年以后

这个漫画故事，名为《一年以后》，选自德国著名漫画家埃·奥·卜劳恩的漫画集《父与子》。卜劳恩的作品风格鲜明，简洁、幽默，充满生活情趣。《父与子》取材于父子之间的生活趣事，秃头的大胡子爸爸，慈祥、和蔼，笑料十足，像个老小孩；留着刺猬头的淘气儿子，调皮、可爱，却囧事连连，让人忍俊不禁。父与子的故事常把读者逗得哈哈大笑，又给人留下深刻的印象。

尽管卜劳恩的漫画中没有一个字，但却很容易读懂，画面里包含着丰富的意义，表达着画家的思想，让读者回味无穷。请试着根据漫画作品了解这位漫画家，并为上面这组漫画写一段介绍文字。

习作例文

一杯啤酒见德国

瓷器使人想到中国，樱花使人想到日本，牛仔使人想到美国，一杯啤酒让人想到的是德国。德国人酷爱喝啤酒，德国是世界上啤酒消耗量最大的国家。

一杯新鲜纯正的德国啤酒，颜色自然纯净，泡沫洁白、细腻、蓬松、持久，可以高出酒杯形成皇冠般的凸起，这层诱人的泡沫被称为“高贵的啤酒皇冠”。泡沫皇冠，不仅造型美妙，还能隔绝氧气，保持啤酒良好的口味。泡沫破碎时，还会产生一些奇妙的香气。先是淡淡的花草香，这源于精纯足量的啤酒花。然后是浓郁的麦香，这源于高比例的原麦汁和真材实料。当泡沫逐渐退去时，会在杯壁留下一圈圈白色的痕迹，称为“比利时花边”。这些美的享受，对热爱啤酒的人来说，极具魅力。赶快喝一口吧！醇厚，甘爽，入喉顺滑，带着一点点苦味，回味却是甜甜的。麦香浓浓的是黄啤酒，带着花草香的是皮尔森啤酒，强调烘焙味道的

一定是黑啤酒，还有带着果香的小麦白，复合多层香气的小麦黑……啊，德国啤酒的口感竟是如此丰富！一口气喝光它，再来一杯！

德国靠近欧洲北部，寒冷的气候限制了葡萄种植，虽然不能像南欧的法国、意大利遍植葡萄园，大量酿制葡萄酒，但却盛产啤酒花，因此，啤酒顺理成章成了“国酒”，啤酒的历史几乎和国家历史一样悠久。啤酒的魅力是巨大的，世界上也难再找到比德国人更热爱啤酒的民族了！德国境内共有1300家啤酒厂，生产的啤酒多达5000多种，酒馆、酒屋、酒店更是多如牛毛。小小一座慕尼黑城，整日座无虚席的啤酒馆就有3000多个。

啤酒，伴随着德国人从古代走到现在，并一直渗透在德国文化中，成为它的一部分。从一杯小小的啤酒中，还可以看见很多东西。

“德国制造”在世界上享有盛誉，高精尖产品最为出名，宝马、奔驰、保时捷等顶级汽车都出在德国。德国人也为本国啤酒的品质而深感自豪。1516年，巴伐利亚公爵威廉四世为了保持啤酒的精纯，编纂了一部严苛的法典——《纯正啤酒法》，明确规定只能用大麦、水、啤酒花及酵母这四种原料生产啤酒，其他成分一律禁止使用。对于今天的德国啤酒厂来说，不使用添加剂、坚持啤酒法的纯度标准也是无可争议的，这样的坚持不仅仅是法律的问题，更多的是基于德国人追求品质的高尚价值观。所以，任何一杯德国啤酒，都由法律、道德捍卫着它的巅峰品质，纯粹而又健康。

平日，德国人给人的印象是工作认真，态度严肃，但似乎缺乏幽默和热情。然而，在啤酒节上，人们会惊异地发现德国人竟如此奔放，狂饮豪饮，热情似火。一年一度的慕尼黑啤酒节为期两周，每年都吸引超过600万名观光客，要喝掉足足600万升的啤酒。600万人挤在一个个巨大的临时帐篷里，坐在传统的长板凳上及长木桌前，享受着举世闻名的德国啤酒和烤香肠。啤酒节上，德国人还发明了一种极具特色的“啤酒文化自行车”。这种自行车小的有7个座位，大的有16个座位，座位围着一张大桌子，每个人都有脚蹬子，一人负责掌舵。自行车上方还有一把大遮阳伞。人们可以一边蹬车

看风景，一边喝啤酒，一举两得两不误。没想到平时一板一眼的德国人，为了解决喝酒问题，竟还有如此热情浪漫的一面。

对于德国人来说，啤酒就如同汽车和足球，早已成为生命里的一部分，没有什么能够代替啤酒：啤酒是平民的饮品，什么都可以贵，啤酒不能贵；什么都可以变，啤酒不能变。

（选自《新民晚报》，2011 年 10 月 30 日，有改动）

解 读

要介绍国外的风土人情，这个题目很大，内容会很多，对小学生来说有一定的难度，所以选定一个内容、找准一个切入点非常重要。

啤酒是德国文化的代表，例文紧紧围绕图中的啤酒展开叙述，详细介绍了德国啤酒的色、香、味，以及与啤酒相关的国情，包括历史、地理、法律、饮食文化、国民性格等，既有图片内容的直接描写，也有图片之外相关内容的记叙。这一杯泡沫丰富的德国啤酒，犹如为我们打开了一扇世界之窗，让我们对德国的一个小侧面有了一点比较具体的认识。一杯小小的啤酒，折射出一个精彩的德国侧面，让我们看见了很多东西。

例文逐一介绍了德国啤酒发展的史地背景、制作工艺、节庆文化等，并描写了德国人一边坚持严谨的工作风格，一边享受啤酒带来的放松与快乐的生活状态。德国人对啤酒的喜爱这一鲜明特点贯穿全文始终。

铺叙，是写作中常用的手法，即充分展开叙述，尽可能详细地描写事物。在文章的第二小节中，作者采用铺叙的写作方法，非常具体地描写了一杯德国啤酒所带来的美妙感受，不放过图片中的任何一个细节，对啤酒的颜色、泡沫、香气、口味、品种等方面进行深入细致的描写，描写得越详细，传递的信息就越多，对德国啤酒的解读就越深，读者也就能更多地了解这张图片所表达的含义。

思考与练习三

1. 读例文，想一想，一杯德国啤酒给你留下了哪些印象？
2. 通过德国啤酒，你对德国有了哪些了解？
3. 在介绍德国啤酒时，文章主要采用了什么写作方法？

思考与练习四

各国标志性风物连线

美国	咖啡
法国	风车
比利时	自由女神像
荷兰	小艇
瑞士	大象
意大利	泡菜
日本	华尔街
澳大利亚	钟表
泰国	桑巴舞
韩国	咖喱
印度	袋鼠
巴西	比萨饼
约旦	寿司
	香榭丽舍大街
	小于连像
	香水
	死海
	瑜伽
	富士山

习作任务

为一幅图配文，介绍国外的一个人、一样物品、一个地方或一件事情。题目自拟。

要求：用铺叙的方法作介绍，突出特点。

习作提示

在你动笔写作之前，请先阅读下列提示：

四年级，我们学过《中国的题字与配文》，了解到中国画可以和书法、印章融为一体；我们学习为中国画、漫画配诗句配短文，所写的文章大多限于画面内容，是对画的说明、描绘等。

本次所写“图配文”，“图”的内容是国外的人、事、景、物。对“文”的要求提高了：由于内容大大扩展，需要我们有更广阔的观察、阅读视角，较丰富的相关知识；从文体上说，要根据图的内容，分别写成写景文、状物文、写事文、写人文；从表达要求看，要用铺叙的方法，对画面内容作详尽描写，还要引申开来，多方面地介绍有关情况（如“德国啤酒”的描写），最终形成一篇图文相配，中心明确，特点突出，有较丰富人文内涵的文章。

具体来说，请做好下列几步：

1. 选定一幅图片，并收集相关材料；将图片贴在你文章的开头，图片内容作为介绍的切入口。

2. 抓住介绍物（事）的特点，用铺叙的方法，详细描写图片上的内容。

3. 归纳有关材料，从图片内容中拓展开来，运用相关知识，介绍更多内容。

习作评价

读一读自己的草稿，根据以下提示进行自我评价。

1. 是否选择了国外的一个人、一样物品、一个地方或一件事情，作为写作内容？

2. 选定的图片是否代表着所介绍内容的某个显著特色？

3. 是否详细描写了图片上显示的内容？

习作修改

1. 再次阅读自己的文章，边读边检查并修改。

2. 将自己的文章读给小伙伴听，听听他们的想法。

3. 与学习伙伴结对，互相修改文章。

4. 在作文本上誊清文章。

表达词典

怎样绘景

景物描写的范围比较广泛，包括自然景物和社会人文景物两大方面。自然景物如日月星辰、山河大地，社会人文景物如历史遗迹、生活与活动场所、有意义的纪念地等。各种景地特色各异，怎样才能写好绘景文呢？

以下，分两部分作简要介绍。第一部分，把景地看作一个“地方”，说说怎样“客观”地描写它。第二部分，把景地看作“游览地”“参观地”，人的活动介入其中，说说怎样“情景结合”地描写它。

一、作为一个“地方”，怎样描绘？

1. 仔细观察。

要仔细地全面地观察这个“地方”，看总貌，看局部，看特点。注意观察的立足点及其合理移动，注意观察的有序性，必要时运用多角度、多感官观察法。观察有成效，就打下了绘景文的内容基础。

对景物的观察，要特别留心抓住重点或特点。例如观察黄山，多以温泉、云海、奇石、怪松为重点。观察同一个公园，春季可望樱花林，夏季可寻荷花池。描写维也纳，自然要突出它“音乐之都”的地位。

观景，往往是静态为主，但也要学会在静态中捕捉动态。景物一“活”，文章就灵动起来。《校园里的荷花池》就有这样的描写：“快下雨的时候，池里的鱼儿就像跳水健将在比赛，一个比一个蹦得高。哗哗的大雨过后，往往会新绽开好几朵娇艳的荷花，有淡淡鹅黄的，有嫩嫩红粉的，有亮亮雪白的……引来几只优雅的蜻蜓忽而在这里点个水，忽而在那里落个脚。”

2. 查找资料。

有些“地方”，我们不能亲历，需要借助有关资料。即使是可以亲自到达的地方，也可以通过查资料，深入了解它的地理位置、基本情况等，对有些景观，还要查查它们的“历史”。查找有关资料，不仅能丰富写作内容，还可以帮助我们认识和选择写作材料。例如通过查资料，了解到黄山有哪些景观，最有名的是哪四大奇观，那么在游历黄山时、写作时就会把这四大奇观（或选择其中一两个）作为观察、写作的重点。

3. 具体描述。

有了对这个“地方”的认识与了解，就要具体描绘了。“真实”是基础，是描绘的基本要求。《探访海明威故居》这样描写海明威的故居：“这幢三层小楼是西班牙式建筑，外表并不美观。我们攀援了狭窄的扶梯登上顶层，顶层是海明威的书房兼写作室，里面放着一张书桌、一把椅子、一排书柜，还有一幅海明威拿着猎枪的画像。从书桌的上方窗口望出去，视野很开阔，几乎可以眺望大半个哈瓦那市的景色，也许瞭望田庄就此而得名。”并不美观的建筑，并不奢华的书房，作者用平实的语言介绍伟人故居，让读者感受到文学名匠的真实生活，更加敬佩他对文学的贡献。

真实的描述，并不排斥运用一定的表现手法，把句子写得生动形象。根据景地的不同，作者的风格，绘景的语言可以是平实、朴素的，也可以是优美、活泼的。《小木屋》中这样描写日本人家的风景：“小小的院落，围着小小的栅栏；小小的栅栏里，放着几只小小的花盆；小小的花盆里，开着几朵小小的鲜花；小小的鲜花旁，立着一尊精巧的石灯笼。”这个长句子，运用了“顶真”的表现手法。前一短句的末尾，作为后一短句的开头，首尾相连了几次，语气十分贯通。院落、栅栏、花盆、鲜花、石灯笼环环相扣；所有物件前面又都有“小小的”来形容，一以贯之，把“小木屋”之小、之美巧妙地描绘出来了。在真实基础上的形象表达，能增加语言的感染力。

4. 有序展开。

在具体写文时，一定要做到“有序”。

一般说来，介绍“地方”的文章较多采用“总分”式或“总分总”式。“总分总”式就是先简介这个地方，然后采用并列的方法，分几部分逐一介绍，最后小结。如《校园里的荷花池》，作者先介绍观察荷花池的起因，荷花池的具体方位，然后按荷花池春夏秋冬四季变化展开并列描述，最后表达了欣喜之情。《音乐之都维也纳》则是采用“总分”式，先简介维也纳，而后从城市历史、城市容貌、市民素养、标志性建筑、传统文化活动五个方面并列描述。

在每一部分的介绍中，也要做到“有序”，如按照远、近，上、下，整体、部分等顺序进行描述。必要时要用上表示方位的词语。

二、作为一个“游览地”“参观地”，怎样描绘？

“地方”是一个客观存在，当人们参与其中，在该地游览、参观，这个“地方”就成了“游览地”“参观地”，写下的文章相应地被称为“游记”“参观记”。

人的活动必定带着情绪，充满感情，所以，“游记”“参观记”是情景融合的记载。在人的眼里，人的内心中，客观的景物也会带上情感的色彩。如《参观上海科技馆》第三节：“我随着人流来到科技馆生物万象区。刚跨进区内，哇！眼前的景色令我惊呆了：一个绚丽多彩的生物世界展现在我的眼前。我一边漫步在高山流水间，一边观赏着从未见过的稀奇古怪的热带雨林植物，耳边还不时传来叽叽喳喳的小鸟鸣叫声。我仿佛进入了原始森林，尽情感受着丰富多彩的大自然，心想如此奇妙又美丽的生命世界哺育了我们，人们可要善待她们。”其中，“哇！眼前的景色令我惊呆了”，“我仿佛……心想……”等描写小作者心情的句子，如果在单纯介绍科技馆的文章中是不会出现的。

参观活动中，人的感受是直接由参观而触发的，人们边参观边感受，我们把这样的内心活动叫作“观感”。在“游览”活动中，人们是边览边游，人们游览的情景、情感的表达往往更加奔放。

“游记”“参观记”一般按游览、参观的顺序记载。

（二）样例解读

1. 总析

这是一篇五年级第二学期的指导性写作教材。

本课话题，我们选择了“世界”，这是本套教材仅有的一课。语文课程要“吸收古今中外优秀文化”，语文课程标准上有这样的要求。本套教材在阅读文章的选择上，坚持以我国文化为主流，也选用了一定数量的外国文学作品。但是，以“世界”为话题，让学生“写世界”，这是第一次。

在小学生认知建构的过程中，适量补上异国的成分，是必要的。让他们打开视野，去面对崭新的文化内容，领略丰富的世界奇观，体味时代的进步与发展，并且做一定的言语表达，这不仅能满足学生当下的学习兴趣，达成

130 ■ 小学生写作学本　五年级

学习目标，还能为他们进入中学深入地学习，形成对各人有生命意义的认知结构、文化结构打下一定的基础。

“写世界”，这是一个很大的题目，对于小学生来说，难度不小。为此，教材为学生搭建了一定的学习支架。

其一，帮助学生找到写文的切入口。我们把话题正式命名为“世界之窗”，让学生选择一张图片，用给图配文的方法介绍世界某地的景、物、人、事。这张图片可以是自己亲历现场拍摄的，也可以是从大量资料中挑选出来的。这样的选择，一方面降低了选题的难度，另一方面也保证了学生按照自己意愿做抉择的自由。这张图片就如打开了世界的一扇窗户，折射出异国的风情；“小”图之中能见到“大”世界。

其二，引导学生寻找有关材料。教材中明确提出，为了写好本文，“一定要认真地广泛地收集有关资料”。怎样找材料，教材也提供了帮助：在五年级第一学期第3课的“表达词典”中，专列了“选择材料和整理材料”的内容；在本课的“表达词典·怎样绘景”中，告诉学生介绍某地要查找地理位置、基本情况、历史概况、主要特点等。在本课的“思考与练习四”中，让学生做“各国标志性风物连线”的习题，这在很大程度上为学生选择具体话题、查找资料做了提示。

其三，向学生提供表达范例。本文的语言表达要求是“运用铺叙的方法”。虽然不是首次提出这一要求，但本课的要求较之前有明显的提高。本课所选的作前阅读文章、习作例文，在这方面都是很好的示范。以前的“习作例文”多为接近学生认识与学生语言的文章，有的就是学生习作。本次例文，文化内涵丰富，语言老练，铺叙手法运用得充分而精巧，对于即将毕业的五年级学生来说，这样的例文会有激励作用。

从五年级起，教材增加了一个栏目“表达词典”，列为各课的最后一栏。每课的“表达词典”设一项有关表达的条目，进行一定的阐述。这些条目分为两类。一类是与所在课的训练要求有直接对应关系的单项性条目，如五年级第一学期《参观》一课，该课的词典条目就是“仔细观察，掌握方法”。另一类是与所在课的训练要求有一定关系的综述性条目，如本课词典条目为“怎样绘景”，词条对“绘景”做了较全面的综述，其部分内容与本课的训练要求吻合。

2. 阅读、思考与练习分析

作前阅读的三篇文章，分别从不同的角度选取材料，用铺叙的方法进行描写，汇集成精彩的大千世界。文后“解读”对此做了详细的分析。

细细读文，我们还可以体味出三位作者选材与构思文章时的一些情景。如写《长城》，除了手执长城图，作者还查找了大量的资料：长城的总长度、高度、结构、军事作用、建筑历史等，因而能从介绍长城的图片入手，又不局限于图片内容，比较全面地介绍以八达岭长城为代表的我国享誉世界的万里长城。《小木屋》的作者，如文章后半部分所说，是一位常常行走于小木屋巷子的亲历者。他的描述，很多来自耳闻目睹、亲身感受，那一组小木屋的照片，也许就是他在观赏时拍摄的。看着一幅幅图景，回想穿行其中的快感，富有诗意的文字便倾吐出来。《在幼儿园门前》则完全是对这幅摄影佳作的精细描述。作者透过照片上父子俩的穿戴，以及自行车无后座这一细节，推想出他俩是冒着严寒步行而来。从照片上远处景物的模糊，猜想出幼儿园就在前方。然后，用饱含深情的话语描绘了“父子亲吻”这一画面上的场景，感叹“父子情深”，赞叹这张黑白照片留下了世界摄影史上永恒的回忆。可见，为图片配文，有多种选择角度，有多样表达方法。

漫画，运用简单而夸张的手法描绘生活，画面幽默，含义深刻，或讽刺，或赞美。让学生学会看漫画，品味其中的含义，并配写文字，对于提高学生给图配文能力是有效的。本课在前面的“解读”文中编排了丰子恺先生的两幅漫画，又在思考与练习中介绍了德国漫画家卜劳恩的作品，以帮助学生在练习中提高表达能力。

3. 语言文字学习分析

语言文字训练贯穿所有年级是本套教材的重要特点。在低年级，语言文字的训练主要通过具体的习题操练来完成，一般并不做有关知识概念的说明。在三、四年级，通过“解读”和“习作提示”等途径，对该课的语言文字训练做比较简要的介绍。例如四年级关于“人物肖像”的描写，一共安排了三次，在《冠军》一课，结合《世界冠军——刘翔》一文，“解读”中对“评价性肖像描写”是这样介绍的：“作者在对他做肖像描写时，带入了自己的主观感情色彩，表现了对刘翔所取得的一系列成绩的佩服，将自己对他的评价缓缓吐出。”这样的介绍是附着于文章的学习的。以上安排，都是从学生的认识实际出发的。

到了五年级，学生的认识水平、学习能力有了进一步的提高，我们就考虑，把语言文字训练的要求、有关的知识、训练的要则等用专题讲述的方法来呈现，让学生对语言文字表达方式的认识达到一定的理性高度，于是就形成了现在的“表达词典”。例如，在人物描写上，承低年级的动作描写、三年级的语言描写、四年级的肖像描写后，在五年级的“表达词典”中，专列了“人物心理活动描写”这一条，从人物心理描写的概念、类别、如何描写等诸方面做了较为详细的1400余字的专门介绍。

概括地说，“表达词典”是将语言文字训练的要求、内容、做法合为专题讲述的一种样式，是五年级学生学习语言文字表达方式的重要内容。需要说明的是，“表达词典”内还有几个有关“观察与思考”的条目，它们为语言表达提供帮助。

五年级两个学期的“表达词典”一共安排了15个条目，除“绪言：学点作文法”外，14个训练条目可以分为单项性条目与综述性条目两类。五年级的写作学习，进入了篇章训练阶段，所以有不少关于谋篇布局的条目。此外，为了对小学的整个写作学程做归纳总结，安排了写人、记事、绘景、状物的综述性条目。详见表7–1。

表7–1 “表达词典”条目汇总

条目类别	条目内容
单项性条目1（承接中年级人物描写）	人物心理活动描写
单项性条目2 （谋篇布局）	审题
	确立文章的中心意思
	选择材料和整理材料
	组织文序，详略得当
	过渡自然，前后照应
单项性条目3 （观察与思考）	仔细观察，掌握方法
	展开联想
	展开想象
综述性条目	怎样写人
	怎样记事
	怎样绘景
	怎样状物
	把话写好写“活”

第八章　基于写作学本的小学写作教学设计

一、一年级写作教学设计：《我是谁》

【学情分析】

1. 学习材料分析

本次训练是一年级口语训练课的第一堂课，属于起始课。学习目的在于学会自我介绍，因此老师选择了绘本材料《我喜欢书》，作为学生学习的范例。故事中的图片有趣，语言简单，充满童趣，符合一年级学生的认知特点。书中反复出现的句式“我喜欢______”，可成为学生模仿学习的对象。在课中设计学习单“小名片”的活动，形式有趣，能让学生饶有兴趣地向他人进行“自我介绍”。

2. 学生情况分析

此年龄段的孩子对学习充满兴趣，积极性较高，喜欢与他人交流，这堂介绍“我自己”的说话课满足了他们的需要。虽然开学已有一段时间，学生已初步养成认真听讲的习惯，但仍需在日常的教学中不断巩固加强。此阶段学生处于学习规范语言的起步阶段，学生的语言发展水平也有一定的差异，在教学中教师要对语言能力较弱的学生加强辅导，对语言能力良好的学生积极引导，提高要求。

【教学目标】

1. 专心听故事，了解故事的主要内容。

2. 能用普通话正确地回答问题，开始练习说话。

3. 用“我________（名字），我喜欢________的书，我喜欢______________。”这几句连贯的话告诉大家自己是谁。有积极说话的愿望，并学习倾听别人说话。

【教学过程】

（一）学习任务一

任务目标：1. 明确学习任务，激发学习兴趣。

2. 会用不同的句式介绍自己的名字。

导学要点如下表：

教师活动	学生活动	备注
1. 谈话引入，出示课题：我是谁。 2. 师：向别人介绍自己，首先要告诉别人自己的什么呢？ 根据回答板书：介绍自己的姓名。 3. 怎样来介绍自己的姓名，你会说吗？ 4. 根据学生回答归纳板书： 我是______。 我叫______。 我的名字叫__________。 我姓____，叫________。	指名回答：介绍自己的姓名。 指名说说自己介绍名字所用的句式。 指名向大家介绍自己的姓名，能用上不同的句式。	

（二）学习任务二

任务目标：1. 能认真听故事，会说出故事内容。

2. 学习用“我喜欢__________”的句式说话。

导学要点如下表：

教师活动	学生活动	备注
1. 有一只可爱的小猩猩，它也向大家来介绍自己，来听听它是怎么介绍自己的。（教师边出示图片边讲故事。） 2. 出示句式： 小猩猩喜欢________的书。 （什么样） 3. 你们喜欢什么样的书呢？ 出示句式： 我喜欢________的书。	学生听故事。 要求边听边记。 指名按照句式说说听到的故事内容。 指名说。 同桌互说，互相评价。	

续表

教师活动	学生活动	备注
4. 除了喜欢书，你们还喜欢什么呢？也能作为自我介绍的一部分哦。 拓展思路，出示句式： 我喜欢______________。 （什么，干什么，什么食物，什么颜色，什么季节……） 5. 指导学生做游戏。	指名说。 游戏，先复述前一个同学说的句子，再说“我自己喜欢______。” 老师评价，发小花贴纸。	

（三）学习任务三

任务目标：1. 把本节课学习的三句话连起来说，向大家完整地介绍自己。

2. 说话时声音响亮、态度大方。

导学要点如下表：

教师活动	学生活动	备注
1. 我们学了好几种介绍自己的方法，把这些句子连起来说，就是一个完整的自我介绍啦。让我们大声地向老师、同学介绍自己吧。 2. 出示：我的小名片。 3. 小结。	先请个别学生指名说。 再让其余学生找老师进行介绍。 完成小名片的填写。	

【板书设计】

自我介绍

我______________（名字）。

我喜欢________________的书。

我喜欢______________________。

二、二年级写作教学设计1：《蚂蚁搬食物》

【学情分析】

通过一年多来的听说活动，二年级学生有了一定的听话说话能力，大部分学生能把听到的内容用几句话连贯地说出来，听说习惯良好。但是，写话能力还处于初步培养阶段。本学期前几次为“模仿至独立”的写话训练，本次教学要进一步提高说话写话水平，尝试在有规则地说话的基础上，鼓励学生向“自由地说话”转化，用一段连贯的话把它看到的图画内容写下来。

【教材简析】

教材表达训练样式多样，呈现出多种表达样式的组合与串联，包括听说童话故事《小蜡笔头儿》、了解句子连接的办法、看蚂蚁搬食物图片再说话写话等。这不仅能避免单一训练的局限性，也能大大提高学生的表达积极性。

教材说话写话训练有扶有放，编排了《蚂蚁搬骨头》和《蚂蚁搬豆子》两个练习，呈示了两组图，供学生选择。在《蚂蚁搬骨头》的图画后，设计了几个供学生思考的问题：“这是在什么地方？一只小蚂蚁发现了什么？它是怎样想办法的？结果怎样？”通过这几个问题引导学生根据图意想象一件事情的基本过程。本册第5课学生已经接触了“怎样描写事情过程”，但那一次是在教材提示语的具体帮助下完成的，这一次训练内容不变，但训练要求提高了，要学生自己想象过程，并且说出来，再写下来。以上几个问题的设计，对学生具体想象与描写事情的过程起到引导作用。《蚂蚁搬豆子》的图画后面，虽然没有类似的提示，但学生同样可以用上面的问题来思考。《蚂蚁搬豆子》给了学生另外的提示，有四个词语供学生选择。可以想见，大致相同的图意在不同学生的笔下会有不同的表达。对学生的写话训练有扶又有放，正符合本阶段学生的学习需要。

本次完整的表达训练由“听读”“语言文字训练”和“说话写话”三个部分融合而成。本套低年级学本每一课都有这样的编排，这三者有一个基本关系：在完整听读的基础上，从听读内容中提炼出语言文字训练的内容、素材，进而进行语言文字的专项训练，而后要求在当次的说话写话训练中加以运用。让学生经历接受和学习语言到运用和发表语言的过程。本课语言训练的内容是“句子的连接”。

【教学目标】

1. 课前听故事，课上读作者的话，了解作者为什么要写《小蜡笔头儿》的故事。

2. 读故事中的句子，了解一点“句子连接”的知识。

3. 仔细观察图画，根据问题或词语的提示说一个小故事，再写几句话。

4. 与同伴合作学习，积极参加讨论，乐于发表自己的意见。

【教学过程】

（一）读《我怎么会写〈小蜡笔头儿〉》，了解其含义

1. 还记得课前我们一起聆听的故事《小蜡笔头儿》吗？能说说从故事中你都知道了什么？结合交流，理解词语：物尽其用、无人问津。

2. 看来这是一个动人的故事，那你们一定很想知道作者为什么要写《小蜡笔头儿》吧？那就听老师来读读作者的话吧！

3. 听老师读作者的话，回答“思考与练习”中的第1题：“说说作者怎么会想到写《小蜡笔头儿》的。”

4. 出示故事第2节中小蜡笔头儿说的话：“不要急着丢掉我，我还有用，我还可以工作！”小组交流，说说自己是怎样理解的。（珍惜物品，物尽其用）

（二）学习“句子的连接”

1. 我们已经能写好一句一句的话了。如果要把更多的句子连起来写，怎样才能写得连贯通顺呢？故事《小蜡笔头儿》中就有许多写得非常连贯的句子。我们把它们找出来，了解一点句子连接的办法吧。

2. 出示例句4、5，自己读一读，找出连接两句句子的词语，把它圈出来。老师总结。（通过表示时间的词语连接；表示意思转折，用了“可是”一词连接）

3. 出示例句2，指名读，看看前后两句话之间有什么关系。（后面的句子接着上面一句的“童鞋”一词展开）

紧接着出示例句1，看看前后两句话之间又有什么关系。（上句提到的人，下一句具体介绍，和例句2有点类似）教师总结。

4. 最后出示例句3，这是“作者写的话”的一组句子，组织同学讨论：前后两句话之间有什么关系？（第一句说得简单，第二句说得更具体）

（三）初步学习如何审题

1. 出示题目：蚂蚁搬食物。

2. 指名读题目，从题目中我们知道本次说话写话的主要人物是谁，主要内容又是什么。

（四）看图说话

1. 出示第一组挂图。

（1）引导观察：这是在什么地方？一只小蚂蚁发现了什么？它是怎样想办法的？结果怎样？小组交流、讨论。

（2）派代表汇报，其他同学补充。（把基本意思说出来：第一幅图中，一只蚂蚁发现什么，想了什么办法，第二幅图中两只蚂蚁怎样搬起骨头）

（3）确定说话题目：这两幅图中蚂蚁搬的食物是“骨头”，题目可以叫“蚂蚁搬骨头”。

（4）引导仔细观察，捕捉细节：两幅图中蚂蚁的表情有什么变化？这反映了什么？

（5）引导想象图2中，蚂蚁是怎么搬骨头的，心里会怎么想。

（6）试着用几句话说说这组图画的内容，评议修改。

2. 出示第二组挂图。

请同学们给这组图起个名字，并指名分别读两个作文题目。

（五）看图写话指导

1. 选择图画。

师：有两组图画，每位同学可以选择其中一组写下来。

2. 读作文提示，明确要求。

（1）自由读习作要求，思考：读了习作要求你知道了什么？有哪些具体要求？

（2）指名说，师板书。

写话一提示的问题，两组图都可以用；写话二还有一个要求：选用规定的词语。

（3）写话开始，先把题目补充完整。正文开头要空两格。注意字迹端正，写好标点符号。

（六）学生看图习作

1. 学生起草初稿，教师巡视，个别辅导。

2. 把习作读给同学或家长听，再根据他们的意见修改。

三、二年级写作教学设计2：《画声音　写声音》

【教学目标】

1. 专心听短文，了解内容，感受自然界中各种美妙的声音。

2. 聆听自然之声，说说感受，画画这些声音。

3. 用两三句话描写一种场景，用上表示声音的词，并进行合理的想象，把句子说生动。

【教学过程】

（一）我会听

1. 今天老师要带领大家走进大自然，一起用心去倾听大自然的美妙乐章，请你用心地听一听。你听到了哪些声音？

2. 听录音：《你一定会听见的》。

3. 出示图片：借助图片，说说你听到了什么声音。个别交流，同桌交流，互相评价。

4. 在大自然中，在我们的生活中，你还听到过哪些声音呢？（可以请学生模拟一下）

（二）我会画

1. 师：我们的耳朵能听到大自然中那么多的声音，但是你们知道吗，我们还可以把声音画下来呢！

2. 出示短文：画声音。

3. 学生自由读短文。

4. 讨论：我们可以怎么样画声音？

5. 现在请你也来画画听到的声音吧。（播放音效，学生听一个画一个）

6. 交流：说说你为什么这样画。

（三）我会说

1. 师：大自然中的这些声音除了可以画出来，还能用哪些特别的语言来描绘呢？

2. 出示片段（一）：

你听过蒲公英梳头的声音吗？蒲公英有一蓬金黄色的头发，当起风的时候，头发互相轻触着，像磨砂纸那样沙沙地一阵细响，转眼间，她的头发全被风儿梳掉了！

你听过蚂蚁小跑步的声音吗？那一天，蚂蚁们排列在红红的枫叶上准备做体操。“噗!”一粒小酸果从头顶落下。“不好，炸弹来啦！”顷刻间，它们全逃散了。

出示学习单：

读读短文，试着用上文中的词来说一说这些声音，完成填空。

蒲公英有一蓬金黄色的头发，当起风的时候，头发互相轻触着，像磨砂纸那样______一阵细响，转眼间，她的头发全被风儿梳掉了！

“______”一粒小酸果从头顶落下。

（1）指名读短文。交流填空。

（2）你们在文中填入的词都是描写声音的，读读下面这些描写声音的词，想想它们描写的是什么声音。

（3）你还知道哪些描写声音的词？写在学习单上。

3. 出示片段（二）

（1）读读下面这段话，你能圈一圈听到的声音吗？

（2）说话练习：试试用上一些特别的词把这些声音说清楚，说生动。

（3）同桌互评。

（四）我会写

1. 我们能听声音，画声音，还能写声音呢，大千世界，声音无处不在，我们说话和写作时，如果用上了表示这些声音的词语，就会使人如闻其声，有身临其境的感觉，这些表示声音的词就是象声词，在写的时候一般都要加上引号。你能把刚才听到的声音生动地写下来吗？

2. 从说话训练中选择一种声音写下来。

3. 现在请你们选定一个场景，驰骋你的想象，拿起笔来，用两三句话描写一种场景中的几种声音，注意用上描写声音的词，并进行合理的想象，把句子写清楚、写生动。

4. 学生交流。

5. 点评。

四、三年级写作教学设计1：《读书卡片》（常态性写作）

【教学目标】

1. 学做一张读书卡，做到出处填写齐全，格式正确，书写端正。

2. 了解做读书卡片的意义以及读书卡片的多种样式。

3. 在阅读中养成读书动笔的好习惯，做到读有收获。

【教学过程】

（一）作前阅读

1. 事例引入，揭示课题。

（1）同学们，还记得2014年9月23日，14级台风“凤凰”来势汹汹吗？关于风的描写，你知道多少？著名作家冰心能准确地分12级来描写风的声势。能有那么多描写风的词句，缘于她平时养成做读书摘记的习惯。（［出示］摘记）

（2）同学们，我们在课前曾读过三篇文章，这是其中的一张读书卡片。当人们阅读时，会读到许多值得记忆的、有用的内容。于是，就有选择性地把自己觉得需要的内容摘记在一张张卡片上，以便需要时再次查阅。这样的卡片，就是我们说的“读书卡片”。（［出示课题］读书卡片）

（3）三张读书卡片，它们各自摘记了什么内容呢？

［板书］水的声势

红颜色

一条哲理

2. 看来，这些摘记的卡片都是有自己的专题的。我们把它们叫作专题卡片。（［板书］分专题摘记）这些专题都是小读者根据自己需要的或者喜欢的内容来确定的。有时也可以记录下自己的疑惑和不明白的内容。

（二）学习例文

1. 请同学们一起来看看习作例文《仙人掌》，想想如果请你来做一张读书卡片，你会确定一个什么专题呢。（关于仙人掌的知识）

2. 读读原文，动笔画画。你知道了哪些仙人掌的知识，请把它们画出来。

3. 文中关于仙人掌的知识，作者用了词语和句子的形式来表达，所以摘记时，我们不妨把内容分成这两部分来摘录。

4. 分组交流画好的词语和句子。

（1）通过这个词语，你知道了仙人掌的什么知识？

（2）为什么你要摘录这个句子呢？请说说理由。

5. 看例文，做读书卡片。（读了仙人掌这篇文章后，可以把你选择的词语、句子以及理由都放入读书卡片中，老师这里就有一张读书卡片，请大家一起来分享）

（三）版权信息的登记

1. 做读书卡片只是部分摘录书中的话，为尊重原作者的知识产权，也便于自己将来必要时查找原文，抄录时必须把摘抄哪位作家、从哪本书或哪篇文章中摘抄的及出版社等信息都登记下来。

2. 接下来，我们也要自己动手来制作一张读书卡片，我先把关于《紫藤萝瀑布》这篇文章的信息提供给大家，请同学们先完成版权信息的登记。

［出示］

《紫藤萝瀑布》　　作者　宗璞　人民教育出版社

3. 认真阅读文章，在做卡片前，先想清楚自己准备确定的专题是什么，这些内容打算怎么分类。最后，落笔摘记。

4. 当堂习作。

（1）读文章《紫藤萝瀑布》。

（2）交流：你会确定一个什么专题？

（3）读文，画词句，想明白摘记的目的。

（4）交流：你会摘录哪些词句呢？说说理由。

（5）落笔摘抄。

（四）习作评价与修改

1. 请你按照下面的提示进行自我评价。

（1）在做读书卡片时，你记下这篇文章的基本情况了吗？包括文章的篇名、作者、出处、出版单位等。

（2）你对读书卡片上的摘录内容进行分类了吗？

（3）你读完文章还有没搞懂的问题吗？你记在卡片上了吗？

2. 再次阅读自己的读书卡片，边读边检查修改。

（五）总结

同学们，今天学习了做读书卡片。这个本领很重要。它可以跟我们的课内、课外阅读相结合。以后读书时，就要常常动笔，把做读书卡片变成常态性的学习方式，从而养成读书做卡片的好习惯。如果你每次自主地完成一张卡片，都可以参照“习作评价”的几项要求进行检查，并自我做出评价和修改，那么你的写作水平也会逐步提高的。

【板书设计】

读书卡片

水的声势

红颜色

分专题　摘记　　一条哲理

仙人掌的知识

……

五、三年级写作教学设计2：《种豆记》

【教学目标】

1. 根据自己的观察记录，将豆子的生长过程划分为几个阶段，显示豆子生长的阶段特征。

2. 用相匹配的表示时间的词语，把豆子生长的几个阶段关联起来，然后连贯地写成一篇《种豆记》。

【教学过程】

（一）作前阅读，引入主题

1. 同学们，在课前我们读了《养蚕宝宝》《茉莉花》和《海上日出》三篇文章，你们能发现这三篇短文有什么共同特点吗？

2. 交流。

总结：这三篇文章都叙述了事物发展变化的全过程，有动物，有植物，也有自然现象。这节课，我们也要学着写清楚一种事物演变的过程。

3. 引入：课前，我们每人都种了几颗豆子，连续观察了十天，每天记录豆子的生长情况。这样在一段时间内，围绕同一个写作内容，把观察到的事物发生的变化通过几则日记描写出来，叫作连续观察日记。

4. 揭题：今天，我们要将这十天的连续观察日记合并起来，写一篇叙述豆子生长过程的短文——《种豆记》。

［板书］种豆记

（二）学习例文，归纳豆子生长阶段

1. 学习习作例文《种蚕豆》，说说文中将蚕豆的生长分成几个阶段。

时间	泥土里的蚕豆	水盆里的蚕豆
第一天	把蚕豆种进泥土里	把蚕豆放进水盆里
第二天	没有变化	开始膨胀
过了一天	开始膨胀	发出小芽
以后几天的日子里	发出小芽—芽越长越长	芽越长越长

种在泥土里的蚕豆和放进水盆中的蚕豆，它们生长变化的时间有先有后，但是生长的阶段是相同的，都经过了“膨胀—发芽—芽越长越长”的阶段。

［板书］种在泥里（水里）→蚕豆膨胀→发出小芽→芽越长越长

2. 分组讨论：你种的是什么豆？在十天的观察记录中，可以将你种的豆子的生长变化分成几个阶段呢？

按照所种豆子的种植环境（土或水）来划分小组，学生自己归纳划分自己观察的豆子生长变化的阶段。组内、班内交流。（允许学生根据自己的观察与思考，归纳豆子的生长阶段，只要言之有理即可）

3. 全班讨论：豆子生长的每个阶段都有一些特征，我们可以怎样表述呢？

（三）学习例文，合并日记

要把十篇日记的内容连起来写，不是简单的相加。习作例文中写了第一天、第二天、第三天的情况，后面的几天是合并在一起写的，这样就不会啰唆了。我们来学学怎样合并。

1. 请同学们读读附录中的四篇观察日记以及后面合并的段落，想一想：怎样将四篇日记合并成一段文字？

可以发现：（1）原来四篇日记中的“今天”，合并后称“在以后几天的日子里”。（2）先讲自己“天天去看蚕豆的变化”，再分别讲“水里的蚕豆”和“泥土里的蚕豆”怎样变化；后来它们的芽都越长越长了，就合并起来一起讲了。

在以后几天的日子里，我天天都去看蚕豆的变化。水里的两颗蚕豆好像在比赛，你追我赶，看谁的芽长得更长。泥土里的那两颗蚕豆也都慢慢地咧开了小嘴，小芽从裂缝中偷偷地钻出来，也不甘落后呢！蚕豆芽越长越长，都长得弯曲了。那天，我用尺子量了量蚕豆的芽，最长的已经超过20厘米了！我兴奋极了，连忙叫来妈妈，妈妈也很高兴。

看到、联想

做的

2. 再读一读这段话，你发现小作者还写了些什么。

总结：我们把一个生长阶段的记录合并起来，通过修改、润色，成为这一阶段的一节文字。

（四）讨论写作

我们今天写《种豆记》要怎样写呢？

1. 讨论要点：

（1）所观察的豆子生长过程可以分为几个阶段？

（2）每个阶段有什么特点？观察者做了什么，看到了什么，听到了什么，想到了什么？

（3）可以用上表示时间的词语把豆子生长的几个阶段连贯起来。

2. 怎样用上相匹配的表示时间的词语？

（1）回想一下，我们在读作前阅读的时候，知道了哪几类表示时间的词语。

①明确表示时间的词语

②说明大概时间的词语

③通过描写表示时间的词语

（2）我们在写《种豆记》的时候可以用哪些表示时间的词语呢？

（3）讨论、交流：

第一天、刚种下豆子的那天、第二天、过了一天、在以后几天的日子里、过了几天、又过去了几天、时间好似一眨眼就过去了……

总结：节与节之间用合适的时间词语来过渡。

（五）当堂写作

请你利用所做的观察记录，将豆子的生长过程划分为几个阶段，合并你的观察记录，用相匹配的表示时间的词语，把豆子生长的几个阶段连接起来，写一篇叙述豆子生长过程的短文。以《种豆记》为题，当堂完成草稿。

（六）评价

1. 着重点评：

（1）是否将豆子的生长分成几个阶段？每个阶段的特点写清楚了吗？

（2）是否从做了什么、看到了什么、听到了什么、想到了什么几方面去写？

（3）节与节之间是否用合适的时间词语来过渡？

2. 自己修改习作。

（七）总结

今天这堂课，我们学着将自己写的连续十天的观察日记进行归纳与合并，用上了合适的表示时间的词语，把豆子生长的几个阶段关联起来，写成了一篇由观察所得的《种豆记》。以后我们可以用这样的方法来写事物演变的过程。

【板书设计】

种豆记

例文的概括：种在泥里（水里）→蚕豆膨胀→发出小芽→芽越长越长

学生的概括：

六、三年级写作教学设计3：《我飞上天了》

【教学目标】

1. 围绕“飞上天”的话题，展开想象，写一篇简短的童话故事。

2. 学习运用对话的形式展开故事情节，把握人物说话的语气，写好人物所说的话。

【教学过程】

（一）话题导入，明白意义

1. 谈话导入。

师：看老师写个字（写“飞”）你想到了什么？

生：蝴蝶飞，蜻蜓飞，小鸟飞……

师动情描述：小鸟飞向天空，是不是想抱一抱软绵绵的白云？蝴蝶在花丛中飞舞，它肯定被花的芬芳陶醉了。看！小蜻蜓正在池塘边飞来飞去，是不是在欣赏自己苗条的身材呢？

师：你在想什么？

生：我也想飞起来。

（把课题补充完整：我飞上天了）

课前，我们阅读了《雨滴》《月球之旅》和《坐上了火箭》三篇童话故事。你觉得童话故事有什么特点？三篇“作前阅读”写了怎样的童话故事？故事中的对话有什么作用？

小结：编写童话故事，需要想象。合理的、大胆的想象构成一个个梦幻般的故事，作者就是用离奇的情节、丰富的知识紧紧地抓住读者的阅读兴趣。展开想象的翅膀，你心中就有写不完的童话和梦想。细细读这三篇文章可以发现，文中都有对话描写，这些对话不仅生动有趣，而且推动了故事的发展，使故事更加丰富。

2. 提出任务。

今天我们就围绕“飞上天”的话题，展开想象，用对话的形式来展开故事情节，写一篇短小的童话故事。

（二）读例文，学习人物对话

1. 学习例文《遨游太空》。

（1）默读例文，想一想：《遨游太空》写了怎样一个童话故事？按怎样的顺序写的？（飞上太空—落在月球上—进广寒宫—参观八大行星—回广寒宫参观负离子悬浮餐厅—回到地球）

（2）《遨游太空》一文中，“我”是怎么来到太空的？来到太空里，“我”遇到了谁？看到什么？说了些什么？了解了些什么？这些想象的内容是否神奇？

2. 学习人物对话。

（1）《遨游太空》写了哪些对话？有什么作用？

（2）请把嫦娥姐姐和“我”对话的三组文字找出来读一读，并说一说对话内容。

三组对话都是“我”问嫦娥答。

（3）文本中嫦娥姐姐和“我”的对话，没有采用分行写的形式，而是连在一起写的。请你留心这样的写法。

（4）读读下列两组句子，说说加不加修饰语有什么不一样。

● 我迫不及待地问：“嫦娥姐姐，这是什么？”

我问：“嫦娥姐姐，这是什么？”

● 嫦娥姐姐仿佛看出了我的心思，微笑着说：“我们的食物和你们地球人类的食物可大不同啊！”

嫦娥姐姐说：“我们的食物和你们地球人类的食物可大不同啊！”

（三）学习“作前阅读”中的人物对话

《遨游太空》中的人物对话是一问一答，其实对话的样式还有很多，如下面两种：

雨 滴

在去人间的路上，雨点们碰到了风婆婆。大家的步子慢了下来，最初的相遇锁在了半空中。

“你撞着我的腰啦！”一个小雨点娇滴滴地说。

“呵呵，这说明我们有缘分哪！”风婆婆风趣地说。然后她伸出手，很有风度地说：“认识你们很高兴！”

“我们也很高兴！”雨点们齐声回答。

于是风与雨的游戏开始了。

月球之旅

那个月球人发现我没有恶意，便走出来和我说话，可我一句也听不懂。他看我一脸茫然，便拉我来到一个洞里，给我一瓶金色的水。我正犹豫要不要喝，他就给我灌了下去。嗯，甜甜的，味道不错。

“好喝吗？”

“嗯！有人在讲话？谁？出来！”

“哎，是我，低头看看。”

我一低头，看见了那个月球人，我听懂了他说的话，难道他会说普通话？

“不要这么看我，我刚才给你喝的是‘圣泉水’。可以让你听懂我的语言。”

“啊，真神奇！”我看了看四周，“月球上就只有你一个人吗？”

“唔……目前只有我，不过我正在想办法繁衍后代。”

小结：相比较而言，一问一答的对话比较容易写，我们先要掌握好，并且学习用好提示语，其他对话形式我们一步一步学。

（四）指导完成写作

现在我们要开始写作了，请展开你的想象翅膀，先思考下面的问题：

1. 你是怎么飞上天的？飞上天一定要坐火箭、飞船吗？

2. 你来到了什么地方？遇到了谁？看见什么？听到什么？说些什么？又会做些什么呢？

3. 你准备怎样来写人物的对话？

4. 小组交流。

5. 大组交流。

（五）习作讲评

要点：

1. 你把“飞上天”的事连贯地写清楚了吗？

2. 你利用人物对话连贯地记事了吗？

3. 你的想象大胆吗？有新意吗？

4. 句子通顺吗？字词都写正确了吗？

5. 标点符号都用对了吗？

（六）习作修改

再次阅读自己的草稿，边读边检查修改。

将自己的作文读给小伙伴听，听听他们的意见。

与同伴结对相互修改。

在习作本上誊写作文。

七、四年级写作教学设计1：《我的偶像》

【教学目标】

学习评价性人物肖像描写。

1. 运用评价性肖像描写和恰当的事例，写一位心中的偶像。

2. 写好段与段之间的过渡语，注意上下文内容在情意上的延续。

【教学过程】

（一）谈话引入

1. 同学们，在你的心中是否有这么一个人总会让你不由自主地去崇拜，去模仿？这个人是谁，你又因为什么崇拜他呢？能说说吗？

2. 小结：是的，你们心中崇拜的那个人，有的是嗓音清越的歌星，有的是骁勇善战的将军，有的是在历史上留下浓墨重彩的功臣，还有的是名不见经传的平头百姓……不管是哪种人，只要是被我们所崇拜的人，我们都可称之为偶像。

3. 今天，就用我们的笔来写一写“我的偶像”。

［板书］我的偶像

（二）作前阅读反馈

1. 课前，我们阅读了三篇文章。回忆一下，这三篇文章中，作者的偶像分别是谁？作者为什么崇拜他们？在你脑海里留下了一个怎样的肖像，有什么特点吗？

2. 交流讨论。

要点：对偶像的外貌描写既有原型描写，也有评价性描述。

《我的偶像——“太空超人”杨利伟》第一节，写杨利伟其貌不扬，是原型描写；写杨利伟的眼神、步伐，是评价性描写。

《刘伟，我的偶像》第二节，对刘伟的原型描写和评价性描写是交织在一起的，作者没有写他的琴技，而是从他的原型外貌中突显他的坚毅，使一个具有灵魂、具有思想的偶像形象跃然纸上。

《我的偶像是一群清洁工》这篇文章跟前两篇不一样，作者的偶像不是一个人而是一群人，一群清洁工。作者先写一群人的统一着装，从原型上写出他们的职业；再写一个“眉清目秀”的清洁工阿姨在掏阴沟，从原型上表现清洁工的心灵美。“我”对他们的赞美则是作者对人物的评价性描写。

（三）小结

1. 如何在外貌的描写中体现对象的特质？它不是靠标题式的字眼来填塞的，应该在谋篇的时候就先确定偶像被自己崇拜的特质，围绕特质对之“量身”，画出一个契合人物特质的肖像。当然，对人物的描写，往往要通过具体的事例，才能表达清楚。由此，写作动笔前，我们应该先选好能体现偶像某一特质的事例。

［板书］人物特质　表现人物特质的事例

2. 下面我们来做个练习，看看“思考与练习二”的第2题，对人物肖像的评价性描写可以在直接写出人物形象的同时，抒发作者的感受，以揭示人物的性格。请区分下列描述，把属于评价性肖像描写的勾出来。

A.孔乙己是站着喝酒而穿长衫的唯一的人。他身材很高大；青白脸色，皱纹间时常夹些伤痕；一部乱蓬蓬的花白的胡子。穿的虽然是长衫，可是又脏又破，似乎十多年没有补，也没有洗。

B.他今年7岁，个头不算高，比较瘦。他留着很短的头发，俊俏的脸上长着一双又黑又亮的眼睛，鼻梁高高的。到过他家的人都说他五官端正，是个好看的男孩子。

C.郑里力是我小时候的同学，剃着一个小平头，一对小眼睛里充满了狡猾的神情，喜、怒、哀、乐在他脸上从不显露，但他内心潜藏着很深的奥秘。他人很瘦，看上去像一根干柴，衣着也跟别人不一样，不是肩上镶一块皮，就是裤腿上镶一个三角形布片。

D.我的妹妹长着一双小而亮晶晶的眼睛，脸鼓鼓的，嘴显得特别小。她有一对可爱的耳朵，一双小手常紧握着拳头，不时地摆动着。你瞧！那肉嘟嘟像小馒头似的小脚，可爱极了！我爱我的妹妹。

3. 交流讨论。

（四）阅读习作例文，交流、讨论

偶像之所以被自己崇拜，总有自己的充分理由，偶像们的容貌也自然各具特点。这三篇文章对偶像的外貌描写，还突显了作者对他们的评价。接下来，我们一起来读一篇文章《我的偶像——奶奶》。在作者眼中，他的偶像是什么样的呢？

1. 文中哪些语句是对奶奶肖像的原型描写，哪些语句是对奶奶肖像的评价性描写？

2. 奶奶是个怎样的人？文中描写了怎样的事例？

3. 文章的段落之间是怎样过渡的？

4. 小结。

①对偶像奶奶的描写——

第一节：原型肖像描写——评价性肖像描写

睿智、忙忙碌碌→认真负责

第二节：对学生关爱有加　事例：冬天晚间探望学生

肖像描写（微笑——原型、评价）

第三节：对自己的身体无暇顾及　事例——每晚备课到深夜

第四节：“我”的感受

②关于“过渡”

第一节末尾由肖像描写转入对奶奶品质的总体评价，用“对工作极其认真负责的人”引入下文的具体介绍。

第二节第一句，用“对学生一直关爱有加”呼应上节的“认真负责”。

第三节第一句，用承上启下句“对她的学生百般关心，对自己的身体却无暇顾及”，引出下文。

第四节第一句，由上文奶奶说的话引出“我不愿再打断奶奶的思绪”。

（五）动手写作

1. 写这类文章的时候，该如何谋篇布局呢？

（出示阅读写作提示，请三名同学读一读）

交流：先确定要写的偶像是谁，他的哪种特质让我崇拜。然后围绕偶像的这种特质，选择一两件事例展开叙述，不忘对偶像进行评价性的肖像描写。

2. 此外还要注意上下文情意上的自然延续哟。

【板书设计】

我的偶像

人物特质　　表现人物特质的事例

加入肖像描写（原型　有关人物特质的评价性肖像描写）

八、四年级写作教学设计2：《班级日志》（常态性写作）

【教学目标】

1. 学写一篇班级日志，以第三人称叙述班级一天中发生的某件事，事件记叙完整，可以对事件做评论，格式符合日志要求。

2. 在规定的时间内完成习作，尝试自我评价并逐步养成自我修改的习惯。

【教学过程】

（一）作前阅读，引入主题

1. 同学们，我们课前读了6篇文章，这6篇短文都有什么共同特点？

［板书］日志

2. 读了这6篇日志，你对日志有什么了解？

（1）无论什么事情只要是一天当中发生的事情，都可以写。（是的，一个团体的成员生活在一起，把他们生活在一起的事情记录下来，就可以成为日志的内容）

（2）各行各业都可以写日志。（是的，船员可以写航海日志，旅游者可以写旅游日志，厨师可以写厨师日志，考察人员可以写考察日志，教师可以写教学日志，班级同学可以写班级日志……）

（3）以第三人称来写。

（4）可以取题目，也可以不取题目。

（5）年、月、日、天气、记录人等要写清楚。

（二）创设情境，学习例文

1. 今天啊，我们就要试着来写写班级日志。（［板书］班级日志）请同学们读读两篇习作例文以及例文解读，想一想：班级日志应该怎么写？它需要注意的是什么？

［板书］第三人称

班级集体、个人发生的事情（校园内的）

可以评论

年、月、日，天气，记录人

2. 小结。通过刚才的学习，我们对班级日志有了初步的了解。现在请看看屏幕上这两段话，你觉得哪一段不符合日志的语言特点？该怎么修改？

第一步：读文章，将“我”改成名字。

第二步：改成“他”后，看看有的地方的“他”能不能省略。

3. 要写好班级日志，除了要用第三人称来写，还有一个关键的地方就是选材。你所写的事情，必须是这一天当中发生的，与本班级同学、老师有关的事情。事情无论大小，无论发生在校园的哪一个地方，无论是好还是坏，都可以写。

（三）当堂写作

1. 回忆一下：今天从你踏进校门到现在，发生了哪些事情？

2. 学生讨论、交流。（根据学生交流，当堂板书）

3. 思考：那么多的事情中，你想选取哪件事情来写？怎么写？（自己准备——班级交流——同桌互说）

（让学生注意倾听发言者是否用第三人称来讲述）

4. 学生写作。

（四）交流、修改

1. 着重点评：

（1）是否以第三人称来写？

（2）事件是否记叙完整？

（3）记录人是否对事件进行评论？

（4）是否写清楚年、月、日、天气情况以及记录人？

2. 自己修改习作。

（五）总结

大家写得都很认真。同学们，如果我们能以日志的形式每天记录校园生活的点点滴滴，那我们就能随时感受到校园生活的丰富多彩，体验到同学间纯真的友情和师生间珍贵的情感，那这本班级日志也将成为我们小学生活中最美好、最值得珍藏的回忆！让我们快快拿起笔，从明天开始，记录下我们每天的酸甜苦辣吧！谁第一个写？好，就从你这开始吧。

九、五年级写作教学设计1：《我的收藏》

【教学目标】

1. 选择明确的写作对象，能运用并列的表达方式描写藏品并能用连贯的表达方式叙述藏品背后的故事。

2. 注意运用过渡语言将“状物”与“叙事”合理衔接。

【教学过程】

（一）话题导入，明白意义

1. 谈话导入。

同学们，这段时间我们的阅读与活动都围绕一个话题展开，那就是“收藏”。下面我们来交流一下，大家都了解到谁有什么特别的收藏？

（学生发言、交流）

小结：刚才大家都交流过了，我们通过收藏折扇来品味文化，通过收藏地图来增长地理知识、激发想象力，通过收藏发卡来纪念一段友情，通过收藏漂亮的石头来让自己快乐。有形的物可以收藏，无形的情也能收藏。收藏是一种高雅的行为，更是一种文化，需要与别人交流。交流收藏的方式有很多，比如通过展览的方式来交流。之前，我们就开过“我的藏品博览会”。我们还能通过读别人的文章来了解，也可以把自己的藏品和有关藏品的故事用写文章的方式来与别人交流。

2. 提出任务：今天我们也来学一学用写文章的方式来记录自己的收藏。

出示习作任务：以“收藏”为话题，写一篇介绍自己藏品的文章。题目自拟。

（二）范例教学，明确写作结构

1. 介绍收藏的文章怎么写呢？课前我们读过不少文章，今天我们再选一篇文章来重点研究，请大家拿出习作例文。大家再快速浏览一下，想一想：作者是怎么写的？他写到了哪些内容？他又是怎么安排这些内容的？

小结：（出示内容）其他的文章是不是也写了这些内容呢？写收藏的文章，一般要讲清楚藏品是什么，然后要对藏品进行描述，当然还要写有关藏品的故事。

2. 这三部分内容我们还有多种组织的形式。像这篇文章，作者在开头交代了自己的藏品，接着对藏品进行了描述，又写了有关藏品的三个故事。最后是结尾。

3. 除了这种方式外，我们回想一下，我们读过的文章中，还有没有其他组织材料的方法。

（交流《最宝贵的收藏》，我们也可以这样来安排写作的内容）

注意：两部分内容要有详略，这和藏品的特点有关，举例——石头、呼噜声。

（三）关注表达，指导过渡

1. 今天的写作材料内容比较多，而且表达方式各有不同，比如介绍藏品，我们可以通过几个方面写出它的特点。写故事，我们一般按事情发展的顺序连贯地表达。要把这两种不同的表达连接起来，就要写好过渡的语言，才能使整篇文章连贯。一起看看我们学的文章是怎么过渡的。

2. 指导过渡。

（1）出示：

我收藏的铅笔不算很多，来头大的有“全国人民代表大会”“中国人民政治协商会议全国委员会”“爱我长城、修我长城集资活动”“中华全国总工会”“攀登世界高峰象征性长跑奖”“庆祝中华人民共和国成立三十周年”“人民大会堂”……范围小的有“上海人民广播电台”“南京军区科学大会”“中国汉字硬笔书法大赛”……

收藏此类用钱买不到的铅笔，其实是很辛苦的。比如，我没有参加过全国科学大会，怎么能收得到印有“庆祝全国科学大会胜利召开”的铅笔？于是只能去拜访熟识的与会的代表，厚着脸皮索要一支。

有一天，一位老伯颤颤巍巍来到我家，把一截铅笔塞在我手心，他说：“这支铅笔是1931年我在日本东京福元罗纱点做学徒时得到的，几次想丢弃，竟舍不得，存着吧又没大用处，赠送与你，可说得其所哉。”老伯说完也不坐坐就走了。

又有一天，北京寄来一信，说：“赠上铅笔一包，请哂收。我已寄给《新民晚报》社林放，请持此函前去洽取。吴羹美。”后来我才打听到原来吴羹美是中国标准铅笔厂的创办人。

思考：这段文字写了几个内容？作者是如何把这些内容连接起来的？

（2）小结：从并列状物到连贯叙事，我们可以用这样的句子来过渡。那从连贯叙事到并列状物又可以怎么过渡呢？我们再来看一篇文章。

（3）之前我们提到了《最宝贵的收藏》先写了藏品的故事，再介绍了藏品本身。看谁能找到作者用来连接这两部分的语句。

（4）出示：

……我伸着头，使劲张望那张邮票，叔叔好像发现了：“小朋友，你喜欢这张黄山邮票吗？”我点点头：“是的，我想买，但没有了。”“那我把它送给你吧！叔叔相信你会好好收藏的。”叔叔把邮票递给我后就走出了邮局。

我怀着激动的心情仔细端详这张邮票，原来这是黄山著名景点“梦笔生花”啊！四处云雾缭绕，好像处于仙境一般。远处的山峰都高得出奇，好像冲破了云霄。在这片云雾缭绕中，那支能开出绚烂之花的神笔出现了。我仿佛看见诗仙李白翻过一座又一座的高山，来到黄山脚下，又不辞辛苦地向黄山顶上爬去，终于找到了梦中那支神奇的笔：我仿佛又看见那支笔的笔尖开出花的一瞬间，花是那么灿烂，正迎接着初升的阳光；我还看见李白提起笔，手一挥，一首首从古流传到今的千古名句跃然纸上……

（5）小结：这句话把文章从连贯叙事引入了并列状物，这句话也是这段话的总起句。从连贯表达到并列表达的过渡，我们一般写一句总起句来衔接两部分内容。

（四）完成习作

1. 下面我们要开始写作了，但动笔之前，请同学们先构思一下你准备怎么写，可以和周围同学交流一下，时间为三分钟。

2. 交流。

要点：（1）开头是否简要地将藏品交代清楚。

（2）如何安排材料，突出藏品特点。

（五）讲评

要点：（1）对自己的藏品进行描述并叙述有关藏品的故事。

（2）写好过渡语言。

【板书设计】

收　藏

开头：交代藏品

介绍藏品	或	藏品背后的故事
藏品背后的故事		介绍藏品

结尾

十、五年级写作教学设计2：《参观》

【教学目标】

1. 在阅读中体会、感悟心理描写的方法。

2. 学写参观过程中的心理描写。

3. 能按先写见闻再写感想的顺序完成一个片段的写作。

【教学过程】

（一）导语

四年级时，我们学写游记，完成了“参观校园”的习作，大家能按照参观游览顺序，很好地运用过渡句将各个景点自然连贯地介绍清楚。可是这样的文章让读者有种千人一面的感觉。其实，每个人在参观游览的过程中都有各自不同的心情、感受和思想活动。今天，我们将学习参观过程中的心理描写。

［板书］心理描写

（二）学习例文

秋游香山

在北京的西边，有一座以秋天美景而家喻户晓的山，这就是香山。

我一进香山的大门，就看见了一个形状十分怪异的湖，名为眼镜湖。风吹过后，眼镜湖的涟漪开始绽放，像朵朵菊花一般，还犹如一张张笑脸。眼镜湖是碧绿色的，湖面上漂浮着片片落叶，是不是因为落叶腐烂了之后，染绿了湖水呢？或许是水草的倒影？湖的中间一座汉白玉的石桥，就好似弯弯的月牙，“挂”在了湖水边。

在美丽的眼镜湖观赏过后，我迈着步子走向了香山。还未上去，就看到山上有一场“大火”，这就是著名的香山红叶。那红叶就如山涧披上了火红色的衣裳。我虽然在明信片、广告上看到过香山，但眼前看到的才是最真实的，真是“停车坐爱枫林晚，霜叶红于二月花”呢。

上了香山不一会儿，我就觉得“秋风秋雨愁煞人”这句话有些不真实，秋风吹过之后，我真正感受到了秋天的温暖与热烈。那枫叶像美丽的火星在空中舞动着，太美了！

这时候，一个飞快的身影从我身边跑过。原来是一只小松鼠，眼睛亮亮的，大尾巴毛茸茸的，摇摆不停，还拿着食物跑来跑去。它并非我想象的那样——看到人会非常害羞。小松鼠们也在充分享受着那快乐的、热闹的秋天时光。动物是我们每个人的好朋友，是大自然赐给我们的礼物。

我并没有登上山顶，但是我感受到了这红色与绿色陪伴我的登山时光。大自然无私地为我们奉献着，它是多么的伟大啊！大自然给予我们幸福和欢乐，我们每个人也要用自己的力量去善待自然、回报自然。大自然需要我们的爱、支持与鼓励。

在香山的美好时光，我们永远不会忘记。

1. 思考与问题

作者在游览香山的过程中，由景想到些什么？

看到（景）	想到（感想）
眼镜湖的涟漪	像朵朵菊花一般，还犹如一张张笑脸

［板书］

感　受　　　　联想（物　事　诗句名言……）

心　情　　　　幻觉

　　　　　　　内心独白

思想活动　　　推测

　　　　　　　幻觉与梦境

2. 小结与过渡

这篇例文按游览顺序将各景点的景物描写得很清楚，不但过渡自然，而且所到所见融入了自己的心理描写。

每个人的心理感受都是丰富多彩的，同样是见到枫叶，不同的人观察的角度不同，感受也不同。

3. 阅读与拓展

瞧，那树林里有红色的枫叶，黄色的枫叶，简直就像一个个火红的小精灵在黄色的海洋里快乐地玩耍，又像一个个红红的苹果挂在树上左右摇摆。

枫叶随风飘落，在落下之前就接住枫叶的人会得到幸运，而能目睹枫叶成千成百落下的人可以在心底许下一个心愿，在将来的某一天就会悄悄实现。如果能与心爱的人一起看到枫叶飘落，两人就可以不分开。

我捡起一片枫叶，细细地观察起来，一片枫叶由七个小小的叶瓣组成，它的边有些毛糙，红色的茎细长细长的，像一只张开的手掌。我的心如那火红一般，那尖锐犹如我对她的思念指向四面八方，那飘零的样子又让我深深想起她的温柔。我想像那枫叶一样，再次飘落她的怀里。可是，母亲，你在哪里？

秋天来临了，别的树叶都枯死了，再也没有当年那英俊潇洒的模样了，唯独枫叶依然不忘把自己最光彩的一面展现在我们眼前。瞧，那火红的枫叶，宛如穿上了艳丽而喜庆的嫁衣，像一位新娘展示出人生最美的一面。但深深赞叹之余又不无惋惜。因为枫叶刚刚才开始人生中最绚丽的时光，可不久又要化身为“天使”离我们而去。

（三）习作任务

1. 导入

踏进新学校的校门，最亮丽的一道风景线要数“彩虹廊”了。它是我们学校的一条宣传长廊，一共有七个版面。

2. 开拓思路

（1）看到“彩虹廊”你想到什么？

（2）为什么取了这样的名字？

（3）关于“彩虹廊”，你听说过什么？

（4）你对“彩虹廊”里的什么最感兴趣？说说你的感受。

3. 以“彩虹廊”为一个景点来介绍，先写见闻再描写心理活动。

（四）当堂习作

一进校门，左手边是一条长达四十米的彩虹廊____________________

____________________。

（五）交流点评

1. 自评。读读自己的草稿，按照下面的提示进行自我评价。

（1）我写的内容是参观记吗？ ☺ ☻

（2）我能把参观过程中的景点介绍清楚吗？ ☺ ☻

（3）我的作品中有心理描写的内容吗？ ☺ ☻

（4）我能自然地将心理描写融入我的所见所闻中吗？ ☺ ☻

2. 点评。

要求：能自然融入心理描写内容。

心理描写内容过渡自然。

用上心理描写的方法。

第九章　基于写作学本的小学写作教学思考

一、生活、阅读与写作

小学生写作有两个困难：一是写不出。每到作文时，总是头脑空空没什么内容可写，于是皱眉头咬笔头一脸痛苦。二是不会写。脑子里明明白白就是嘴上说不清，笔下写不明，干着急。其实岂止是小学生写作有这样的困难，很多成人也有同样的写作困惑。这两个困难正反映了写作的两个基本理论和实践的问题——生活与写作，阅读与写作。

在小学语文教育领域中许多有名望的老师致力于探究上述这两个基本问题，也出版或发表了不少论著，但编就写作教材的尚无先例。我们在上海师范大学丁炜博士的带领下，就“表达课本的编制”做了一些探索，尝试从一个新的角度来破解学生的困惑。

（一）生活与写作

语文教育界的前辈叶圣陶先生曾多次重复这个话题，他说道：

“写作的根源在于自身的生活，脱离生活，写作就无从谈起。”

“作文不是生活的点缀，而是生活的必需，跟说话完全一个样。”

“我谓实际作文，皆有所为而发，如作书信，草报告，写总结，乃至因事陈其所见，对敌斥其谬妄，言各有的，辞不徒作。……而作文为社会生活中不可缺少之技能，非语文教师强加于学生之作业……”

与叶先生同辈的许多著名学者、作家对此也都有一些精辟的论述。美学家朱光潜说：“材料源于生活。我们日常所接触到的各类人物，遇到的各种事情，都可以成为写作时的直接材料……”作家巴金说：“我最主要的一位老师是生活，中国的社会生活。我在生活中的感受使我成为作家。”

我们的研究把生活与作文的关系归结为三句话：生活是作文之源，生活需要作文，作文要为生活所用。

1. 生活是作文之源

学生写自己的生活，即写自己的经历、自己的耳闻目睹、自己的思考，是没有困难的。于是，许多人主张学生写“自由文”。这是毋庸置疑的。但是会写命题作文也是一种生活能力。培养这种能力，教师就该命题，就该从学生熟悉的生活出发命题。

出个题目，让学生分析题意后写作文，就叫命题作文，它是作文教学中常用的教学方法。小学命题作文是小学教学中普遍运用的一种作文训练形式，对提高小学生的作文水平有很大的帮助。比如“在学雷锋的日子里”“记班上的好人好事”等就是常见的命题。

但是我们发现上述作文命题有它的局限性。对于这类题目，学生不一定有话说。硬要没话找话，学生只好瞎编硬凑。一位供职于广州某媒体的人士，从自己的作文簿里总结出当年屡试不爽的二十多条固定句式，如“今天在马路边捡到一毛钱，交给了警察叔叔……叔叔表扬了我，乐得我一蹦三尺高”“那一刻，我的脑海里浮现出雷锋叔叔的身影……我毅然举起心爱的小猪存钱罐，砸了，把所有硬币都捐给灾区小朋友”……传至网络后，迅即引来近两万网友围观和跟帖。58%的人（包括发起人）都承认自己当年既没捡到过一毛钱，也没砸过“心爱的小猪存钱罐”。

这个事例说明有些作文题目虽然题意清晰易懂，但脱离小学生生活实际，让学生作文时无对象、无目的、无感情。虽说一看题目学生便知题意，编点话说，也过了作业关，但如此写作，谎话连篇，于人、于文都无裨益。

作文源于生活，命题要与小学生的生活直接联系。例如，“称赞”是小学生生活的一个重要内容。他们在学校里天天盼望着得到老师、同学的称赞，在家里也时时想得到父母的称赞，他们也会学着大人的样子去称赞别人。生活中可以称赞的人和事有很多很多，所以学会称赞是一种生活能力，也是一种表达技能。生活中还有许多需要宣传教育与劝诫的事和人。例如，有人不遵守交通法规，酒后驾车，乱穿马路；有人不讲社会公德，在公共场所大声喧哗，乱扔垃圾，随地吐痰，甚至旁若无人地吸烟。可见“宣传教育和劝诫”是我们生活的重要组成部分，小学生也要参与其中，宣传植树的意义，劝诫吸烟的老师戒烟……于是他们要学习如何跟长辈讲道理，并且落实到语言行动上。这些表达学习，无论内容还是形式都是源于生活的。

我们将生活中的话题作为作文的内容，就能让学生拉近与生活的距离，有真话可说，有实情可写。

2. 生活需要作文

生活中的大事、小事，都离不开作文。教育家叶圣陶先生说："作文不是生活的点缀，而是生活的必需，跟说话完全一个样。"

一年一届的少先队干部改选是学校工作的一件大事，也是学生非常看重的一件大事，它有利于发挥学生的主人翁精神，学会正确行使民主权利。许多学生都希望担任队干部，有一份为集体服务的热情。但光有热情是不够的，还需要能力。如何展示你的能力呢？写一份竞选纲领，宣传自己对未来工作的打算，发表出来，让人了解你。这是获取竞选成功的重要途径。

生活中会发生各种各样的事，几乎每件事都会与表达相连。当你结交新朋友时，需要相互介绍以增进了解；你一不小心遗失了物品，就会寻求别人的帮助，张贴一份寻物启事是一种很实用的办法；踏上社会去应聘工作，需要学会自荐，写好简历才有机会得到用人方的考虑和青睐；班级里要进行一次"家庭美食比拼"活动，就需要把自家的美食制作方法写成食谱和制作一张传单来造声势……这些生活中的事情无不需要作文表达。所以，小学生的作文必须冲破单一的记叙文写作训练，从生活需要出发，学会应用多种文体达到表达的目的。正如叶圣陶先生所说："实际作文，皆有所为而发，如作书信，草报告，写总结，乃至因事陈其所见，对敌斥其谬妄，言各有的，辞不徒作。"

3. 作文为生活所用

这是一个写作动机问题。写作是有目的的。为了交老师布置的作业是一种目的，但这种写作目的让作者无写作兴趣可言。为了参与社会生活活动也是一种目的，这种写作目的能激起作者的写作欲望。

写作文是为了自觉地运用语言来表达自己的所见所闻、所感所想，写作文是为生活所用。四年级时，学生下里弄参加"弄堂里的老游戏"体验活动，他们在里弄居民阿姨叔叔的带领下玩起了"造房子""滚铁环""打弹子""捉米结子"等游戏。回到课堂，大家情不自禁地要把弄堂里的老游戏一一介绍出来，怎么玩的、要什么道具、如何判定游戏的输赢。将每位同学的作文编纂起来，就成了一本《游戏手册》。把这本书推荐给其他年级的伙伴阅读，那些同学看了《游戏手册》，也都玩起了弄堂里的老游戏。这就是作文为生活服务的魅力。

再如收藏是一种高雅的行为，更是一种文化，需要与别人交流。学校组织了一次“我的藏品博览会”，同学们通过展览自己的藏品，把自己的藏品和有关藏品的故事用文字写出来与别人分享。这些文章让我们品味文化，感受一段快乐的时光，收获一份友情……

做这些实实在在的事的时候，我们能够直接感受到写作为生活所起的作用。写这样的文章有明确的目的，有明确的阅读对象，正如叶圣陶先生所言，写作服务于我们的生活，“尽量运用语言文字并不是生活上的一种奢侈，实在是现代公民所必须具有的一种生活的能力”。

（二）阅读与写作

自古以来，古今中外的作家，无一例外都是从读学写的。西汉伟大的史学家、文学家、思想家司马迁自幼诵古文、读史书，后来写出我国第一部纪传体通史《史记》；唐宋时期是我国历史上一个繁荣昌盛的时期，孕育了许多著名的文学家，柳宗元、欧阳修好书成癖，韩愈、白居易日夜苦吟，都写出了不朽的诗文。中国现代文学的奠基人鲁迅说：“文章应该怎样作，我说不出来，因为自己作的文章是由于多看和练习，此外并无心得和方法的。”叶圣陶先生说：“阅读是吸收，写作是倾吐，倾吐能否合乎于法度，显然与吸收有密切的联系。”

尽管他们成为一代文豪还有其他各种因素，但刻苦读书却是他们成功的一个共同原因。从他们的言谈中，我们可以清晰地明白阅读与写作之间有着密不可分的关系。

1. 阅读是写作的基础

“读书破万卷，下笔如有神”是说博览群书，把书读透后再落实到笔下，就会得心应手。唐代诗人杜甫的这句话不仅盛传当时，而且流传至今。它揭示了阅读与作文的关系。从逻辑上来说，虽然未必读得越多就一定写得越好，但不可否认的是，写作较好的人，他们的阅读量一定不会少，而且涉猎的文章题材也会比一般人要广泛。大量阅读能够增厚人的文化积淀，能够扩展人的视野，能够提高人对生活的感悟力，那是不争的事实。

阅读是写作的基础。朱自清先生说：“写作的训练，还是要从阅读说起。虽然文章不等于生活，是‘流’不是‘源’，但同样可以影响写作。”

全国著名特级教师斯霞说“阅读为写作提供了知识与技能”，“多读多写，首先是个‘读’，首先靠的是阅读课”。所以，没有读就不会有写，读不好也写不好。读总是引领着写向前发展。只有具备了较强的阅读能力，写作时才能左右逢源，充分客观地表达自己的思想和观点。

2. 从课内外阅读学语言表达

《义务教育语文课程标准（2011版）》总目标中关于写作的目标是这样表述的：“能具体明确、文从字顺地表述自己的意思。能根据日常生活需要，运用常见的表达方式写作。”

（1）从语文教科书中学习常见的语言表达方式

现行语文教材的选文，大都是名家名篇。这些文质并茂的课文，为学生锤炼语言、积累常见的表达方式提供了学习范例。

依照语言学习的认知规律，我们从年段出发，确立了从单句到复句，到句群，到段落，到篇章的五年表达训练序列，围绕“连贯表述”和“并列表述”两大语言表述系统，组织练习的内容框架。

例如，“有”字句是一种常见的并列表达方式。在小学的一年级课文中就已出现：

公园里的花真多，有红的、有白的，还有金黄的。五颜六色，美丽极了。

（选自《公园里的花》）

天上一群小白羊，有的蹲着，有的躺着。

（选自《天上一群小白羊》）

“有”字后面带一个词，或动词或名词或形容词，句子结构比较简单。

到了二年级，课文中的“有”字句有新的变化：

胖墩小敏和体育健将小容来到一张桌子前，面对面坐下。同学们有的站在小敏身后为他加油，有的站在小容这边呐喊助威。

（选自《掰手腕》）

白荷花在这些大圆盘之间冒出来，有的才展开两三片花瓣儿；有的花瓣儿全展开了，露出嫩黄色的小莲蓬；有的还是花骨朵儿，看起来饱胀得马上要破裂似的。

（选自《荷花》）

“有”字后面连接的是短语或短句，表达的意思丰富多了。二年级还出现了“有”字句的变式：

各种昆虫轻歌曼舞，飞的飞，跑的跑，又是唱，又是跳……到处生机勃勃。

（选自《小毛虫》）

“飞的飞，跑的跑，又是唱，又是跳”也可以写成“有的飞，有的跑，有的唱，有的跳”，但是一直用这样的句式写，语言学习就没了长进。写文章自然要求变化，有变化才不单调。

三年级课文中的“有”字句更是长短搭配，错落有致：

鱼成群结队地在珊瑚丛中穿来穿去。有的全部布满彩色的条纹；有的头上长着一簇红缨，好看极了；有的周身像插着好些扇子，游动的时候飘飘摇摇；有的眼睛圆溜溜的，身上长满刺儿，鼓起气来像皮球一样圆。

（选自《美丽富饶的西沙群岛》）

下面的“有”字句结构整齐，读起来又是另一种韵律：

如果你用上特制的水中听音器，就能听到各种各样的声音：有的像蜜蜂一样嗡嗡，有的像小鸟一样啾啾，有的像小狗一样汪汪，有的像人在打呼噜……

（选自《海底世界》）

四年级课文《秦陵兵马俑》中的“有”字句是对兵马俑群像的描写，不仅写了兵马俑的神态，还加入了想象的描写。

每一件兵马俑都是极为精美的艺术珍品。仔细端详，神态各异：有的颔首低垂，若有所思，好像在考虑如何相互配合，战胜敌手；有的眼如铜铃，神态庄重，好像在暗下决心，誓为秦国统一天下作殊死拼搏；有的紧握双拳，勇武干练，好像在随时准备出征；有的凝视远方，好像在思念家乡的亲人……走近它们的身旁，似乎还能听到轻细的呼吸声。

写人物群像用“有”字句这种常见的表达方式来写，是非常适合的。这种并列的语言表达系统也适用于单体的人物肖像描写、物体外形描写和景物描写。

肖像描写是刻画人物的一个重要方法。肖像不仅指人的身材、容貌、服饰，还包括人的姿态、神情、习惯动作等。肖像描写，往往以形传神，起到揭示人物内心世界、刻画人物性格的作用。在语文教材的选文里，有许多肖像描写的示例，比如，用并列的表达方式抓住人物特征描摹兵马俑将军和武士的肖像：

将军俑身材魁梧，头戴金冠，身披铠甲，手握宝剑，昂首挺胸，站在队伍前列，像是在指挥身后的军吏和士兵行进。

武士俑高1.8米左右，体格健壮，体态匀称。身上穿着战袍，套着铠甲，脚上蹬着前端向上翘起的战靴，头发一律挽成了偏向左侧的发髻。它们有的握着铜戈，有的擎着利剑，有的拿着盾牌……个个目光炯炯，双唇紧闭，神态严峻，好像一场大战就在眼前。

（选自《秦陵兵马俑》）

无论写将军俑还是武士俑，作者都从人物的身材、装束打扮、武器和动作神态四个方面并列地来写，但是又各有特征。将军头戴金冠，身披铠甲，手握宝剑；武士则是穿战袍，套铠甲，挽着发髻，拿着铜戈盾牌。这些区别正是两者身份地位的差异，是人物原型的客观实录。

另一篇课文是描写一位教师的肖像：

大仓老师穿着一身制服，留着平头，只见他一下子跳上领操台，开始讲话。“我就是刚才介绍的大仓，名字叫大仓，可家里既没有大仓库，也没有小仓库，只有一间小板棚似的草房。家里很穷，是吃大麦饭长大的。不久前刚从学校毕业，今年二十二岁，请大家和我交朋友。”

（选自《大仓老师》）

这段肖像描写里，作者没用什么修饰性的词语，简洁朴素的文字客观地描写了人物的原型。但是，多数情况下作者写人物的肖像时会流露自己的好恶，是一种评价性的人物肖像描写。

在灰暗的小作坊里，在堆积如山的刨花、木屑和碎木料中间，夕阳的余晖照亮一个满头霜雪的老人，照亮他那一支因为年长日久变了色的笛子。

（选自《笛声》）

背景是灰暗的，环境是凌乱的，但是夕阳的余晖照亮了一个满头霜雪的老人，照亮了他那一支因为年长日久变了色的笛子。这里作者用“灰暗”来衬托夕阳余晖照亮的老人和笛子，老人虽“满头霜雪”，饱经风霜，但他热爱生活，热爱音乐，充满乐观，作者用这种衬托的手法来表现自己对人物的崇敬和喜爱。这是很典型的评价性人物肖像描写。

还有一种特殊的描写肖像的表达方式，它不属于并列表达系统，而是属于连贯表达系统的，即在故事连贯叙述的过程中，结合肖像描写。它是分散地写，而不是集中在一个段落中用并列的语句描写。下面的材料是从课文《小读者》的五个段落中摘引出来的：

> 忽然门外传来轻轻的敲门声，我开门一看，站在我面前的是一个扎着蝴蝶结的小姑娘，年纪不过十来岁。
>
> ……
>
> 小姑娘扑闪着一双闪亮的眼睛，望着书桌上堆积如山的稿件，说："您是编辑叔叔吗？"
>
> ……
>
> 小姑娘见我不说话，脸上现出不安的神情，小声地问我："叔叔，我提得对吗？"
>
> ……
>
> 我望着小姑娘红扑扑的脸蛋，笑着问："你叫什么名字？"
>
> ……
>
> 望着小姑娘的背影和那跳动着的蝴蝶结，我的心情久久难以平静。

从上述这些例子中，我们不难发现，从语文教科书的选文中学习常见的语言表达方式，从一年级贯穿到五年级，语言学习的内容是可以随文进行的，同时又是可以循序渐进的。一个好的语文教师要善于组织教材，环环相扣地形成语言学习序列，不断提升学生的语言表达能力。

（2）从课外读物中学习作文

事实上，单从语文教材学习作文，每学期读那么三四十篇课文是远远不够的，需要补充大量的课外阅读。

一本好书是优秀的语言文字的载体，也是知识的载体、思想情感的载体，所谓文以载道。我们阅读优秀作品，犹如同智者谈心。培根说："读史使人明智，读诗使人灵秀，演算使人精密，哲理使人深刻，伦理学使人庄重，逻辑修辞使人善辩；凡有所学，皆成性格。"优秀作品中生动形象、简洁凝练的语言和多种多样的表现手法，皆能极大地丰富一个人的阅历，提升一个人的素质。

多阅读能够激活人的阅读思维，提高认知水平，丰富情感内涵；多阅读能够提高敏锐的语感能力，丰富语言的积累。学生在反复阅读过程中感悟、积累，渐渐会对语言文字的运用形成一定的技巧，语言表达会更为规范，这对写作水平和能力的提高是很有益处的。

3. 与阅读结合的语言表达指导

（1）作前阅读

大量阅读课外读物，是一种广泛性的阅读，是一种随意的积累行为，一般没有特定的功利目的。

写作前指定学生阅读几篇与本次写作有某种联系的相关文章，我们称之为“作前阅读”。

例如，四年级组织学生举办一次收藏展览。布置展览需要大家提供藏品以及对藏品的介绍文字。我们就以“收藏”为主题开展了一次作文教学活动。写作前，给学生提供了《老舍的雅趣》《地图精》《最宝贵的收藏》等阅读材料。《老舍的雅趣》是写老舍先生爱好收藏折扇，品味华夏文化的蕴涵；《地图精》是讲余光中先生收藏地图，增长地理知识；《最宝贵的收藏》讲述作者收藏邮票的一次有趣经历。学生阅读了这些文章后，通过交流打开了思路，原来自己平日里喜欢的东西都可以视作一种收藏，并且要把藏品背后的故事讲出来与人分享。结果，全班23名学生，汇集上来的藏品居然有17种之多，有玩具枪、发夹、日记本、贝壳、贴纸、橡皮、海贼王卡片……重复的藏品很少。

作前阅读打开了学生对藏品理解的思路，让大家觉得有话可说，有内容可写。接着，我们让学生把布置收藏展馆与构思作文同步去做。学生意识到了自己的作文是展馆中不可缺少的一部分内容，自然就有了写作的兴趣与积极性。

作前阅读的那些文章虽然写的是同一个话题，但是在构思方面不尽相同。老舍先生收藏的折扇并非一件，而是一组，因此作者可以用并列的表达方式来状物，一一介绍自己的藏品。至于藏品背后的故事，作者就用连贯的表达方式叙事，于是，藏品与故事两者组合在一起，一段状物，一段叙事，条理非常清晰。《地图精》一文，作者略写了他收藏的地图的样子，而把重点放在了交代为什么会收藏地图以及部分地图的来历上，读上去妙趣横生。《最宝贵的收藏》中，作者先写收藏那枚邮票的经历，由于是一种巧合的机缘，就显得十分有趣。然后，作者再详细介绍了那枚邮票的样子。

学生读了这些文章，在选择写作内容、构思文章的结构安排时都会表现出很强的独立性，写自己想要写的，绝不人云亦云。

（2）习作例文

作前阅读的主要作用在于帮助学生打开写作思路，了解本次写作的目的和意义。但在具体表达上，对于如何组织语言还不能发挥直接的指导作用。所以在作文课上，再提供一篇切近学生写作水平的习作例文，依然启发学生从阅读中学表达，尤其是通过学习某种常见的语言表达方式来练习写作。

执教“收藏”这一课要达到的语言表达训练目标是：学会综合运用并列、连贯两种表达方式。根据这个目标要求，我们选了一篇报纸上发表的《收藏铅笔》，作为本次写作教学的习作例文。

收藏铅笔

我喜欢收藏铅笔，但不是什么铅笔都收藏，只收笔杆上印有专门字样的纪念性铅笔。20世纪，用纪念性铅笔写字是一种时髦，因为每逢国家召开大的重要会议和国家重要的活动，有关部门都要印制一些纪念性铅笔，比如：全国人大会议、全国政协会议、全国科学大会、中华人民共和国成立某某周年……

我收藏的铅笔不算很多，来头大的有“全国人民代表大会”“中国人民政治协商会议全国委员会”“爱我长城、修我长城集资活动”“中华全国总工会”“攀登世界高峰象征性长跑奖”“庆祝中华人民共和国成立三十周年”“人民大会堂”……范围小的有“上海人民广播电台”“南京军区科学大会”“中国汉字硬笔书法大赛”……

收藏此类用钱买不到的铅笔，其实是很辛苦的。比如，我没有参加过全国科学大会，怎么能收得到印有“庆祝全国科学大会胜利召开”的铅笔？于是只能去拜访熟识的与会的代表，厚着脸皮索要一支。

有一天，一位老伯颤颤巍巍来到我家，把一截铅笔塞在我手心，他说：“这支铅笔是1931年我在日本东京福元罗纱点做学徒时得到的，几次想丢弃，竟舍不得，存着吧又没大用处，赠送与你，可说得其所哉。”老伯说完也不坐坐就走了。

又有一天，北京寄来一信，说：“赠上铅笔一包，请哂收。我已寄给《新民晚报》社林放，请持此函前去洽取。吴羹美。”后来我才打听到原来吴羹美是中国标准铅笔厂的创办人。

领了一包北京寄来的铅笔，数一数，共有97支，内还有羹美老人的信："有幸认识您这位收藏家，是我一生中的快事。"真是叫人愧煞羞煞！

如今除了小学生做作业和高中生参加高考，已经没有人用铅笔了。更没有谁会在开完一个有重大意义的会后发两支印有大会名称的铅笔给代表。收藏源枯竭了。

细细算来，我共收藏了300来支有纪念意义的铅笔。这个数目虽算不上收藏家，但已是一片光景了。

例文作者收藏的是印有专门字样的纪念性铅笔。作者先交代了自己的藏品是什么，然后用并列的方式介绍了部分纪念性铅笔的样子。最后，作者叙述了部分藏品的来历。作者用了"收藏此类用钱买不到的铅笔，其实是很辛苦的"这样一个过渡句将状物与叙事两部分巧妙地连接了起来。

根据不同藏品的特点选择合适的表达方式，或侧重状物，或偏于叙事，也可平分秋色；运用好过渡的语言，保证文章综合使用两种表达方式时做到文从字顺、表达流畅。这些都是本次作文目标要求内的训练点。

作文指导课着力提高学生的语言表达能力时，一定要避免单纯地从形式上机械模仿。下面引录三篇学生作文。

我的"AK5847"冲锋枪

我是一个男孩，当然喜欢酷毙了的玩具枪啦！我的玩具橱中有许多玩具枪，最珍贵的要数那把序号为"AK5847"的冲锋枪。

这把枪和我的胳膊一样长；枪口不大，可以正好塞进我的小指头；子弹是黄色的塑料小球，打到人很痛；弹闸里正好放进100个小球；枪身左侧有一根上膛杆。

为了得到它，我用满分数学考卷加上我一个月的零花钱才让老妈买下它的。买到后我如获至宝，立刻去表姐那儿炫耀一下："不许动！动就开枪了！"可表姐不予理睬。于是我用力拉了手柄想上膛，可是我当时人小，力气也小，只拉到三分之一就没力气了，我赶紧呼救："老妈！帮我上膛！"表姐嘲讽道："切！买那么大把枪，膛都上不了有屁用？""哼！不理你了！"对于表姐嘲讽的话，年幼的我并不将它放在心上。每到周末，我和它形影不离。同样，外出旅游时也会带上它。

“AK5847”冲锋枪，它是我最珍贵的收藏。

这篇作文综合运用了并列（状物）、连贯（叙事）两种表达方式，但是小作者侧重于叙事，介绍自己藏品的故事。因为爱得深切，所以视为珍藏；因为是真情流露，所以趣味盎然。

最美的收藏

我是女孩，所以总是会臭美，一看到好看的头饰，就有一种莫名的冲动想要买下来，造成家里的饰品已经堆成了高高的一座“饰品山”。

在这座“饰品山”中，有黑白格子配米色底的蝴蝶结，有浅粉色水晶花瓣深粉色水晶花蕊的小花，有蓝色蝴蝶结上带着一个Hello Kitty的发夹……其中我最喜欢的是一个环形的头绳：红白色的格子细细小小的，中间还有两个像兔子耳朵似的装饰。系在辫子上，走起路来两个“耳朵”一颠一颠的，真是有趣。

看着这条头绳，我久放在大脑不动的记忆宝箱打开了。

“雪儿，你的头绳好漂亮啊！”我兴奋地指着同学头上的头绳说道。“呵呵，是吗？那可多谢夸奖了！这个呀，是我昨天刚买的！”雪儿笑着说。“真漂亮！”我围着她左看看，右看看，不知看了几圈，转了几圈，才停下来。雪儿看着我，笑着说：“你喜欢吗？”“当然啦！”“那……”她把头绳从头上拉了下来塞在了我的手中，“这个就送给你了！”“真的？”“没错，怎么，你不要？那还给我。”说着，她还真的向我伸出了手。“嘿嘿，雪儿最好了！”我向她扑了上去，教室里传来阵阵清脆的笑声。

这根头绳，不仅仅是个头饰，它还是我和雪儿之间纯洁友谊的美好见证。

这篇作文开门见山，第一段用一个长句子点明“我”喜欢收藏什么。在介绍自己的藏品时特别下劲，藏品的故事原本没有什么特色的就轻轻带过了。一重一轻之间，过渡得也很自然：

我最喜欢的是一个环形的头绳：红白色的格子细细小小的，中间还有两个像兔子耳朵似的装饰。系在辫子上，走起路来两个“耳朵”一颠一颠的，真是有趣。

看着这条头绳，我久放在大脑不动的记忆宝箱打开了。

我的宝贝收藏——Hello Kitty日记本

每个人都有属于自己的收藏，有人收藏盆栽，有人收藏书画，有人收藏贝壳……而我却偏偏收藏那不起眼的本子。

我收藏的本子有很多，叠起来大概可以与我腰齐高了。每一本本子都有一段不同的来历。

记得在我快上二年级时，不知为何，许多跟我同龄的女孩都流行买带锁的日记本。邻居家的好友有，一起上学的同学有，有人甚至还把本子带到学校里来，可就唯独我没有。每当那做工精美的本子在我面前晃过时，我的心都要为之颤动。我多么渴望得到一本啊！

有一天，当我路过家旁边的文具店时，突然在橱窗里瞄见了什么——啊！是带锁的日记本！我的目光不由自主地转移到了本子上，脚步也停了下来。“妈妈，我要那个！”我拽了拽妈妈的袖子。“乖！你还太小，还不会写文章。等你再长大点，会写文章了，妈妈就给你买，好不好？”妈妈劝道。“不嘛不嘛！我就要！”我抗议道。“你要是不听话，信不信我打你！”妈妈板下了脸。“你打好了！反正我就是要。”我鼓着嘴小声嘟囔着……

最终在我不懈“努力”之下，妈妈终于答应给我买一本带锁的日记本了——作为我的儿童节礼物。

儿童节那天，我如愿以偿地得到了一本带锁的日记本。那是一本Hello Kitty的本子，这可是我看了许久才看中的。一得到它，我就迫不及待地拆开了包装，轻轻地抚摸着封面。封面的颜色是以暖色调为主的，封面底色是淡粉色的，右下角印着一只大大的Hello Kitty。虽然它没有嘴，但我感觉到它正微笑着向我招手，仿佛在说：“你好哇！”本子的侧面有一把小巧精致的锁。锁上面插着一串小小的钥匙。我转动了一下钥匙，“咔嚓”一声，本子便打开了。我一页页翻着，发现每一页的图案都是不同的，有的是一朵花，有的是一颗爱心，有的是许多小Hello Kitty组合在一起的……

现在那本本子已经旧了，Kitty猫脸上也微微泛着抹不去的黄颜色，更不及我的其他本子那么艳丽，那么光彩夺目。但它记录着我生活中的点滴，记录着我对未来的美好憧憬，记录着我的秘密和隐私。它将永远成为我心中最宝贵的回忆！

小作者写自己的宝贝收藏——本子，有秦文君《红书包》的影子，这是广泛阅读带来的益处，令人佩服。特别是她有意将藏品的介绍穿插于叙事之中，造成一些“悬念”的气氛——通过不懈“努力”获得的本子尤为珍贵，究竟是什么模样的，然后再徐徐道来。

上述的学生作文都是介绍自己的藏品，有共同之处，体现在本次作文表达的要求上：用状物加叙事的方法来表达；用好过渡句，将状物与叙事巧妙地连接起来，让表达变得连贯。同时，每篇作文又有各自的精彩。不仅在作文内容方面多样化，有二十多种作文的角度：有童年的趣事、有珍贵的友情、有师生之情、有兴趣爱好、有陶冶情操……而且在表达的方式上，有的侧重叙事，有的侧重状物，有的两者兼顾平分秋色，有的状物在前，有的状物穿插于叙事之中。变化之多，令人目不暇接。

（3）评价

每次作文都有明确的表达训练目标，因此作文的评价就与本次语言表达的目标紧紧挂钩。

仍以“收藏”一课的教学为例。这次写作训练的语言表达目标是：根据不同藏品的特点选择合适的表达方式，或侧重状物，或偏于叙事，也可平分秋色；运用好过渡的语言使文章表达顺畅。据此，我们的作文评价标准相应地确定为：

读读自己的文章，按照下面的提示进行自我评价：

★别人读了我的文章后，是否明白我的藏品和藏品背后的事情？ ☺ ☹

★我是否合理选择了表达方式？ ☺ ☹

★我是否运用了合理的过渡让我的文章变得连贯通顺？ ☺ ☹

作文评价是写作训练的一个组成部分。所以，我们要求学生写完文章后要复读，并做出自评，自评后再修改自己的文章。

教师在学生自评修改后收阅学生作文，可以与学生再次对话（笔谈），也可以组织学生互评，结合讲评。这样做，学生每次作文都能看到自己的进步和发现还存在的问题，同时又能学习修改文章，养成良好的复读修改习惯。

二、从阅读学表达

写作，是运用书面语言记录自己对客观事物的感受、理解和认识，表达自己的思想和情感。要想写好作文，除了要有明确的写作动机、丰富的写作材料，还要以占有大量的语言材料和掌握基本的语言表达方式为基础。有了写作内容不等于就能写出好文章。丰富的思想需要丰富的语言去表现。帮助学生学会运用祖国的语言进行正确的表达，提高他们的语言表达能力，就成了每位语文教师必须承担的一项重要而又艰巨的任务。

为了切实有效地提高学生的语言表达能力，我们应当立足于语文课程目标，正确处理阅读和写作的关系，开启阅读与写作之间的通道，在阅读中完成语言积累，在阅读中完成作文基础训练，从阅读学表达，带领学生在语言的世界里自由自在地出入。

（一）为什么要从阅读学表达

有人说：阅读是语文之根，阅读是学习之母，阅读是教育之本。

此话一点不假。阅读，可以使人视野广阔，心胸豁达，思维敏捷，意志坚定。阅读，可以丰富你的知识，陶冶你的情操，净化你的心灵，完善你的人格。古往今来，哪一位作家不是从阅读中获得智慧、力量和成长？

就阅读和写作的关系而言，我国历来有“勤于阅读，逸于作文”之说。阅读是写作的基础，写作依赖于阅读。俗话说，熟读唐诗三百首，不会作诗也会吟。杜甫诗曰：“读书破万卷，下笔如有神。”欧阳修说得更直白：“作文无他术，唯勤读书而多为之，自工。”由此可见，阅读对于写作是多么重要。

古今中外，大凡是有成就的作家，无一不是博览群书，用心从别人的著作中汲取营养，认真学习和借鉴他人的写作经验而获得成功的。

作家王蒙在谈到他的创作道路时，曾说过：“开始不注意借鉴别人成功的经验，所以，50年代写出来的废品的数量，大大超出发表出来的作品的数量。”60年代初，利用休息时间读了一些书，他说：“我这才懂得，写小说，还是要讲究一点章法，讲究点规矩的。我很佩服茹志鹃的小说结构的匠心和她的语言的音乐感。她那篇《阿舒》我几乎背了下来。”

文学史上，作家学习、借鉴他人创作经验的事例，还可以举出很多。

诸如，鲁迅写《狂人日记》，就是借鉴果戈理的《狂人日记》，两者在写作方法上有许多相似之处。茅盾写《子夜》，深受《红楼梦》的影响，在结构艺术、人物塑造、场面描写等方面都从《红楼梦》中得到借鉴。欧阳修的词句"离愁渐远渐无穷，迢迢不断如春水"，显然是受南唐后主李煜"问君能有几多愁，恰似一江春水向东流"的启发。毛泽东的词句"一唱雄鸡天下白"，则是化用唐朝李贺的诗句"雄鸡一声天下白"……

作家尚且如此，更不用说是初学写作的小学生了。他们更需要通过阅读别人的文章学习组织语言、运用语言的方法和本领，学习他人成功的写作经验。

一个二年级的孩子在作文中写下这样的句子："这只小虫小小的，绿绿的，长着一对银白色的翅膀，好可爱！"他显然是受到一年级课文"荷叶儿，圆圆的，绿绿的"这种句式的影响。另一个四年级的孩子在写《冬青树的花》一文时，其中有这样一段叙述："人们平时注意的只是它的叶子，很少有人注意过冬青树还会开花。以前我也不知道，今年，在养花师傅的指点下，我注意了。"这分明是从叶圣陶先生的《爬山虎的脚》中学来的。叶先生文中有一句："以前我只知道这种植物叫爬山虎，可不知道它怎么爬。今年我注意了，原来爬山虎是有脚的。"这个孩子不但记住了，而且把这种表达方式灵活地运用到自己的作文上了。

然而，能这样做的学生毕竟是少数。在现实的语文教学中，大多数的课堂里还是只注意学习内容，而不注意学习语言。许多教师并没有把主要精力集中在引导学生研究作者是怎样运用语言形式来表达思想内容的，这样的表达方式究竟好在哪里。这样的教学，学生只能停留在理解课文内容上，而在语言表达方面，则学不到多少东西。如果语文教材中有精心的设计，如果语文教师有这种自觉的意识，把阅读教学从主要研究内容转向主要研究语言、研究表达，引导学生关注文本作者是如何遣词造句、构思立意、布局谋篇的，那样的话，学生不就都能自谙写作之道了吗？

总而言之，无论是大作家，还是小学生，都应该读别人的书，写自己的话。也许，这就是从阅读学表达的意义所在。

（二）从阅读学表达具体学什么

从阅读学表达，具体学什么？关于这个问题，我们可以通过研读语文课程标准得到答案。

教育部颁发的《义务教育语文课程标准（2011版）》中，“总目标”部分有如下论述：

“在语文学习过程中，培养爱国主义、集体主义、社会主义思想道德和健康的审美情趣，发展个性，培养创新精神和合作精神，逐步形成积极的人生态度和正确的世界观、价值观。”

“具有独立阅读的能力，学会运用多种阅读方法。有较为丰富的积累和良好的语感……背诵优秀诗文240篇（段）。”

“能具体明确、文从字顺地表达自己的见闻、体验和想法。能根据需要，运用常见的表达方式写作，发展书面语言运用能力。”

在“分学段目标”中，又明确提出“在阅读中积累词语”“积累课文中的优美词语、精彩句段，以及在课外阅读和生活中获得的语言材料”“在阅读中了解文章的表达顺序，体会作者的思想感情，初步领会文章的基本表达方法”等要求。

细读课标，我们就会明白，学生学语文，首先是为了学做人，做一个有思想、有个性、有人格、有修养的人。我们语文教育的目标，就是通过母语的学习，使学生获得全身心的成长和发展。同时，提高学生的语文素养，让他们学会独立阅读，学会运用祖国的语言文字进行正确的表达。为了达到这样的目标，阅读课上应该着重做好三件事：一是读书明理，积累知识、思想和情感；二是学习语言，积累语言材料；三是学习基本的语言表达方式，学会运用常见的表达方式写作。这三点，正是从阅读学表达的主要内容。

1. 读书明理，积累知识、思想和情感

语文教育的根本目的是促进学生精神成长，使他们健康成人。德国大哲学家雅斯贝尔斯在《什么是教育》一书中说过：“要成为人，须靠语言的传承方能达到，因为精神遗产只有通过语言才能传给我们……学习语言可以在无形中扩大个人的精神财富。俗语说得好，语言替我而思。因此为了我们精神的不断完善，通过学习富于语言创造力的思想家和诗人的作品，以掌握丰富的语言是理所当然的。”这段话充分说明了学习语言对于一个人具有多么重要的意义。它告诉我们，唯有认真学习语言，大量阅读经典，方可传承人类的精神遗产，方可丰富自己的精神财富，方可发展和完善自己的思想和情感，进而成为一个完善的人。

为此，从阅读学表达，首先要培养学生的阅读兴趣，教会他们正确的阅读方法，形成良好的阅读习惯，指导他们自觉地从阅读文本中汲取精神养料。

语文课中精神营养的获得，不靠说教，而是靠语言本身的魅力，靠潜移默化、感染熏陶。这就是雅斯贝尔斯所说的“在无形中扩大”。学生必须经历这样的阅读过程：先要用心阅读文本，深究语言，尔后结合自己的生活经历，与文本作者展开心灵对话，再经过自己深入的独立思考，才能获得真切的体验和独特的感悟。

教师的责任就在于指导学生从研究文本的语言表达特色中体会文章的思想和情感，指导他们自主地积累知识、积累思想、积累情感、积累间接的生活经验。这样的积累越丰厚，一个人的成长速度就越快。

必须指出，这样的积累，不仅关乎学生的精神成长，也直接关系到他们的表达水平。因为，一个人的精神世界丰富了，文化品位提升了，自然就能写出好文章。

2. 学习语言，积累语言材料

任何语言，都必须以文字为载体，通过一定的表达形式来表达思想内容。作为语言记录的字、词、句，是文章构成的基本单位。小学生阅读的首要任务，是要积累一定数量的字、词。显而易见，不掌握一定数量的常见汉字和书面词汇，就无法写作。反之，掌握的书面词汇越多，写作时挑选的余地越大，语言表达水平自然比别人高。

积累词语，最重要的是学会归类整理、分类积累。比如，一年级课文中学过许多写颜色的词语，一学期结束时，可以指导学生把学到的所有表示颜色的词语归归类，整理出来。一学年以后，再细分，专门把写“红”、写“绿”的词语分类积累。同样，写“水”的词语，可以分为“河水、海水、雨水、瀑布”等类来积累。再细分，“雨水”又可以分为“春雨、秋雨、大雨、细雨、雷雨、阵雨、暴风雨”等类来积累。

在这方面，作家叶永烈堪称模范。从学生时代起，叶永烈就养成了爱读书、爱积累的习惯。他在课余读《三国演义》《水浒传》《红楼梦》等名著时，边读边把书中精彩的语言摘录下来。他还摘抄了孔子、老子、孟子、庄子的许多名句，摘录了李白、高适、王安石等许多诗人的诗词名句。为了丰富自己的词汇，叶永烈还专门编写了一本几万字的“小辞源”。其中收集了成语1900多条，抄录谚语700多条，歇后语200多条，单是带“然”字的词语，如“油然、陡然、怅然、了然……”就记了100多条。他觉得，这种自己动手抄录的“小辞源”比现成买的各种描写辞典更适合自己，更实用，也更记得牢。

积累语言的基本方法是朗读、背诵、听写词语和句子。这里的句子，主要指用新词组成的句子，这不仅有利于记忆，更有利于运用。

我们更主张用制作读书卡片、做读书笔记的方法来积累语言材料，记录阅读收获。这种训练可以从课内延伸到课外，并逐步形成习惯，使学生终身受益。

教学中，还需要在不同阶段安排适当的语言操练，锻炼学生运用语言的能力。在运用中积累，才是最可靠的方法。要把消极的词汇化为积极的词汇，化成学生的血肉，使其在他们的心里生根，特别需要组织各种语言操练。例如，提供35—40个学过的动词、形容词，要求学生从中选取五六个适当的词语，写几句话来记叙同学们的课间活动情景。又如，从词语表中，选取五六个表示颜色和景色的词语，用一段话写写校园中的一处景色。

学习语言是为了运用。在运用中掌握，才是真正的积累，才最可靠，最有效。其实，学生在阅读中积累语言的过程，也就是积累知识、积累认知、积累思想、积累情感和积累生活经验（间接经验）的过程。这些方面的积累，都为学生写作做好准备，对他们提高语言表达水平有很大的帮助。

3. 学习基本的语言表达方式

从某种意义上说，“从阅读学表达”主要就是学习基本的语言表达方式。

课标第一次提出了“运用常见的表达方式写作”的要求，指明了作文教学的方向。它对于实现“具体明确”“文从字顺”的作文目标，具有决定性的意义。可以这样说，语言的基本表达方式是作文教学的核心内容。而这些基本的表达方式，都一一呈现在阅读教材的文本当中。因而，基本的表达方式自然也就成了阅读教学的重要内容。要运用它，先得学习它。学习基本的表达方式，必定要在阅读教学中进行。如果到了作文课才学，显然为时已晚。

王尚文先生说过：“我们语文教学的奥秘就藏在言语形式里，发现言语形式，关注言语形式，深入言语形式，从而把握它的奥妙，熟悉它的门径，学习它的艺术，这就是语文教学最主要的任务，别的课程难以替代的‘独当

之任’。”（王尚文《语言形式四题》）

由此可见，把学习基本的表达方式当作从阅读学表达的最重要的内容，这是再明白不过的事了。那么，何谓“常见的”表达方式呢？如：

爬山虎刚长出来的叶子是嫩红的，不几天叶子长大，就变成嫩绿的。爬山虎的嫩叶，不大引人注意。引人注意的是长大了的叶子。那些叶子绿得那么新鲜，让人看着非常舒服。叶尖儿一顺儿朝下，在墙上铺得那么均匀，没有重叠起来的，也不留一点儿空隙。一阵风拂过，一墙的叶子就漾起波纹，好看得很。

（《爬山虎的脚》）

叶圣陶先生在写爬山虎的叶子时，抓住事物的特点，从颜色和形态两个不同的角度进行详尽的叙述，写得十分生动、具体。这样的表达，我们称之为“铺叙”。“铺叙”就是人们经常使用的一种表达方式。如:

一身乌黑的羽毛，光滑漂亮，一对俊俏轻快的翅膀，加上剪刀似的尾巴，凑成了那活泼可爱的小燕子。

（《燕子》中物体的铺叙）

晚饭以后，火烧云上来了。霞光照得小孩子的脸红红的，大白狗变成红的了，红公鸡变成金的了，黑母鸡变成紫檀色的了。喂猪的老头儿在墙根站着，笑盈盈地看着他的两头小白猪变成小金猪了。他刚想说：“你们也变了……”旁边走来个乘凉的人，对他说：“您老人家必高寿，您老是金胡子了。

（《火烧云》中天气景象的铺叙）

天灰蒙蒙的，又阴又冷。长安街两旁的人行道上，挤满了男女老少。路是那样长，人是那样多，向东望不见头，向西望不见尾。人们的臂上都缠着黑纱，胸前都佩着白花，眼睛都望着周总理的灵车将要开来的方向。一位满头银发的老奶奶，双手拄着拐杖，背靠着一棵洋槐树，焦急而又耐心地等待着。一对青年夫妇，丈夫抱着小女儿，妻子领着六七岁的儿子，他们挤下人行道，探着身子张望。一群泪痕满面的红领巾，相互扶着肩，踮着脚望着、望着……

（《十里长街送总理》中场面的铺叙）

其他，如“有……有……”“有的……有的……”等“有”字句的并列表达，“初夏的一天……盛夏的季节……过了几天……”表示事物的演变、时间的跨越的连贯表达，更是广泛运用，屡见不鲜。这些常见的表达方式，都是最基本、最重要的表达方式，是学生在阅读中必须学会的表达本领。

（三）从阅读学表达怎样学

这里主要讨论怎样在阅读中学习基本的表达形式，进行表达基础训练的问题。

1. 随文进行表达的片段训练

我们认为，从阅读学表达，在阅读教学中学习基本的表达方式并进行写作的基础训练，应特别强调随文进行，随文学习，随文积累，随文练习。这种学习，不是为了表达而去阅读，而是利用阅读文本中提供的素材，选择最基本的、最常见的、小学生最需要掌握的表达方式进行片段训练。

在一篇课文中，作者可能运用了几种不同的表达方式，究竟应该选择哪一种方式当作训练的重点呢？我们觉得，这首先要从文本出发，找出文本中最精彩、最有特色的表达方式。这就需要有一个发现、筛选、提炼的过程。同时，还要根据各个年级不同的教学目标和学生的实际水平来决定训练内容。

例如，沪教版二年级课文《找骆驼》，全文主要采用对话的形式来推进故事的情节，而且前后两段对话又各具特色：第一部分是问与答，对话较短，不用提示语，表达了商人急切的心情；第二部分是责问与辩解，老人慢条斯理的回答，是对商人指责他“藏起来”的反驳，实质是议论的写法。

另外，文中第一次对话中用了疑问句的两种不同表达方式，也颇具特色。商人问：“老人家，您看见一只骆驼了吗？”用的是疑问词“吗”的形式。老人说：“你问的那只骆驼是不是左脚有点跛？”老人以问代答，也是一句疑问句，不过却是用“是不是”——肯定加否定构成疑问的语气。老人为什么不用语气词的形式呢？因为他只是一种猜测，也表现了老人处事的风格，说话留有余地。

教学中，选择哪一点作为表达训练的内容呢？显然，如果选择对话训练，要求过高。因为二年级只要求说话、写话，尚未进入系统的写作训练，重点应当放在句子的训练上。故而，以选择疑问句的不同表达形式作为训练重点为宜。

我们的语文教材是分年级一册一册编写的。按照各年段的不同目标，随文进行的阅读教学中的表达基础训练，必定是先学句，再学段，然后成篇。

低年段，应以句子训练为主。

例如，沪教版二年级课文《优雅的“请假条”》主要内容是：圣诞前夕，作曲家海顿创作了一首《告别交响曲》，代替乐师向公爵请假。文中有一段精彩的描写：

> 当乐曲演奏到最后一个乐章时，每位乐师奏完一段独奏，就吹熄乐谱架上的蜡烛，提着乐器，起身离去。乐师们一个一个地下场，最后，台上只剩下两把小提琴，把乐曲引向尽头……

这里作者运用一连串表示动作的词语，把乐师们离场时的情景写得清清楚楚。这种连续表达的句式运用，把乐师们浓烈的思乡之情表现得更加深刻、细腻，让人读来感动不已。

教学中，教师结合阅读理解，引导学生特别关注运用这种一系列动词进行连贯表达的句式，理解它的内容，认识它的特点，体会它的表达作用。接着，出示以前课文中出现过的类似句式，引起学生回忆，让他们温故知新，进一步体会这种连续表达的作用。如：

> 一个不满10岁的小姑娘在他们中间，正在高声歌唱。她一次又一次地从浪花中冒出头来，用手抹一抹脸上的海水，又唱起来。
>
> （《歌声》）

> 吃饭的时候，我把一束打碗碗花藏在衣袋里端起碗，一声不吭地吃着饭。
>
> （《打碗碗花》）

然后，出示一幅“小兔搬南瓜”的图画，要求学生根据图意，说说小兔搬南瓜有哪些连续动作，用上这些表示动作的词语说说小兔是怎样搬南瓜的。让学生通过这样随文学习的片段训练，学会一种新的表达方式。

中年段，应当重点学习各种句群、语段的表达方式。

例如，人教版三年级教材《赵州桥》的第三段，把赵州桥的美观写得十分生动：

> 这座桥不但坚固，而且美观。桥面两侧有石栏，栏板上雕刻着精美的图案：有的刻着两条相互缠绕的龙，嘴里吐出美丽的水花；有的刻着两条飞龙，前爪相互抵着，各自回首遥望；还有的刻着双龙戏珠。所有的龙似乎都在游动，真像活了一样。

这是一种典型的并列的表达方式。从结构上说，它是一种总分结构的语段；从表达上说，它是采用列举的方法进行并列表达，是一种广泛运用的表达形式，是小学生必须学会的一种本领。

阅读教学中，除了让学生读懂这段话的内容，更应该学习这种表达方式。要让学生具体地理解三句并列分句都是围绕着中心句中的“精美”一词来写的，还要让学生懂得最后一句“所有的”是从另一个层面来写这些雕刻的精美，说它们不仅美丽，而且栩栩如生，给人以动感，都像“活了一样”。

除了理解它的精彩之处，知道它的作用，课堂上还要组织语言操练，让孩子把这种并列表达方式内化为自己的语言，成为自己的本领，这才是随文进行表达基础训练的目的。

有的老师会出示一组卢沟桥的石狮子的图片或影像资料，要求学生在仔细观察的基础上，学会运用列举的表达方式写一写卢沟桥的石狮子，进行切实的片段训练。

高年段，阅读教学中的表达基础训练应当注重有关布局谋篇的训练，如开头、结尾，过渡、照应等，还包括一些特殊表达方式的训练，如人物肖像描写、心理描写等。

例如，沪教版四年级课文《秦陵兵马俑》，其中有相当篇幅对各种兵俑进行描写，这可以看作是一种人物肖像描写。肖像描写作为并列表达的一种特殊形式，是高年级学生应当掌握的一种表达方式。因为肖像描写是刻画人物的一个重要手段，在写人、写事的文章中常常需要用到。不仅如此，还因为肖像描写的并列表达方式，可以迁移到写景、状物之中，可见它是高年级学生应当学会的一种本领。

阅读教学中，教师可以出示两段相关课文：

> 将军俑身体魁梧，头戴金冠，身披铠甲，手握宝剑，昂首挺胸，站在队伍前列，像是在指挥身后的军吏和士兵前进，那神态自若的样子，一看就知道是久经沙场、肩负重任的高级将领。
>
> 武士俑高1.8米左右，体格健壮，体态匀称。身上穿着战袍，套着铠甲，脚上蹬着前端向上翘起的战靴，头发一律挽成了偏向左侧的发髻。它们有的握着铜戈，有的擎着利剑，有的拿着盾牌……一个个目光炯炯，双唇紧闭，神态严峻，好像一场大战就在眼前。

引导学生通过朗读、讨论，明确作者是从身材、体形、装束打扮、神态动作等几个方面进行并列表达，把这些兵俑写得形象鲜明，栩栩如生。

认识了肖像描写的基本方法和基本特点，可以组织学生进行模仿性片段训练。如，运用文本中现成的插图，让学生仔细观察书本上“跪俑”的插图，运用书本上描写各种兵俑的词汇，学习作者并列表达的方法，写一写“跪俑”的姿态、动作、装束、表情等特点。

这种随文进行的表达基础训练，是提高学生语言表达能力的重要手段。每一次表达基础训练，都要注重对专项知识的深入理解，注重对专项内容的牢固掌握，要在语言表达方面做严格要求，可以不强调与生活内容的联系。片段训练既要尽量与阅读教学紧密配合，使之成为阅读教学的有机组成部分之一，又不必完全局限于教材内容，要从教材中跳出来，按照语言学习的规律，抓好最基本的表达能力训练。

2. 组织相对应的迁移操练

学习的目的全在于运用。要让随文进行的表达基础训练真正达到学以致用的目标，其中有一个必不可少的环节，就是组织与某项基础训练相对应的迁移操练。

这是一种过渡性训练，用意在于让学生学会怎么“用”这种表达方式，然后才能“用”到自己的作文中去。

这里的关键在于如何安排相匹配的练习。要给学生提供适当的生活情景，让他们在尝试运用中实现知识向能力的转化。

这里还以上文列举的三个片段训练为例。

低年段，通过《优雅的“请假条”》一课，学习了运用一系列动作进行连贯表达的方法。这里，我们可以播放动画片《没头脑和不高兴》，选取“没头脑”去捡被风吹走的帽子，又把书包总忘在路旁的那一段，连放两遍。要求学生看仔细，想清楚，在这一段动画片中“没头脑”有哪些主要动作。然后运用阅读所学到的连贯表达的方法，用上恰当的动词，把这一过程说清楚，再写下来。到了作文课，需要用到这种连贯表达的句式时，学生们就能够用得上。

中年段，通过《赵州桥》一课，学生随文学习了运用列举进行并列表达的方法。现在，我们可以创设如下生活情景，让学生尝试运用这种表达方式进行写作：

其一，带领学生仔细观察校园里的花坛，看看花坛里种了哪些花，各自长得怎么样。要求他们运用列举的并列表达来介绍一下。

其二，让学生留心自己社区或学校附近的一处景物，在仔细观察的基础上，抓住它的某一特点，运用列举的表达方式，具体写出它的与众不同之处。

高年段，学完《秦陵兵马俑》之后，我们可以组织这样的语言操练：为老师“画像”。老师当一回模特儿，供学生研究：老师长什么样子？有什么特点？可以用什么词语来形容？然后，板书列出讨论的内容。如：身材——中等偏矮；脸型——长方脸，高颧骨，高鼻梁；眼睛——不大，很有神，戴一副眼镜……再要求学生尝试运用阅读课学到的人物肖像描写的方法，从几个方面写出老师的外貌特征。

当然，也可以让学生写写自己所熟悉的一个人的肖像。有了这样的迁移操练，基本掌握了这种表达方式，到了作文课，要写写人的文章时，加上一段肖像描写，就可以运用自如了。

3. 修正学生常见的语病

修正学生作文中常见的语病，是“从阅读学表达”的一个重要内容。在我们的写作训练体系中，常态性写作是培养学生写作能力的三大支柱之一。常态性写作是学生独立自主进行的写作活动，是不要求教师批改的。但在常态性写作中，可能会发现比课堂写作中更多的病句。这是需要教师加以关注，并在阅读教学中指导学生自行修正的。否则，将不利于学生语言表达能力的提高。

我们应当把发现的学生常见的语病加以归类，结合练习进行修正。学生常见语病大致有以下几种：

（1）用词不当

今天的天气真是热得骄阳似火。

（“骄阳似火”一般形容太阳，不可用来形容天气。）

（2）词语搭配不当

同学们把教室打扫得干干净净，整整齐齐。

（“打扫”只能与“干干净净”搭配，不能与“整整齐齐”搭配。）

（3）句子成分残缺

当姐姐接到大学录取通知的时候，高兴得跳起来。

（谁“高兴”？缺主语。）

我们学校开展了“诵读经典诗文，学习传统文化”。

（应为开展“活动”，缺宾语。）

（4）重复啰唆

今天爸爸买回来两条金鱼，我高兴极了，乐得活蹦乱跳。

（“高兴极了”与“乐得活蹦乱跳”是同一个意思。）

（5）概念模糊

小熊类似一只动物。

（小熊是动物的一种，两者不能并列。）

（6）语意矛盾

我断定这件蠢事可能是王洋干的。

（“断定”与“可能”前后相互矛盾。）

（7）逻辑混乱

我看见山上有很多石头，形状各异的岩石真像一个站着的老仙翁。

（“石头”与“岩石”是两个概念；“形状各异”是各不相同，不能比喻成“一个”仙翁。）

在学生常见的错误中，尤以长宾语的句子错误最多，关键原因是宾语部分的词语搭配、语言组织常常容易出错。上面第7个病例就是长宾语中语言组织、词语搭配出了问题。

实施“从阅读学表达”，在选择训练内容的时候，就应针对学生运用语言的实际情况，有意识地引导学生学习文本的表达方式，针对学生存在的某种语病，有目的地组织训练，修补自己作文中的语病。

例如，教学《马鹿有情》（沪教版四年级）一课，老师针对班上学生较为普遍的长宾语错误，先有意识地引导学生注意研究作者是怎样把看到的情景描述清楚的。其中有一句长宾语：“我攀着阱壁的藤条一直滑到阱底，借着上面透进阱里的光亮，我看见一只茸毛还没有褪净的小马鹿，惊恐地蜷缩在阱底的一角不敢动也不敢叫了，两只黑亮的眼睛紧盯着我。”这里，“我看见”后面都是写作者看到的有关小马鹿的情况，先写小马鹿是什么样子的，再写它的神情姿态，后写它的动作，是一句长宾语句。作者语言的组织、词语的搭配都很好，要表达的意思也就清楚明白、具体生动。然后，要求学生对照自己作文中的病句，找出毛病，自行修改。

其实，这样的训练可以放在任何环节进行，充分利用文本中的范例，指导学生修正自己的各种病句。这里不再赘述。总之，经常进行这类针对性的训练，对于提高语言表达能力必将大有裨益。

三、在学校生活中学表达：上海市静安区市西小学的行动

社会生活是语言学习的大课堂，但因它的随意和无序，其对学生语言发展的作用是有限的。学校生活与社会生活不同，它以学校课程为主要的生活背景，依托学校的基础性课程、拓展性课程与研究性课程展开。多样化的学校课程使学生的在校生活变得丰富多彩，也为学生的语言发展提供多样的平台。上海市静安区市西小学聚焦学生的课程生活，设计了丰富多样的语言实践活动，有效促进了学生语言表达能力的提高。

（一）多样的表达实践

学校的课程生活是丰富多彩的，处处可激发学生表达的欲望。市西小学在学校课程中设计了访谈、演讲、辩论、讲故事、编剧本、写日记、填歌词、写广告、制海报、交朋友、做笔记、撰写说明书、自制百科名片、写自我推荐信等多种语言实践活动，引导学生积极参与表达实践。

1. 单项表达实践活动

（1）讲故事

讲故事是小学阶段经常使用的教育手段，听故事、讲故事又是语言积累的好方法，有利于学生听说能力的提高。于是，学校创设了大量的“讲故事”机会，如学校每学年举行“故事大王”评选活动，围绕各年级的教育主题举办讲故事比赛，请高年级的学生给低年级学生讲述故事等。对于低年级学生，教师设计了一些学习单帮助他们完成讲述任务，如提供故事中的关键画面或关键语句。

《睡觉去，小怪物！》学习单

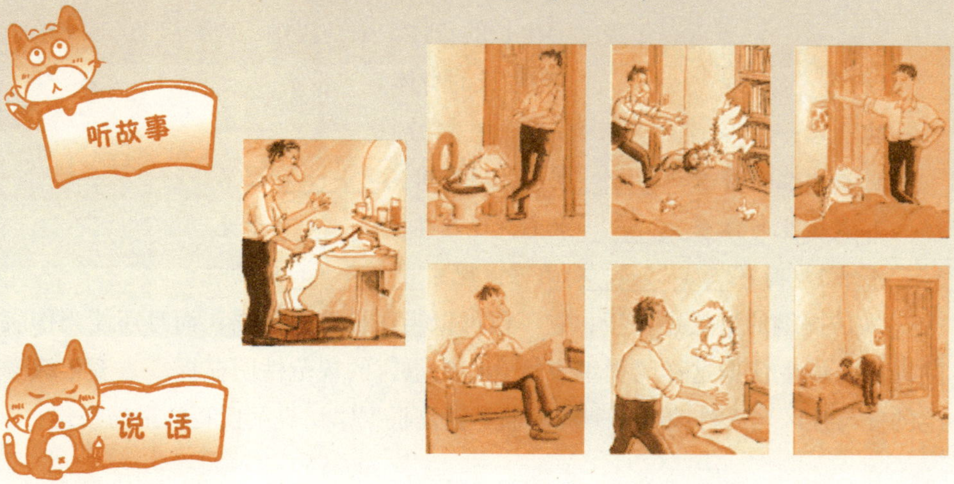

睡觉前，小怪物＿＿＿＿＿＿＿＿＿＿＿＿＿＿＿＿＿＿＿＿＿＿＿＿＿＿＿＿＿＿

睡觉前，小怪物＿＿＿＿＿＿＿＿＿＿＿＿＿＿＿＿＿＿＿＿＿＿＿＿＿＿＿＿＿＿

睡觉前，小怪物＿＿＿＿＿＿＿＿＿＿＿＿＿＿＿＿＿＿＿＿＿＿＿＿＿＿＿＿＿＿

睡觉前，小怪物＿＿＿＿＿＿＿＿＿＿＿＿＿＿＿＿＿＿＿＿＿＿＿＿＿＿＿＿＿＿

（2）采访

对他人进行采访是学生发展口头收集信息技能的一种方法。学校结合各年级的主题教育活动，经常安排“采访”活动：一年级在《独一无二的我》单元中采访长辈，了解自己名字的意义；三年级在《今年我十岁》单元中再次采访长辈，了解自己出生的故事，以及成长中的故事；三年级在《社区，我们共同的家园》单元中，学校组织学生参观罗山社区的“市民会馆”，集体采访馆长；五年级的《社区名人采访行动》则要求学生以小队为单位采访社区中的名人，并撰写采访报告。

这些采访活动，因为有了被采访者的讲述，降低了低中年级学生独立表达的难度，同时又发挥了成人讲述的示范作用。基于前期的采访活动，三年级的学生才能完成《出生的故事》《成长中的故事》等这样“大部头”的作品。

采访和谈话是有差别的，采访需要有预设目标，采访者要尽量围绕目标收集信息，避免无关信息。为此，教师为低年级学生准备了采访提纲。高年级学生进行采访之前，教师则指导他们自己编写提纲，并根据采访报告的质量对采访提纲做评价。

一年级《会生长的身体》采访提纲

会生长的身体

比一比：

1. 我出生时身长________厘米，现在身高________厘米。

2. 我出生时体重________千克，现在体重________千克。

3. 我5岁时穿__________码的鞋，现穿__________码的鞋。

采访提纲的好处还在于，它不仅可以当作采访的依据，而且还能当作表达提纲。学生依据这样的提纲表达，口头语言的规范性明显提高。五年级学生的《与社区名人许国屏爷爷面对面》就是根据采访提纲撰写的采访报告。

与社区名人许国屏爷爷面对面

今天我们采访了社区名人——许国屏爷爷。许爷爷从9岁开始学笛，一直坚持到现在75岁！

对于这次集体采访活动，我们已经期待了许久！

一开始，许国屏爷爷先请我们看了一段短片。通过观片我们知道了许国屏爷爷发明了简易竖笛，并列入了吉尼斯世界纪录。之后，许爷爷带着他的简易竖笛，在9年的时间里，走过了20多万里路，几乎在中国边沿绕了一大半圈，教会了上千的儿童学会吹奏简易竖笛。

接着，许国屏爷爷给我们表演了他的拿手活——“魔笛”。许国屏爷爷手中的魔笛也是他发明的简易竖笛之一。那根笛子在许爷爷的手中成了一根有灵性的笛子，横着吹，竖着吹，甚至还可以模拟葫芦丝、西洋乐器的演奏。笛声让我们沉迷、陶醉。

这次活动令人难忘，我们与社区名人许国屏爷爷零距离接触。许爷爷的谦虚与坚持真值得我们学习！

（3）演讲

演讲又叫讲演或演说，是指在公众场所，以口头语言为主要手段，以体态语言为辅助手段，针对某个具体问题，鲜明、完整地发表自己的见解和主张，阐明事理或抒发情感，进行宣传鼓动的一种语言交际活动。

探究项目成果发布、主题演讲活动等都是非常好的锻炼学生演讲能力的机会。每年一度的少先队干部改选活动有超过半数的学生会参加，为此学校设计了一系列表达实践活动，包括专题讨论、竞选演说和出一期专刊。所有语言实践活动与少先队改选活动整合，语文老师在表达课上做指导，学生在少先队活动中实践。详见下文的活动要求与学生作品。

活动要求：

1. 学写发言提纲，并能根据提纲有条理地说明自己的看法，锻炼当众发表自己意见的能力。

2. 说写结合，完成一篇竞选演说稿和一篇记录竞选活动的记叙文。

学生作品：

我是周淑妍

我是二（4）中队的“好苗苗”周淑妍，这是我第一次参加大队委员的竞选。我乐观开朗，每天微笑待人，是学校的“微笑之星”。我乐于助人、充满爱心，在学校里我积极帮助同学，参加献爱心活动，在校外我也经常参加各项慈善活动，我已两次参加“慈善音乐会”的演出，用我弹奏出的美妙钢琴曲为脑瘫儿童募集资金，帮助他们渡过难关。

我热爱学习，每天自觉完成作业，做好复习，我的语数外作业都被评为“优秀作品”！我爱看课外书，家中的藏书量已经可以建立一个小型“图书馆”了！

我也有不错的管理能力，是老师的好帮手。平时帮助老师处理一些力所能及的班务，当老师离开时，我能组织同学开展有序的活动，因此老师和同学都很信任我哦！

我的兴趣广泛，特长也不少。我学习钢琴已有三年了，参加过三次大型音乐会，最近还登上了“儿童艺术剧院”的舞台，当了一回“supper star”；我还是舞蹈小达人，参加过时装表演秀。这些活动锻炼了我的胆量，增添了我的自信。

我能说会道，主持过学校的大型活动，参加过“上海小囡”的沪语比赛，获市第二名的好成绩。我还代表学校参加了“小青蛙故事比赛”，也取得了第二名的好成绩。我还获得过写字、画画方面的奖项。我还喜欢用笔记录生活，每天坚持写日记，几年来，我已经珍藏了三本厚厚的日记本啦！在妈妈的帮助下，我建立了自己的微信公众平台“上海乖囡囡”，与亲朋好友一起分享自己的美好生活！

听了我的介绍，大家对我一定更了解了吧！虽然我的年纪小，但能力一点不小哦。希望同学老师能投我一票，给我一个机会，我将用我的能力和才干，和其他大队委员一起带领全体队员走进七彩生活，使我们的彩虹学校更加绚丽多彩！

（4）辩论赛

辩论，即见解不同的人阐述个人观点、辩驳争论的活动，是锻炼口头表达能力的重要手段。

在一些探究活动中，经常会有观点冲突的讨论，如转基因食品、快餐食品、一次性用品的利弊、双休的安排等。可以以辩论赛的形式组织教学。“一次性用品的利与弊”是探究性学习的一个环保专题，该专题需要思辨，从生活的便捷性出发可主张“一次性用品的利大于弊”，从自然环境的保护出发则可主张“一次性用品的弊大于利”。对于这样的学习内容，如果教师用带有明显倾向性的教学设计来组织学习，学生的学习成果往往也会一边倒，缺少辩证思维的锻炼。因此，这样的学习内容适合组织“合作辩论赛”。可以将学生分成学习小组，每个学习小组分成两队，分别以“一次性用品利大于弊”和“一次性用品弊大于利”展开一场辩论会。学生需收集大量资料，并且与小组内的同学展开练习。辩论赛可以让学生更辩证地看待一个问题，小组轮换的辩论还可以使学生感受到不同的辩论风格，锻炼辩论能力。

高年级语文活动课中则可以进行正反方的辩论，这样的辩论没有对错之分，只是用语言让对方折服。如，四年级《东郭先生和狼》一课，当学生对东郭先生的评价出现“善良”和“糊涂”两种不同意见时，教师可以采用“角落讨论”的方式组织小组活动。持“善良”和“糊涂”不同观点的同学分站两边，通过读书寻找各自观点的论点、论据。小组学习结束后，每边派出三名同学进行现场辩论。

（5）自制百科名片

网络无处不在的今天，学生常常借助搜索引擎进行信息搜索。在百度百科的搜索结果中，可以发现，每个词条之首都有一段对该词条的简明综述，百度给了它们一个共同的名称：百科名片。学习百科名片的表达，指导学生对事物进行简明综述，可以锻炼学生概括表达的能力。

以现行语文教材中的课文为载体，通过撰写百科名片，能有效培养学生概括和有条理地表达的能力。如学习了《躺在波浪上读书》一文，要求学生为“死海”撰写百科名片。教师还可以根据教材选文，要求学生创作关于“地球、刺猬、林肯、摇花船、仙人掌、九寨沟、赤壁之战”等方面的百科名片，切实提高学生的表达能力与逻辑思维。

2. 综合表达实践活动

（1）交朋友

学校为二年级《交流的艺术》单元的学习设计了一个交友活动。每位学生需准备两件作品：一，画一幅“名字画”；二，写一篇《我的名字》的短文。待学生完成作品后，学校将它们全部贴在走廊里，开始持续一周的交友活动。孩子们欣赏着伙伴的“名字画”，阅读着伙伴的“名字故事”，选择感兴趣的对象表达交友意愿。如果对方同意，便在交友卡上签名。一周以后统计交友数，写写交友感受，选出交友大王。

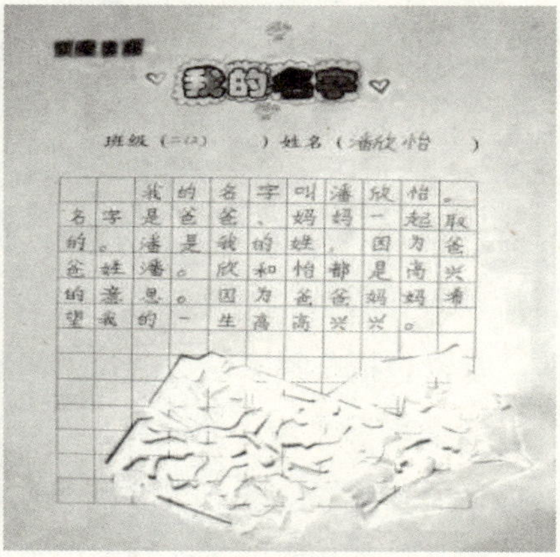

（2）编写游戏说明书

孩子是最喜欢游戏的。玩游戏、编游戏，写游戏说明书，能够锻炼学生的表达能力。游戏说明书要求与学生作品详见下文。

游戏说明书撰写要求：

1. 分清游戏的规则和步骤方法。

2. 练习将游戏的方法步骤有条理地说清楚、写下来。

学生作品：

“足球”进“洞”

目标：锻炼手指力量

属性：伙伴游戏、桌面游戏

准备：

1. 材料：报纸或糖纸。
2. 将报纸或糖纸揉成小“足球”（比棒棒糖小一些），小“足球”要揉得紧，分别涂上“红”色与“绿”色。
3. 在课桌或讲台上画或者围个小足球场，用报纸折两个方盒子（茶杯垫大小）作球门，也分别涂上“红”色与“绿”色。

方法和步骤：

1. 将游戏成员分为两组，分别为“红”队和“绿”队。
2. 门前分别放置本队颜色的“足球”。
3. 两队队员依次用大拇指和无名指弹射本队的小“足球”，如一次未进，下一个队员可以继续弹射，直至小“足球”进入对方的“球门”，如小“足球”被弹出足球场，则需回到门前，重新开始。

规则：

两队队员射门结束后，分别统计进球数，进球数多的一方为胜。

设计者：四（3）班张敏杰家庭，家长：张俭

抛接“元宝”

目标：锻炼速度和灵敏度

属性：伙伴游戏

准备：

1. 30个大小不一的“元宝”（各种大小、类型的球）。
2. 一个大球框（可装入30个球），两个“聚宝盆”（箩筐、球框都可）。
3. 划两条间隔五米的线。

方法和步骤：

1. 将比赛同学平均分为两组。
2. 再将每组学生一分为二，一半负责扔“元宝”，另一半负责接“元宝”，两组学生分站在白线后排成纵队，在两组扔“元宝”的队伍中间放置一个“元宝”框，里面放着大大小小的30个“元宝”；在两组接“元宝”的队伍旁，分别放置一个“聚宝盆”。
3. 比赛开始，扔“元宝”的学生从“元宝”框中取出“元宝”，随即扔给本队接“元宝”的同学，完成后，换下一个同学。
4. 接“元宝”的学生站在白线后接“元宝”，将接到的“元宝”放进“聚宝盆”，完成后，换下一个同学。
5. “元宝”扔完，一轮游戏结束。

规则：

统计得分，得分高者的队胜出。（比赛前可为不同的“元宝”定分值）

设计者：五（1）班 王靖清

（3）《野营生活》专辑

在四年级《小鬼当家》单元，我们安排学生第一次离开父母参加集体野营活动。在野营生活之后，组织学生回顾野营生活，出一期《野营生活专辑》。专辑包括一封家信、野营手记和活动记载。专辑写作要求如下：

1. 记录野营生活中的酸甜苦辣。

2. 练习写家信、手记，做到格式规范，情感真挚。

3. 练习据事立意，通过对野营生活的回忆，把野营生活中印象最深刻的一次活动写清楚。

（4）十岁生日礼物：成长记录册

本次表达实践是专为即将满十岁的三年级学生设计的，旨在引导学生在“十岁”这个具有纪念意义的时刻回顾过去，了解自己的出生及成长过程，并把成长记录册作为送给父母的礼物，以感谢父母的养育之恩。

成长记录册的内容包含每人小时候和近期照片各一张，以及若干篇记叙文，如“为记录册取个名字”“出生的故事”“名字的故事”“十岁的我”等。

成长记录册撰写要求：

1. 在采访家人的基础上完成《出生的故事》《成长中的故事》《十岁的

我》的写作；学习具体地记叙一件事，根据需要初步学习描写人物的外貌言行。

2. 要求记叙具体，语句通顺，能写出自己独特的经历。

学生作品：

出生的故事

我坐在床沿旁听妈妈讲我出生的故事。

1992年8月30日晚上6点，我出生在东欧一个美丽的国家——捷克。

在我出生前，妈妈在德国，我快出生的前一个月，爸爸、妈妈去捷克旅游。那里到处是红花绿叶、高大的果树、红红的房子、古老的建筑，这些深深吸引了妈妈，她非常喜欢捷克，就决定在那里创业。那时，爸爸、妈妈由于来捷克的时间短，不会捷克语，每次产前检查的时候都要请一个胖胖的阿姨当翻译。当时不知道是翻译阿姨怕爸爸妈妈不喜欢女孩子才故意说我是男孩子，还是医生搞错了，说妈妈怀的是男孩，于是爸爸便对妈妈说："就叫'倪翔'吧！（因为捷克医院规定，婴儿出生前要先在出生证上写下名字）希望他能像雄鹰一样展翅高飞。"

这天，我终于出世了，来到了这个光明而又美丽的世界。那时的我只有7斤7两重，连身高也只有51厘米。护士连打了我几下屁股，我都一声不吭，直到护士为我换衣服时不小心弄痛我了才"哇"地大哭起来。我浑身红通通的，两只小眼睛眯得只有一条缝。我的头发很黑、很短，也很密。这天妈妈身边没有一个亲人，连爸爸也因为工作的关系没能来陪妈妈，但是她还是很高兴，因为有我这个"小可爱"嘛！

到我三个月大的时候，妈妈带我回到中国定居。外公为了纪念我的出生地，为我改名叫"倪婕"。

我希望长大以后能去捷克看看我的出生地，是不是真的像妈妈说的那么美。

（二）多元的表达意义

有趣的、生活化的课程学习内容深深地吸引了学生，学生期待聆听精彩的故事，盼望激烈的辩论比赛，渴望表达自己的意见。这些基于学校课程生活的语言实践活动让孩子们有了更多表达的机会，提高了学生表达的技巧，但是表达实践活动的意义远不止于此。

1. 积累阅历

九宫格日记、野营手记、班级日志，这些语言实践活动都是对生活的记录，每日的记录可以帮助学生养成积累的习惯，积累阅历，而后成长。

二年级学生的九宫格日记

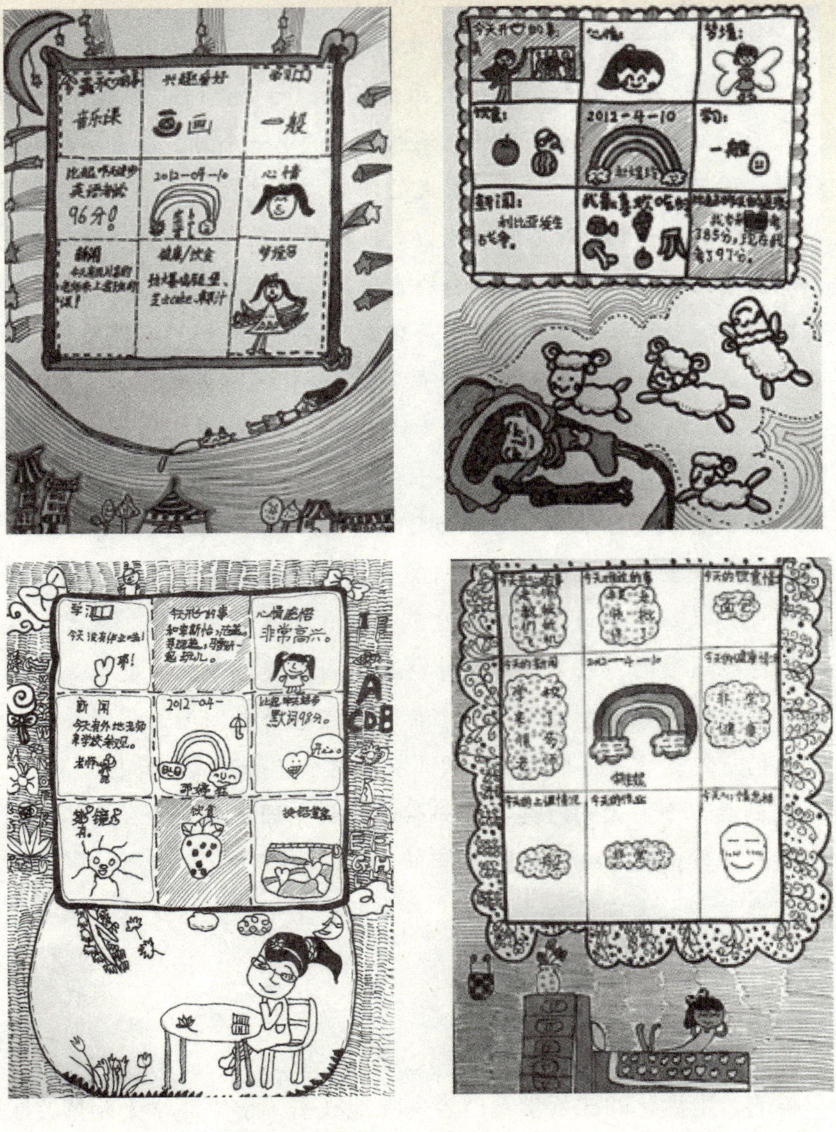

军营手记

4月9日，军训三日营的第二天。经过昨天的入营、了解营地纪律、初尝队列训练后，每一只雏鹰继续接受磨炼！

上午：队列训练，齐步走

吃完早饭，我们继续来到操场上，进行队列训练。昨天训练的是立正、稍息、转向、敬礼等，今天要一排排齐步走。教官让我们排成4排，先把齐步走的要求给我们做示范，要求不仅每个人要动作到位，更要保持一排的整齐。

只听到教官高声口令："第一排，出列，齐步走！"于是第一排女生迈开了步伐！不知为什么，8个女生，明明是一起开步的，走了几步就前前后后了，步伐也乱了，我们应该怎么做才可以让团队保持一致呢？

再看男生，更离谱，教官的口令一出，有的立即开动，有的却慢半拍，队伍歪歪扭扭得厉害！教官在三令五申后，终于光火了："张同学出列！"

我们意识到，一支能够保家卫国的队伍，绝对是一支纪律严谨的部队，要求一个团队保持一致，听命令，我们还差得远啊！加油啊！

下午：学习历史知识

下午在教官的带领下，我们来到了上海地质博物馆，参观了地球厅、矿物岩石厅、史前生物厅。我们第一次看到了各种各样的岩石、宝石，我们的国家真是地大物博啊！随后，教官又带我们到了上海抗美援朝纪念馆，了解了1950年中国志愿军抗美援朝的历史，看到了当年中国志愿军奔赴朝鲜作战、生活的珍贵照片，向2552名志愿军战士致敬！

晚上：补上白天训练的课程，做个合格的"小小军人"

回到凌空基地，教官们让我们先去洗澡。参观过抗美援朝纪念馆后，我们开始明白，一支能够取得胜利的队伍，一定是一支团结向上、积极奋进的队伍，我们必须保持高度一致。我们洗澡也把队伍排整齐！

由于上午队列训练的不到位，教官临时取消了晚上的《我是一个兵》的文艺联欢晚会。我们没有怨言，因为我们努力得还不够！我们来到了漆黑的操场上。

这一次，我们不能再出现因为个人慢半拍或抢半拍而影响整个团体的队列的现象，一定要照顾到整个队伍，因为我们是一个团队！操场上打开了一盏灯，我们认真加练中，我们一定行！

第二天的训练又结束了，我们疲劳，同时又兴奋着，最终我们达到了队列操练的要求，我们成长了！明天训练营生活就结束了，这两天我们有汗水，有泪水，也有笑声；我们离开了温暖的家，也可以独立生活，我们不再是温室里的花朵，我们也可以展翅高飞！

2. 互动交流

在二年级《交流的艺术》单元中，孩子们体验了不同的交流方式："你把烦恼告诉我"与"我把快乐告诉你"让孩子学会倾诉；通过"对对碰"，让孩子们进行面对面交流；"打电话"让孩子们体会了实用性表达；"假如朋友之间有了误会……"则让孩子们将心里的想法说出来。在交友活动中，孩子们绘制了名字画，知道了好友的名字故事，学会了主动打招呼，学会了热情夸奖小伙伴，完成了交友记录卡，交到了新朋友。

有趣的交友故事

我喜欢体育运动，参加了学校的篮球队。篮球队中的成员来自不同的年级，不同的班级，于是，我在篮球训练中结交了许多好朋友。刘阵样就是其中一个。

记得，那是第一堂训练课，训练休息时，我们坐在一起聊天，互问对方的名字。"我叫卢金涛，我是二（2）班……"话还没说，刘同学一副吃惊的样子，嘴里反复念叨："胡锦涛！胡锦涛！……怎么和国家主席一样的名？可能是你爸爸妈妈希望你长大后成为国家主席吧！"他一边说一边笑了起来。

"我叫卢金涛！卢金涛！"我大声地说了两遍。

"哈哈！哈哈！"他调皮地说，"你的名字可真有意思。"

不过，从那以后，他见了我，从来就没有叫错过我的名字。我们也成了好朋友。

3. 丰富情感

语言实践活动还能激发学生的情感，培育学生良好的道德情操。以五年级学生的"社区名人采访行动"活动为例，静安寺社区具有丰富的人文教育资源，社区中居住着众多的名人：原上海警备区副司令员相守荣，国家科技大会奖、上海重大科技成果奖、航天部科技奖获得者朱之坚，上海歌剧院作曲家、指挥家、国家一级演员肖白，著名教育家蔡元培先生的女儿，家喻户晓的老娘舅柏阿姨，等等。这些名人就生活在孩子们的身边，他们是可亲的爷爷奶奶，可近的伯伯阿姨，他们既是具有高尚道德品质的名人，又是具体的、可以对话交流的普通人。于是，学校在社区教师的积极配合下，为每个小队选定了一位名人，然后组织五年级的学生开展了一次“社区名人采访大行动”。采访活动让孩子们走近名人，通过阅读、采访、制作PPT等实践活动，孩子们与名人“零距离”接触，感受到名人成功背后付出的艰辛与汗水，以及他们立下的为梦想奋斗的志向。活动还提高了同学们搜集、整理、筛选、发布信息的能力，同时，交往能力、口语表达能力也得到了锻炼。

采访支边干部冯奶奶

今天放学后，我们去采访一位支援边疆的老干部——冯奶奶。

冯奶奶现年已60多岁，看上去精神旺盛，也很健康。她滔滔不绝地讲述在新疆艰苦创业的经历，我们很受感动。为了支援新疆的教育事业，她默默地做了38年。当时新疆很落后，条件很艰苦，生活又不习惯，但她还是坚持克服困难，把自己省下来的粮票送给当地的人们。

给人印象最为深刻的是，校方把年级中学习困难的同学集中在一起让冯奶奶带班。冯奶奶全神贯注地投入工作，她没有休息，没有假日。“皇天不负有心人”，在她的努力下，全班终于成了全校的数学第一名，她也被光荣地评为“先进教育工作者”。在以后的几年里，冯奶奶多次被评为“三八红旗手”……

几十年的工作，让冯奶奶对新疆产生了深深的感情，冯奶奶满怀激情地说：“新疆是个好地方，天是那么的蓝，地里的棉花白花花的，肥沃的草地，牛羊成群，瓜果满园……”

我们被她的话所陶醉。

学校组织的其他语言实践活动也能丰富学生的情感，如组织五年级学生为《毕业歌》填词，将对母校的留恋、对未来的憧憬写进歌词里。毕业典礼上，当孩子们唱着由自己填词的毕业歌，台上台下热泪盈眶，孩子们的情感得到了升华。

毕业歌：光阴的故事

琅琅的书声悦耳的铃以及明亮的教室，
熟悉的环境稚嫩的我在此快乐地生活过。
我们在安详美好的梦里呀天天地成长，
果实累累的季节里就要不舍地离别。
母校它发生多少的故事让我们难忘怀，
就在那欢声笑语而淳朴懵懂的童年。

小巧的沙包厚重的字典以及分明的三八线，
玩笑时为你取的名如今你还记得吗？
曾经的过往就像那相册里发黄的旧照片，
回忆时多少美丽的事可是终究成一阵烟。
母校它发生多少的故事让我们难忘怀，
就在那欢声笑语而初次流泪的童年。

老师的祝福同学的话以及父母的叮咛，
未知的旅程年少的你要勇敢地走下去。
别忘了还有我们曾经一起许下的诺言，
相携手快乐地走进来然后自信地出发。
母校它发生多少的故事让我们难忘怀，
就在那欢声笑语而初次回忆的童年。

母校它发生多少的故事让我们难忘怀，
就在那欢声笑语而初次勇敢的童年。

4. 文化理解

语言反映了文化，参与语言实践活动亦是理解文化、欣赏文化的过程。如“家庭美食大比拼”活动，从孩子们感兴趣的美食入手，先是介绍、比较各地的饮食，然后要求孩子们关注美食背后的文化要素，尝试将各地的美食特色与地理环境、气候特征联系起来，如探究“在上海的餐馆里请人吃饭，为什么上的第一道菜常常是虾仁？”“为什么广东人用餐先喝汤，而有的省市的人后喝汤？”等。

学校与金山区海棠小学合作开发的“交换空间”课程为学生创设了语言实践的机会，同时促进了学生对地域文化的理解。五月的一天，“交换空间”课程正式启动了，第一个主题为“渔村”和“弄堂”。这一天，两个不同区域的孩子横跨约70公里，踏足另一个相对陌生的学习空间进行浸润式学习。海棠小学五年级48名师生，从金山远道而来，体验静安的“弄堂文化”；市西小学五年级39名师生则赴金山，体验“渔村文化”。活动前，教师给学生推荐了《长城》《小木屋》《一杯啤酒见德国》三篇阅读文章，并引导学生思考：德国啤酒给你留下哪些印象？通过德国啤酒，你对德国有了哪些了解？而后要求学生选择一个体现“渔村”或“弄堂”生活的人或场景，通过介绍一个人、一样物、一个地方或一件事，描述“渔村”或“弄堂”生活。

弄堂游戏

弄堂游戏是上海的回忆。由于现在电子设备的发展，加上弄堂也拆了，大多数弄堂游戏都不见了。但在我爸小时候那个年代，弄堂游戏盛行。今天，爸爸把小时候玩的游戏讲给我听，我来转述给大家喽。

打弹珠是我爸小时候最爱玩的游戏。弹珠其实就是玻璃珠子，分普通弹珠和嵌花弹珠两种。嵌花的当然要比普通的好看一点。其玩法是：将自己的弹珠对准别人的弹珠，打出去！如果打中，就把弹珠拿到自己这边，算战利品，然后继续；如果没有打中，就把打击权交给对方。

关于打弹珠，我爸还有一个至今未解之谜。有一天，爸爸放学回家后和同学玩打弹珠，结果赢了许多弹珠，但怕被爷爷发现，就藏在床头下，可第二天醒来，弹珠不见了，他东翻西找就是找不到。后来才知道是被爷爷没收了，但爷爷是怎么知道的，至今是个谜。

跳橡皮筋是我妈妈小时候最喜欢的游戏，据说跳的花头有很多，最简单的是“马兰花”：几个小伙伴用脚勾住橡皮筋，边唱《马兰花》边跳。为了提高难度，橡皮筋可以一节一节调高，从脚踝到膝盖、腰间，一直可以升到举过头顶。哎，那么高，怎么跳呀？真搞不懂。不过，我们男生对这个游戏没有兴趣，就不深究啦。

弄堂游戏还有不少，今天，我就介绍到这里，有兴趣，你可以问问家中的老上海人哦。

这样的语言实践活动，让学生透过语言或其他符号去体会一个地方人们的生活习惯、建筑与美食，让学生去思考它们所隐含的文化特征，并运用语言将体验、感悟到的文化特征表达出来，既开拓了学生的视野，锻炼了学生的语言表达能力，又能让学生抓住语言的根，在文化的浸润中感受汉语言的魅力与民族的伟大，深深地爱上语文，爱上写作。

附录：基于写作学本的小学写作教学课堂实录

一、一年级写作教学课堂实录1：《电车图书室》[①]

（一）听故事

师 小朋友们，学校的图书馆你们喜欢去吗？

生 喜欢！

师 学校的图书馆里有各种各样的藏书，我们小朋友来到图书馆，就像来到知识的海洋，它成了小朋友都爱去的地方。今天呀，老师要给你们介绍一个特别的图书馆——电车图书室。

（PPT出示故事题目）

师 谁会读？

生 电车图书室。

师 还有谁会读？

生 电车图书室。（面带疑惑状）

师 老师从你刚刚的表情中读到了你心中的疑惑。对呀，电车图书室到底是怎样的图书室呢？让我们一起来听听这个小故事吧！

师 准备好了吗？身坐正，脚放平，小耳朵呀竖起来！

（师讲故事《电车图书室》）

（二）练说话

师 故事开头说孩子们都兴奋地叫了起来，他们为什么那么高兴呢？

生 因为电车里放了好多图书。

师 看来故事的开头你没有听得很仔细哦，谁来帮助他？

生 暑假回来，孩子们看到教室前面停了一辆红色的电车。

① 此实录由上海师范大学附属卢湾实验小学阮馥扬提供。

师 老师给你一组关联词“因为……所以……”，用上关联词把句子说完整。

生 因为暑假回来，孩子们看到教室前面停了一辆红色的电车，所以他们很高兴。

师 你听得可真仔细，说话也很规范、完整。我们表扬他！

（生鼓掌表扬）

师 那辆电车图书室是怎么样的呢？谁听清楚了？

生 里面摆满了书柜。

师 哦，电车里摆满了书柜，这让你印象深刻。不错，请坐。

师 你继续说——

生 电车里有好多书柜，书柜上摆满了五彩缤纷的书，还有桌子和椅子。

师 让我们也表扬他！

（生鼓掌表扬）

师 这位小朋友听得非常仔细，把电车内部的装饰记得清清楚楚，其他小朋友听故事也要像他一样认真哦！

师 你还有补充，请你说——

生 这是一辆红色的电车。

师 嗯，你记住了电车的外观颜色。

师 谁能把刚刚这三位小朋友对电车的描述连起来说完整？

生 这是一辆红色的电车，电车里有书柜，书柜上摆满了五彩缤纷的书本，里面还有桌子和椅子。

师 你说得真完整啊！听得可真专心！我们表扬你！

（生鼓掌表扬）

师 那么故事里的小学生在干什么呢？

生 他们在看书。

生 他们在朗读。

师 还有吗？

生 小学生在问问题。

生 小学生在欣赏图片。

师 是呀，小学生来到电车里，有的在看书，有的在朗读，有的在欣赏图片，还有的互相翻书议论，完全沉浸在电车图书室里了！

师 现在，请小朋友同桌间合作，借助PPT上的提示，试着回答这三个问题。觉得同桌回答得好的，给他送上一个笑脸。

（PPT出示三个问题）

同桌间讨论、评价。

（三）学句子

师 小朋友们，我们已经知道，一个完整的句子是由两部分组成的：谁、干什么或者谁、怎么样。

（PPT出示内容）

师 如果在句子中加上一个表示地点的词语，那意思就更明白具体了。今天我们就来学习这样的句子。

（PPT出示句式）

师 想不想来挑战一下，看看你能拿到几个金色小话筒。

（出示：小学生们干什么？）

师 谁能根据刚刚听到的故事，按照这样的句式来说一句话。

生 小学生看书。

师 嗯，可以的！

师 还有谁能说？

生 小学生读书。

生 小学生在欣赏图片。

师 同桌间说说这个句式，说对了，同桌小朋友给他画一个小话筒。

（同桌间互说）

师 现在，我再加上“在什么地方”，谁能用上“小学生在什么地方干什么”的句式来说一个句子？

生 小学生在电车里读书。

师 说得很好，“在电车里”这个表示地点的词语用得很准确。还有谁能像他一样来说句子？

生 小学生在电车里欣赏图片。

师 小学生在什么地方干什么呢？同桌间说说看，说得好的，奖励他一个金话筒。

（同桌间互说）

师 看看这个句式和刚刚我们练习的句子有什么不一样吗？

（PPT出示句式）

生 “在什么地方”放到前面去了。

师 你的小眼睛可真会观察啊！“在什么地方”也可以放到句子的最前面，句子意思是不变的。谁有勇气来试试看？

生 在电车里，小学生看书。

师 真聪明！一下子就学会了，还有谁想试试？

生 在电车里，小学生在讨论问题。

师 说得很好！同桌间试试吧！

（同桌间互说）

师 小朋友来看看这幅图，老师根据这幅图说了三句话，请三位小朋友来为我们读一读。

（PPT出示图片和例句）

生 小兔拔萝卜。

生 小兔在菜园里拔萝卜。

生 菜园里，小兔在拔萝卜。

（出示图片2）

师 图上是谁呀？

生齐 小熊维尼。

师 一起读读第一个句子。

生齐 小熊维尼找蜂蜜。

师 小熊维尼在什么地方找蜂蜜呢？

生 小熊维尼在柜子里找蜂蜜。

师 把“在什么地方”放到前面，谁来试试？

生 在柜子里，小熊维尼找蜂蜜。

师 嗯，真不错呢！还想看几幅图吗？

生 想！

师 图上是小青蛙，一起读——

生齐 小青蛙在唱歌。

师 在什么地方呢？

生　小青蛙在沙滩上唱歌。

师　有小朋友有不同意见了。

生　小青蛙在河边唱歌。

师　用“河边”比“沙滩”要合理，看图要看仔细哦。

师　把“什么地方”放在最前面，谁会说？

生　河边，小青蛙在唱歌。

师　有多少小青蛙呀？数一数。

生齐　1、2、3、4、5。

师　这么多小青蛙，我们可以用上量词“一群”，谁来把句子说完整？

生　一群小青蛙在河边唱歌。

生　河边，一群小青蛙在唱歌。

师　说得真好！

师　最后一幅图，请你们四人一小组练习说一说。

（出示图片和句式）

师　哪一组愿意来试试？

生　小朋友在做数学题。

生　小朋友在教室里做数学题。

生　教室里，小朋友在做数学题。

生　一群小朋友在教室里做数学题。

师　表扬这一小组！再请一组小朋友。

生　小朋友在讨论题目。

生　小朋友在教室里讨论题目。

生　教室里，小朋友在讨论题目。

生　教室里，一群小朋友在讨论题目。

师　现在，请你找到班级里的小伙伴，用上这两个句式来练习说话。自己先说一个句子，好朋友换下面一种说法来说。说好之后呀，小伙伴间互相评论一下。你的好朋友听得仔细、耐心吗？他说句子说得完整正确吗？你们俩合作愉快吗？开始吧！

（生互相说句子并评价）

师　哪一组来说给我们听一听？

生　小朋友在操场上玩游戏。操场上，小朋友在玩游戏。

……

师 看来这样的句子我们小朋友都会说了。这些表示地点的词语，我们分别请三组小朋友来读。

（按小组读三行句子）

师 你发现了什么？

生 第一行都是“在什么地方”，第二行没有“在”。

师 嗯，你观察得很仔细，其他小朋友发现了吗？

师 第一行和第二行相同位置的词语，意思是一样的。还有什么发现吗？读读第三行的这些词语。

生 第三行的词语都是表示方向的。

生 第三行的词语比第一行、第二行大。

师 有点意思了！“到处”“处处”“四面八方”这些词语表示很大的范围。“这里”表示靠近身边的范围，“那里”表示远离自己的范围。这些词语不是像第一、第二行那样表示很具体的地方，这行中的“沿着这条路”比较具体一些。那么把这三行词语放到我们今天学的句式：谁在什么地方干什么，你发现什么了？

生 我发现第三行的有些词语好像不能放在这个句子里。

师 对了！“谁在什么地方干什么”的句式里，“什么地方”是具体的某一个地方，“到处”“处处”“四面八方”这些词语是表示很大范围的地方的词语，不能用的。这些词语的用法我们以后会学到。

（四）看图说话

师 小朋友们，仔细观察这幅图，看一看：图中有什么人？他们在哪里？他们在干什么？请你用一个完整的句子把图的意思说出来。自己先试着说说看。

师 准备好了吗？谁先来说？

生 一群小朋友在操场上玩游戏。

师 说得很完整。再仔细观察图上小朋友的表情，可以怎么说呢？谁来试试？

生 一群小朋友在操场上玩游戏。他们玩得真开心啊！

师 真棒，你通过自己的想象，把句子说得更具体了。

师 请同桌间互相说一说。

师 好，这节课我们一起听了故事《电车图书室》，还学会了用含有“人物、地方、事情”三个要素的句子说话。好，下课！

二、一年级写作教学课堂实录2：《打电话》①

（一）表演导入

师 前不久，我们学了一篇关于打电话的课文——

生 （齐声）《熊猫妈妈听电话》。

师 谁来做娃娃和熊猫妈妈打电话？

（师扮演熊猫妈妈，生分别扮演丽丽、明明、林林）

（电话铃响起）

师 喂，请讲。

生1 “妈妈，我是丽丽。我来到了日本横滨。朋友们送给我一束雪白的樱花。”

（电话铃响起）

师 喂，请讲。

生2 “妈妈，我是明明。我来到了法国巴黎。一群黄头发的娃娃争着和我一起照相。”

（电话铃响起）

师 喂，请讲。

生3 “妈妈，我是林林。我来到了美国纽约。小朋友看我表演滑滑梯，都笑个不停。”

师 刚才我们在干什么呀？【板书：打电话】是呀，打电话方便了我们的生活，让人与人之间的距离也不再那么遥远。

（二）实例教学

师 一天放学，两个小朋友打了一通电话，仔细听：谁打电话给谁？为了什么事呢？

（生听《打电话》）

① 此实录由上海师范大学附属卢湾实验小学黄梦露提供。

生 丽丽打电话给园园。

师 是呀，在电话一开头丽丽就介绍了自己。【板书：我是____】

师 谁来读？

生 你好，我是丽丽。

师 你看，丽丽多有礼貌呀，知道打电话给别人首先要自我介绍。

师 丽丽打电话给园园为了什么事呢？

生 为了语文作业。

师 老师给你一个词——“询问”，连起来说完整。

生 丽丽打电话给园园是为了询问今天的语文作业是什么。

师 丽丽打电话给园园是为了询问一件事情。除此之外，我们在生活中还会因为什么打电话给别人呢？

生 紧急电话。

师 哦，我们有时打电话为了呼救。

生 想请别人到自己家里来玩。

师 哦，这是在打电话邀请别人。

生 别人生病了，打电话问候别人。

师 哦，这是打电话在问候他人。

师 看来，打电话的目的各种各样。

（三）学习对话中的不同语气

师 自己轻声读读他们的对话，边读边想，丽丽是怎样询问和请求的？

（生自由朗读）

师 丽丽是怎样询问的？

生 她先说：“园园在吗？”

师 丽丽很会打电话，知道介绍完自己是谁后一定要确认对方在不在。谁来读？

生 （读）园园在吗？

师 你读出了请求的语气。

师 丽丽是怎么请求的呢？

生 （读）今天我漏抄了一道语文作业，请你告诉我吧！

师 老师听出了你请求的语气。

师 丽丽先用简洁的语言说明了自己打电话是为了什么事，再礼貌地提出请求。【板书：什么事】

师 你也会读，就请你。

生 （读）今天我漏抄了一道语文作业，请你告诉我吧！

师 嗯，学得真好！男孩子一起读。

生 （读）今天我漏抄了一道语文作业，请你告诉我吧！

师 女孩子一起读。

生 （读）今天我漏抄了一道语文作业，请你告诉我吧！

师 全班一起读。

生 （齐读）今天我漏抄了一道语文作业，请你告诉我吧！

师 当得到帮助后，丽丽又是怎么说的呢？

生 真是太谢谢你了！再见！

师 你读出了感叹的语气。

师 请你读。

生 真是太谢谢你了！再见！

师 真诚有礼貌！学着他的样子再读。

师 对呀，得到帮助后，我们要表示感谢并与对方告别。【板书：告别】

师 丽丽那么有礼貌，那园园呢？他说的这两句话，有什么特点呢？

生读 请讲。请稍等。

生 都有“请”字。

师 你看这两句话字数少，句子短。像这样表示请求或者命令的句子叫作“祈使句”。比如有人在外面敲门，我们可以说：请进。上课前我们互相问好后，老师会说：请坐。祈使句简短又有礼貌，打电话时经常会用到，谁来读？

生 请讲。请稍等。

师 现在我请两位小朋友分角色来朗读这段电话内容，其他同学注意听他们有没有读出不同的语气。

（两位学生练习打电话）

师 我们来评一评。

生 语气很好！

生　他把“啊”读成“呀”了！

师　你听得很仔细。

师　他们读出了各自的语气，接下来请你们同桌之间互相练习，一会儿请你们上台来演一演。

（生上台练读）

师　他们的电话打得怎么样？

生　很好！

师　掌声送给她们。再请一组同桌上台来吧！

（生上台练读）

（四）练习打电话

师　打电话过程中像这样带上自己的感情和语气，文明又礼貌。有时接电话的并不是你要找的那个人，想一想：如果这时是园园妈妈接电话，你该怎么说？老师来当园园的妈妈，请一组同桌和我配合。

园园妈妈：你好，请讲。

丽丽：你好，我是丽丽。园园在吗？

园园妈妈：园园在书房里做作业呢。我去喊他，请稍等。

园园：你好，请讲。

丽丽：你好，我是丽丽。今天，我漏抄了一道语文作业，你能告诉我吗？

园园：好的，请稍等。（稍停顿）喂，今天的语文作业是抄写词语和朗读课文。

丽丽：真是太谢谢你了！再见！

园园：明天见！

师　你们在打电话时不仅解决了问题，还能带上各自的感情和语气，真好。

师　不过你发现吗，不是每次打电话情况都一样哦。园园暂时不能来接电话，你怎么应对？

园园妈妈：你好，请讲。

丽丽：你好，我是丽丽。园园在吗？

园园妈妈：园园去洗澡了。

丽丽：……

（该生一下子没反应过来）

师：谁来帮助她？

生：那请你跟他说，等他洗完澡打电话给我。

园园妈妈：好的，我会转告他的。

丽丽：谢谢！

师 你看，经过同学的帮助，现在你也会说了。

师 （指那位提供帮助的学生）你很会根据不同的情况随机应变。

师 还有一种情况，要是今天园园不在家，怎么办？谁来？

园园妈妈：你好，请讲。

丽丽：你好，我是丽丽。园园在吗？

园园妈妈：今晚园园住外婆家，不回来了。

丽丽：……（该生也语塞）

师：谁会随机应变？

生：我会！你打电话给外婆，让外婆叫园园听电话吧。

师：有些麻烦吗？

生齐说：麻烦！

师：还有其他意见吗？（老师提醒大家：班上就园园一个小朋友吗？）

生：那能告诉我他外婆家的电话吗？

师：好的，电话是××××××××。

生：好的，再见！

师 你这是一种办法，而且你能控制打电话的时间，不过，不可以多打扰别人的生活。

师 打电话不仅可以帮我们很快解决问题，还可以在关键时刻起作用，比如遇到意外时，我们要拨打紧急电话。你知道哪些紧急电话号码？

生 119。

师 对，119是火警电话。

生 120是急救电话。

生 110是报警电话。

师 110，很多情况下都可以拨打，比如遇到交通事故、迷路了，都可以拨打。

师 拨打这些紧急电话最要紧的就是要把关键的信息说清楚，并简短地

说，不然，可是会闹笑话，甚至耽误事情的。请听——（播放录音）

师 同学们，你们听了这个电话怎么都笑了呀？

生 因为他不把自己的名字说清楚，说的是“我”。

生 他还没把自己的地址说清楚，消防队员赶来找也找不到！

师 是呀，方方在报警时没有把具体着火地址说出来。

师 如果有一天你看到路上一家超市着火了，可不能袖手旁观啊！赶紧和同桌讨论讨论，帮助店家打119火警电话吧！

出示：

“你好，这里是火警中心，请讲。”

“我是××，我看见大庆路53号超市着火了！请你们赶快来救火！”

“收到！我们马上去！”

“谢谢！”

师 你们俩在打这个紧急电话的时候语言简洁明了，在紧急情况下不慌乱，把重要的信息说清楚了，不过老师提醒你们，着火可是十万火急的事情啊，想想说的时候语气该怎么样。

（两生上台练习，语速快，语气着急）

师 你们俩在打电话时不仅能说清内容，老师还听出了你们心里很着急。

师 学到这儿，我们知道打电话首先要介绍自己，然后说清自己打电话是为什么事，最后和对方礼貌地告别。

（五）大组交流

师 现在，我请一组同桌带上你们的话题来打一通电话，其他同学听听他们的对话里是不是说好了这三点。

两生上台齐读话题：同班同学生病了，向他表示问候与关心。

师 谁打电话？

生1 我打电话。

师 谁接电话？

生2 我接电话。

（电话铃声响起）

生2：你好，请讲。

生1：你好，我是单××，张××在吗？

生2：我就是，你找我什么事呀？

生1：听说你感冒了，感冒了要多喝水，多注意休息，祝你早日康复！

生2：谢谢关心！

生1：再见！

生2：再见！

师 他们说得好吗？说清楚这三点了吗？

生 说清楚了。

师 现在每组同桌的桌子上都有一个电话内容话题，请你们互相练习，注意把话说清楚，也别忘了带上不同情况的语气。

（生两两合作自由练习）

师 你们准备好了吗？

生 准备好了！

师 请你们两个来。

（生上台读话题并明确分工：邀请小朋友明天到自己家参加生日会）

师 其他同学仔细听，他们打电话时有没有用简洁清楚的话说好这三点，语气怎么样？

生1：你好，请讲。

生2：你好，我是范××，请问孙××在吗？

生1：我就是，你找我什么事呀？

生2：我明天生日，下午有生日会，我想请你来参加。你有空吗？

生1：我有空，明天可以来。

（生2说不下去了）

（师：接着该讲什么？）

（下面学生提醒：要说时间和地点）

生2：请问你知道我家地址吗？

生1：我不知道。

生2：我家地址是：×××××××。

生1：好的，我知道了，明天下午两点会来的。

生2：再见！

生1：明天见！

师 他们有没有说好这三点？

生 前面有点说错了，但后面自己改正了。

师 是的，说得真不错呢！哪组也想来试试呀？

生上台读话题：看到有一位老爷爷倒在丽园路靠近局门路的路口，帮助他打个急救电话。

生1 我打电话。

生2 我接电话。

（电话铃响起）

生2：你好，这里是急救中心，请讲。

生1：你好，我是邱××，我发现一位老爷爷倒在丽园路靠近局门路的路口！

生2：好的，我们马上来！

生1：谢谢，再见！

师 邱××在打紧急电话的时候很会注意自己的语气。

（生踊跃举手，想上台展示，师随机请了一组）

生上台读话题：询问老师明天春游能否带照相机。

生1 我打电话。

生2 我接电话。

（电话铃响起）

生2：你好，请讲。

生1：你好，我是吴××。吴老师在吗？

生2：我就是。

生1：吴老师，明天春游能否带照相机？

生2：可以带。

生1：谢谢吴老师，再见！

生2：再见！

师 来评一评。

生 吴老师最后最好加一句：可以带，但是要自己保管好。

生 对，丢了，后果自负！

（生笑）

师 再请最后一组。

生上台读话题：忘带《新华字典》，请家长尽快送到学校。

生1 我打电话。

生2 我接电话。

（电话铃响起）

生2：你好，请讲。

生1：你好，我是图××，妈妈吗？

生2：是。

生1：妈妈，我今天忘带《新华字典》了，请你帮我把它送到学校来。

生2：好的，我马上就去。

生1：谢谢妈妈。

（掌声）

师 今天很高兴和你们一起学习打电话，我们知道打电话首先要交代——

生 我是谁。

师 然后，带着语气用简洁明了的话说清自己打电话是为了——

生 什么事。

师 最后要有礼貌地——

生 告别。

师 下课后，我们相互之间可以留下电话号码，如果以后有什么事，就可以给彼此打个电话。

【板书】

打电话

我是_____

什么事

告别

三、二年级写作教学课堂实录：《森林运动会》[①]

（一）复习用关联词的并列句

师 今天，老师要带大家去看一看“南海上的珍珠”。“南海上的珍珠”指的是什么地方？作者为什么用“珍珠”打比方？轻声读读阅读材料，思考一下。

师 谁来说一说，南海上的珍珠是什么？

生 南海上的珍珠是西沙群岛。

师 作者为什么要用珍珠来比喻西沙群岛？

生 因为西沙群岛排成一列像一串项链上的珍珠。

师 哦，你能把你找到的句子告诉大家吗？

生 从空中俯视，它就像美丽的项链，自然地铺排在蔚蓝的大海上，又像张开的贝壳，裹含着一颗颗美丽的珍珠。

师 作者把西沙群岛比作了什么？

生 比作美丽的珍珠。

师 还有吗？能不能连起来说完整？

生 作者把西沙群岛比作项链和贝壳。

师 好，在这两个比喻中，作者用了哪个连词？

生 又。

师 哦，在“像……又像……”这个并列句中，作者用“又”连接了两个比喻，表示两个比喻的并列关系，写出了西沙群岛的——

生 （齐说）美丽。

师 再来看看描写海底珊瑚的话，你能找出连接句子，显示并列关系的词语吗？

生 海底的岩石上有各种……

师 想一想，是哪个词语？

生 还。

师 “有的……有的……还有的……”这个并列的句子是写珊瑚的——

生 种类很多。

① 此实录由上外·黄浦外国语小学黄茵蕾提供。

生　珊瑚有各种样子。

生　“有的……有的……还有的……”写珊瑚有很多的样子。

师　小朋友们真会读句子。通过简单的回顾，我们知道，在表示并列关系的句式中，可以用上“也”“又”“一边……一边……”“有的……有的……”等表示并列关系的词语，使句子和句子之间构成平等、并列的关系。

（二）学习不用关联词的并列句

师　如果并列句中没有出现表示并列关系的关联词语，我们就要靠读懂句意来理解。快速读读这两句话，想一想画线部分主要写了什么。

师　先来看看第一句话。谁愿意说一说？

生　第一句话主要写了红脚鲣鸟的样子。

师　句子的哪一部分写了它的样子，能说得再清楚些吗？

生　“白的羽，红的脚”写的是红脚鲣鸟的样子。

师　真聪明，你读懂了句子的意思。谁再来说说第二句话？

生　画线部分写的是红脚鲣鸟动的时候漫天飞舞，停歇的时候如白雪一片。

师　也就是写了它飞翔和停歇时的——

生　状态。

师　对，状态。这里也可以说是“姿态”。句子的画线部分没有使用关联词语，但是，并列地写出了红脚鲣鸟飞翔和停歇时不同的姿态。

（三）学习围绕一个主要意思，并列地具体表达

师　我们再来学习一个新的知识。在并列句中，往往有一个小句子说明作者想要表达的“主要意思”或“话题缘由”，这句话可以放在句首也可以放在句末。下面，请同学们自己读读阅读材料上的四句话，边读边把表示并列关系的句子用直线画出来，并想一想并列句的主要意思或话题缘由是什么。

师　先来看看第一个例子，谁来读一读？

生　笨笨熊回去找了一罐蜂蜜，小刺猬滚来一身枣子，小灰兔扛来长长的胡萝卜，小灰鸭驮来圆圆的土豆，大家聚在一起美美地吃起来。

师　在这句话中，哪些小句子是并列关系的？请这位男孩子说一说。

生 大家聚在一起美美地吃起来。

师 “大家聚在一起美美地吃起来”是这句话的主要意思。那么，小动物们都带了些什么聚在一起美美地吃起来呢？作者用了哪些小句子并列地表达他们各自带来了什么吃的？请大家注意，并列句的句式读起来通常会感到有点相像的。谁再来试试？

生 笨笨熊回去找了一罐蜂蜜，小刺猬滚来一身枣子，小灰兔扛来长长的胡萝卜，小灰鸭驮来圆圆的土豆。

师 你找到了句子。那么这句话写了什么呢？谁继续说？

生 这句话写小动物们各自带来了什么好吃的。

师 还有补充吗？仔细看看，作者是怎样写小动物们带来的食物的？

生 笨笨熊回去找了一罐蜂蜜，小刺猬滚来一身枣子，小灰兔扛来长长的胡萝卜，小灰鸭驮来圆圆的土豆。（动作读重音）

师 我听出来你读懂了句子的意思。那么，你刚才读重音的那些地方都是什么词？

生 动词。

师 对呀，作者抓住动词，用并列的句式写清了小动物们是怎样运送食物的，并且还美美地吃了起来。再来看看第二个例子。谁来交流？

生 夸父长得又高又大，他坐在地上，就像一座高山，他站起来，脑袋就碰到天上的云。

师 你把句子读了一遍，那么，哪几个小句子是并列的？

生 有两个小句子，“他坐在地上，就像一座高山，他站起来，脑袋就碰到天上的云”是并列的。

师 你正确地找到了句子，那么这句话是围绕哪句话来写的？

生 是围绕他“长得又高又大”来写的。

师 作者用并列的两个小句子，写出了夸父“又高又大”的特点。再来看第三个例子。

生 他们在树枝上唱呀唱呀，唱个不停，跳呀跳呀，跳个没完。

师 你读的这句话是——

生 并列句。

师 这句话写了什么呢？

生 写林子里最早醒来的鸟儿在树枝上干什么。

师 真厉害，已经能自己读懂句子的意思了。看，作者用并列的小句子写鸟儿在干些什么。再来看看第四个例子，你能说清楚这个并列的句子是围绕什么意思来写的吗？

生 上课的时候，她掐坐在边上的小男孩；在家里，她掐小妹妹，还掐邻居家一对双胞胎；出去玩的时候，她就掐站在她旁边的小朋友。

师 你读了一遍。这句话要表达什么意思呢？

生 这句话是说埃尔西不管什么时候都要掐别人。

师 也就是说，她总爱掐别人。噢，你还有补充？

生 她不管在哪里，都要掐别人。

师 你说的也是她掐别人的具体表现。还有别的补充吗？

生 谁都不喜欢她。

师 也可以说是大家都不喜欢她的原因。这个例子共有两句话，第一句说大家都不喜欢埃尔西，因为她喜欢掐别人，第二句话用并列句说明她怎样掐别人的。

师 下面我们来学学并列句与标点符号的关系。并列句可以是一句话，也可以是两句话或几句话。读读这两个句子，说说它们有什么不同。

师 读了句子，你们发现了吗，这两句话都是——

生 （齐声）并列句。

师 这两句话的意思大致是相同的，区别在哪里呢？谁来说？

生 第二句话写得比较详细。

师 真会读句子。

生 第二句话很长，而且是并列句。

师 我明白你的意思。也就是说第二句话是由几个小句子组成的，小句子之间的意思是平等的，所以是并列句。

师 这两句话都是先写“一群群的鱼在珊瑚丛中穿来穿去”。在第一句话中，作者分别介绍了天使鱼、蝴蝶鱼和飞虎鱼是怎么游的。在第二句话中，又分别用了三个小句子对这三种鱼的游法做了更加详细的介绍。每介绍完一种鱼，就用什么标点符号来表示？

生 （齐声）句号。

师 前面一句话是——

生 （齐声）逗号。

师　也就是说，如果要把每一个并列的内容说得更具体些，我们还可以用两个或几个小句子进行表达，最后用上句号。这样，整个并列句就由两个或几个小句子组成了。

（四）用并列的表达方式练习说话

师　你们能不能学着刚才的样子把下面几道练习中的“每一项内容”说具体？自己先来试试。

师　谁先来说说第一道练习？

生　班上的同学特别喜欢她，她的水晶嗓子特别动听，像只小黄莺。她的作文，文风清朗，字迹整洁。

师　不错。你会用表示并列的句子了。谁再来试试？

生　班上的同学特别喜欢她，她的水晶嗓子特别动听，像只小黄莺。她的作文，文风清朗，幽默风趣。

师　刚才小朋友们说的是她的表现，也还可以再加上别人对她的评价。谁会用并列的表达方式来说？

生　班上的同学特别喜欢她，她的水晶嗓子特别动听，谁都比不上她。她的作文，文风清朗，是大家学习的榜样。

生　班上的同学特别喜欢她，她的水晶嗓子特别动听，歌声清脆悦耳。她的作文，文风清朗，是班里的第一名。

生　班上的同学特别喜欢她，她的水晶嗓子特别动听，大家都喜欢听。她的作文，文风清朗，经常获得老师的表扬。

师　再来看看第二道练习题。谁先来说？

生　秋天到了，果园里的水果都成熟了！柿子像灯笼一样，挂在树上。葡萄碧绿碧绿的，像晶莹透亮的玛瑙。柚子黄澄澄的，像大大的柠檬。

师　你说了它们的样子，我们还可以说说它们的颜色。谁再来试试？

生　秋天到了，果园里的水果都成熟了！柿子圆圆的，散发出阵阵清香。葡萄变绿了，像晶莹透亮的翡翠。柚子黄了，咬一口酸酸甜甜的汁水就流进了我们的心窝。

师　你还说了柚子的味道。谁再来试试？

生　秋天到了，果园里的水果都成熟了！柿子红了，像一个个小灯笼。葡萄绿了，像一颗颗晶莹透亮的宝石。柚子黄了，又香又甜。

师 不仅说了它们的样子，还说了它们的颜色和味道。谁还想说？

生 秋天到了，果园里的水果都成熟了！柿子红灿灿的，像一个个小灯笼挂在树枝上。葡萄紫莹莹的，像一颗颗晶莹透亮的紫宝石。柚子黄澄澄的，像一个个黄色的小皮球。

师 柚子不仅又酸又甜，挂在树上还沉甸甸的。谁还会说？

生 柿子红灿灿的，像一个个小灯笼。葡萄紫莹莹的，像一颗颗紫宝石。柚子沉甸甸的，压弯了树枝。

（五）看图说话

师 刚才，我们用并列的句子把每一项内容都说清楚了。现在，我们要提高难度了。看着图片，想一想这两个小动物分别都有什么本领。请你也来用表示并列关系的句子说一说。

师 谁先来试试？

生 兔子和公鸡各有各的本领。兔子是森林中的飞毛腿，公鸡可以帮人类除害虫。

师 用了两个小句子把它们的本领说清了。小动物们还有什么本领？

生 兔子和公鸡各有各的本领。兔子是森林中的飞毛腿，跑得可快了。公鸡是森林里的歌手，每天早晨都用清脆的声音叫人们起床。

师 不仅说清了它们的本领，还说出了各自的表现。真厉害！谁再来？

生 兔子和公鸡各有各的本领。兔子又蹦又跳，是个飞毛腿。大公鸡每天早起，叫大家起床。

师 可以，还有吗？

生 兔子和公鸡各有各的本领。兔子跳得可高了，能一蹦三尺高。公鸡每天早晨用它清脆的嗓音叫大家起床。

生 兔子和公鸡各有各的本领。兔子是有名的飞毛腿，谁都比它跑得慢。公鸡每天第一个起床，为大家啼鸣。

师 公鸡的嗓音特别嘹亮。谁能接下去说？

生 兔子和公鸡各有各的本领。兔子跑得快，跳得高，还是著名的飞毛腿。公鸡嗓音嘹亮，起得早，每天都叫大家起床。

师 你一下子说了它们好几项本领，真聪明。说完了本领，我们再来看看小动物们的样子。仔细观察你的图片，说清楚小蚂蚁和小松鼠有什么特点。可以说说它们的颜色、大小，也可以选择你感兴趣的内容来说一说。

生 小松鼠全身毛茸茸的，橘黄色，它的大尾巴能当被子，只要把大尾巴盖在身上，就能进入甜蜜的梦乡。它的大尾巴还可以做降落伞，如果遇到坏人，它能一下子把尾巴收拢，跳到地上。这样，它就能摆脱敌人的魔爪。

师 你说清楚了小松鼠的样子，还可以说说蚂蚁的样子，或者把两者结合起来说也行。这位女孩子，请你说。

生 小松鼠这条毛茸茸的大尾巴作用可大了，可以当降落伞、被子和扫帚。它的身上全都是橘黄色的，看起来真可爱。蚂蚁前面有两个触角，可以用来跟别人打招呼。

师 我听到你用并列的句式说清了松鼠的尾巴有什么作用。谁继续说？

生 小松鼠的尾巴用处可大了，冬天可以用来当被子，进入甜蜜的梦乡。遇到危险时，可以当降落伞，往下一跳就能摆脱敌人的追捕。劳动时，可以当扫帚，把家里打扫得干干净净。

师 除了尾巴的作用，能不能试着从其他角度再来说一说。

生 蚂蚁长得小小的，有一个圆圆的头，长长的身体，六条细细的腿，还有两根黑黑的触角。蚂蚁的作用可大了，下雨了，它可以当天气预报员。只要看到蚂蚁前呼后拥地排成一字型，往高处搬家，就知道快要下雨了。

师 哦，你用并列的句子，说清楚了蚂蚁的样子。谁再来说？

生 蚂蚁的头大大的，两只眼睛黑黑的，长着六条细细的腿，身体分成四节。它的本领也很大，两根触须可以传递信息。

师 能不能把两个小动物结合起来说？

生 松鼠的头大大的，身体是橘黄色的。它的本领很大，把尾巴收拢可以当扫帚，把尾巴张开可以裹在身上当棉被。蚂蚁的头灰灰的，眼睛黑黑的。它长着细细的腿，头上有两根长长的触须。

生 蚂蚁小小的，和一粒米一般大。它长着细细的脚和长长的触角。它的作用也很大，可以当天气预报员，只要看到它们成群结队地往高处搬家，就知道要下雨了。松鼠比蚂蚁大多了，它长着一身橘色的茸毛。它尾巴的作用可大了，收拢尾巴可以当扫帚，把家里扫干净。放开尾巴，可以裹在身上当棉被。这样，到了冬天就再也不怕严寒了。

（六）指导写话

师 看来，同学们已经会用并列句子说话了。下面，我们要试着把并列句写到自己的作文中去。看，在一片茂密的森林里，小动物们举办了一场别开生面的趣味运动会。哪些比赛项目会轮番上演呢？小动物们议论纷纷。小黑熊说什么？谁来读？

生 我们来比谁的力气大，谁能用最快的速度把木头搬到河对岸，谁就是森林里的大力士。

师 小松鼠说——

生 我们来比赛摘果子，谁能在最短的时间里摘到最多果子，谁就是爬树冠军。

师 小河里在举行搬木头的“争大力士”比赛。林子里在进行摘果子的“争爬树冠军”比赛。森林里还会有什么比赛？谁来说说看？

生 有名的飞毛腿小兔说：“我们来比谁跑得快。谁能从这棵树最先跑到小山坡，谁就是跑步冠军。”

生 小鱼说：“我们来比游泳吧，谁先游到河对岸，谁就是游泳冠军。”

大象说：“我们来比吸水吧，谁先把这条河里的水吸干，谁就是吸水冠军。”

小兔说：“我们来比跳远吧。谁跳得最远，谁就是跳远冠军。”

小猪说：“我们来比吃东西吧。谁吃得最多，谁就是大胃王。”

小猪又说：“我们来比睡觉吧，谁最先睡着，谁就是睡觉冠军。”

豹子说：“我们来比跑步吧。谁先跑到那棵小树，谁就是跑步冠军。”

师 森林里还有许许多多的比赛。那么，森林运动会中究竟有哪些比赛项目？又会发生什么有趣的故事？请小朋友们展开想象，进行创作，至少要选择一项比赛做比较详细的介绍。可以参考书上列出的文章的开头、结尾，具体介绍时要写出：哪些动物参加了比赛？怎么比的？结果怎样？写的时候要分小节来写。尽可能用上表示并列关系的句子，把这场比赛写生动，写具体。听清楚要求了吗？

生 （齐声）听清楚了。

师 好，下课。

四、三年级写作教学课堂实录：《贺卡》[1]

（一）阅读、欣赏几张贺卡

师 我们今天要来上一堂作文课，内容是写一张贺卡。请大家先来看一下，这是一幅中国画，这是一张新年贺卡，请同学们看一下它们有什么共同点。

生 这两张画都是水墨画。

师 （指着贺卡）非常好！这里有什么字？

生 迎新春。

师 它们是用什么写的？

生 毛笔写的。

师 这幅画又是用什么笔画的呢？

生 毛笔画的。

师 所以中国的毛笔既可以画画，又可以写字。这是非常有意思的一个特点，在油画中你们是看不到的。请同学来念一下。

生 由于中国的绘画和书法都采用同样的工具——毛笔，因此，人们常把书和画结合起来，由此形成了中国独特的书画文化。

师 因此，在我国，书与画是相结合的。而我们今天所写的贺卡也是将字和图结合在一起。我们先来看一些贺卡。这张贺卡是钱锺书和杨绛先生写给任明耀先生的一张新年贺卡。哪位同学来念一下？

生 无论您在何处……愿我深深的祝福带给您欢乐，平安与幸福。佳节快乐！年年如意！明耀先生年禧。钱锺书、杨绛。一九八七年。

师 非常好。这里，我们可以看出它是一张新年贺卡。它的内容是什么？

生 祝贺新年的。

师 它的署名是——

生 钱锺书和杨绛。

师 日期——

生 1987年。

① 此实录由上海协和双语学校浦东校区国际部王英飞提供。

师 大家可以注意一下，它的日期和内容是什么？是谁写给谁的？署名怎样署？日期又怎样写？我们再来看另一张贺卡。这张贺卡是用信的形式呈现的。这封信是郑敏写给巴金先生的贺年信。请同学念一下。

生 巴老：久未写信问候。经常想到您，祝您在新的一年里健康愉快。我的那册《诗集1942—1947》可能要再版了。想到四十年前您对我们这一代的支持鼓励，和您坚持不懈地为真理而创作的精神心中十分激动。您是老作家中最了解人民群众的一位。我和您的几亿读者一样衷心祝您健康长寿！郑敏。八四年一月十日。

师 看一下，郑敏先生是如何称呼巴金先生的呢？一起说——

生 巴老。

师 为什么不说巴金，而要称呼巴老呢？

生 因为他很谦虚。

生 因为他是读者，他不认识巴金。

生 因为巴金爷爷是他的前辈。

生 因为巴金爷爷要比郑敏早一辈，所以表示对他的尊敬。

师 非常好！我们称呼德高望重的老爷爷、前辈，都会加一个字，就是“老”。这里是表示对巴金爷爷的尊重。那我们再来看一下它的内容，是不是在说新年快乐呢？

生 是。

师 祝他健康长寿，在新的一年里健康快乐。那署名可不可以是郑老？

生 不可以。

师 为什么不可以？

生 表示尊重他。

师 尊重对方，自己是小辈，要谦虚，所以要署上全名，郑敏。日期呢？

生 1984年1月10日。

师 好。还有一封贺信，是中国著名作家冰心老人写给作家刘心武的。请同学念一下。

生 心武：好久不见了，只看见你的小说。得自制贺卡十分高兴。我只能给你一只古瓶。祝你新年平安如意。

师 这封贺信中，冰心又是怎样称呼刘心武的呢？

生 是长辈对晚辈的称呼。

师 非常好，先告诉我，她是怎样称呼的？

生 把姓去掉了。

师 那她是怎么说的，你念一下。

生 心武。

师 为什么这里说心武，而不是刘心武，也不是刘老？

生 因为他们已经很熟悉了。

师 而且是——

生 因为说“老”的话，虽然表示了尊重，但他也变成老人，老一辈的人了。

师 那这里不用“老”是不是不尊重呢？

生 不是，只要表达对小辈的很亲切的感情就够了。

师 长辈对晚辈可以亲切地唤他的名字，比如我们说当当（同学的名字），表示亲切。所以称呼“心武”表示亲密的朋友关系。“好久不见了，只看见你的小说。得自制贺卡十分高兴。”收到对方的贺卡很高兴，同时也祝对方新年如意。这也是一张新年贺卡。

生 刘心武也是老人啊。

师 刘心武要比冰心年轻。

师 好，请念下一张贺卡。

生 亲爱的小燕：三年来的学习和生活让我们成了最亲密的伙伴，在这个特别的日子里，我为你收集了大自然所有的美，放在你生日的烛台上。将能说的话都藏在花蕾里，让它成为待放的秘密。你永远的朋友：丫丫。2012年9月23日。

师 这张是不是名人之间的贺卡？

生 不是。是同辈之间的。

师 是同学之间、朋友之间，你怎么知道？从哪里看出来的？

生 亲爱的小燕。

师 对，称呼上就可以看出来。亲爱的小燕，表明双方关系很亲密，所以叫她亲爱的。那么，它的落款是什么？

生 你永远的朋友丫丫。

师 永远的朋友丫丫，说明她们的关系是怎样的？

生 朋友。

师 朋友关系。内容又是怎样的？是不是新年贺卡？

生 不是。

师 它的内容是——

生 是生日卡。

师 你怎么知道是生日卡？哪里写了？

生 放在你生日的烛台上。

师 “放在你生日的烛台上”，非常好。这是同学之间的一张生日贺卡。所以你们可以看到不同的贺卡在称呼上、署名上都是不同的。让我们来看下一张贺卡。

生 敬爱的李老师，您好！虽然我们只短短地相处了一年，但您亲切的话语常常回响在我的耳边，您温和的笑脸时时浮现在我的眼前。您用阳光雨露，哺育我快乐成长；您用浩瀚知识，引领我幸福远航；您用辛勤劳作，托起我七彩梦想。祝您教师节快乐！最爱您的小朋友：张心仪。2013年9月9日。

师 读得非常好。这张贺卡的内容又是怎样的呢？是生日卡吗？

生 不是。

师 那是什么贺卡？

生 是教师节贺卡。

师 从哪里看出来？读一下。

生 祝您教师节快乐。

师 很好。还有哪里可以看出来？

生 哺育我快乐成长。

生 还有敬爱的李老师。

师 从它的称呼上可以看出来，内容上也可以看出来，还有哪里可以看出来？

生 9月9日。

师 非常棒，日期上也可以看出来。比如新年卡是1月份的，教师节卡是9月份的。

师 下面我们来讨论几个问题。以上这五张贺卡，请你说说它们在内容，还有在写作的对象、称呼、措辞和落款方面都有哪些不同。第一，它们的内容都一样吗？

生　不一样。有新年贺卡、生日贺卡和教师节贺卡。

师　它们的种类是不同的。看下一个问题：贺卡的对象有哪些不同？

生　有长辈写给晚辈的，有写给同辈的朋友的。

生　也有晚辈写给长辈的，譬如老师、校长、爷爷、奶奶。

师　比如写给你尊敬的一位大作家，写给你的老师、长辈，或是写给你的同辈，如朋友、同学等。还有写给你的晚辈，但是你们好像没有晚辈。

生　有，我有。我有表妹。

师　表妹是同辈。好，我们大部分同学可以给自己的同辈或是长辈寄卡。对象不同，我们写卡的称呼也是不一样的。哪里不一样？

生　有些是要寄给长辈的，因此要表示尊重。比如晚辈给巴金写卡，称他“巴老”。这就是表示尊敬。

生　平辈之间可以用比较亲切的称呼。

师　好，对长辈要表示尊重，而同辈就可以用比较亲密的称呼，比如亲爱的。

生　还有，说“巴老”是以示敬意。

师　非常棒！以示敬意，表示尊重。好，再讨论下一个问题：祝贺的话是不是都一样的写法呢？

生　不一样。

师　怎么不一样呢？

生　有祝新年快乐的，有祝教师节快乐的，也有祝生日快乐的。

师　对待长辈的措辞有尊敬之意，而对待同辈的措辞比较平实。最后一个问题：落款一样吗？

生　不一样。有的是最爱您的学生，有的是你最好的朋友，寄给不同的人有不同的落款。

生　落款不同。因为自己与收卡人的关系不同，所以落款也不同。

师　非常好。看你与收卡人之间的关系如何。爷爷奶奶和孙子孙女，老师和学生，前辈和晚辈，朋友和朋友，同学和同学……收卡的对象不同，落款也不同。

（二）学习写贺卡

师 今天，我们要来练习写一张贺卡。说说看，你们打算把这张贺卡写给谁？

生 我打算把这张贺卡写给妈妈，因为她每天都照顾我。

师 哦，打算写给妈妈，表达感激之情。

生 我打算写给我家的小狗。

师 哦，写给你家小狗，为什么呢？

生 因为它是我家新来的一只狗。

师 哦，所以要表示一下对它的欢迎。那这张卡很特别。

生 写给同学。

生 我也要写给同学。

师 为什么？

生 因为他要过生日。

生 我要写给妈妈。

师 为什么呢？

生 因为是她生日。

师 你呢？

生 我也写给妈妈。

师 为什么？

生 因为要祝她母亲节快乐！

师 好的，表达对母亲的爱！

生 我要写给奶奶。

师 哦，写给爸爸的母亲。

生 我要写给外公外婆。

师 为什么呢？

生 因为是他们的结婚纪念日。

师 哦，祝外公外婆结婚纪念日快乐。

师 呵呵，贺卡的种类真多。

（出示PPT）现在要请大家想一想，你准备把这张贺卡写给谁？你的写作对象是谁？你在贺卡中打算如何称呼对方？你在贺卡里打算写些什么内容？你又打算用什么语句和词语来表达你的祝福？打算如何落款？

生 那我打算写给外公外婆的话，要不要写“外老”？

师 不用。“老”的称呼，用在没有亲族关系的、你尊敬的老人身上。外公外婆跟你有亲族关系，你要表示对他们的尊敬的话，写“敬爱的”“亲爱的”就可以了。这些是写贺卡时常用的词语，请同学念一下。

生 您、敬爱的、祝愿、祝福、想念、企盼、愉快、甜蜜、衷心、时刻、宝贵、珍惜。

师 非常好！比如“您”“敬爱的”这些词语在称呼中经常用到。还有一些表示祝福的词语，也请同学念一下。

生 一帆风顺、学业顺利、心想事成、万事如意、身体健康、多姿多彩、阖家幸福、新年新气象。

师 好，有祝别人学业顺利的，有祝别人身体健康的，有祝别人全家幸福的，还有祝别人新年快乐的，是不是？还有一些在写贺卡时常常用到的语句也请大家来念一下。

生 感谢您的关怀；感谢您的帮助，感谢您为我所做的一切；请接受学生美好的祝愿，祝您教师节快乐；天天快乐！

生 问候或祝福平辈的常用句子：平淡如水，很轻但很真诚。祝福，平淡无奇，很薄但很隆重。摘一颗星，点亮你的心情；采一朵云，装扮你的人生。点亮生日的蜡烛，点亮璀璨的人生。愿你生活旅途处处都是幸福美景。生日快乐！

生 这一季，有我最深的思念。就让风捎去满心的祝福，缀满你甜蜜的梦境，祝你生日快乐！

生 声声祝福，串串思念，化作一份礼物，留在你们的心田！

师 这些称呼、词语和句子都是等一下你们在写贺卡时可以用到的。现在就要请大家写贺卡了。请拿出你的彩色纸，开始写贺卡。你打算怎样称呼对方？打算写什么内容？怎样署名？怎样落款？写的时候可以用刚才给大家提示的那些语句，你也可以自己选词造句，表达自己的真情实感。好，开始写。

（三）当堂写贺卡

（教师巡视指导）

十五分钟后……

（四）学生交流写的贺卡

师 我先来展示一张非常漂亮的贺卡——这张卡做得很精美，里面画了非常漂亮的气球、蛋糕，还贴了一张妈妈的照片，一看就知道是给母亲的生日卡。请他来给大家念一下。

生 亲爱的妈妈，非常感谢您这些年来对我的养育。祝您生日快乐，万事如意，平安无事！爱您的儿子王健。2014年5月23日。

师 很好，他的称呼非常明确，格式正确，署名也很亲切，爱您的儿子。日期也很清楚。非常棒的一张贺卡。接下来我们请金熠东同学给大家念一下。这是他祝外公外婆结婚纪念日快乐的贺卡，非常有趣，有一个大“喜”字，还有给外公外婆画的像。

生 敬爱的外公外婆，非常感谢你们一直以来用心哺育我快乐成长，在你们结婚30周年之际，祝你们结婚纪念日快乐！爱您的孙子：金熠东。2014年5月23日。

师 他的格式也非常正确，称呼、内容、署名、日期都很清楚。称呼是“敬爱的外公外婆”，下面有署名“爱您的孙子”。当当同学，请念一下你的生日卡。

生 亲爱的倪非凡，你好！三年以来的学习生活让我们成了亲密的伙伴，你是我最好的伙伴，我希望你是我永远的朋友。当当。2014年5月23日。

师 这是对同学的美好祝愿。但是从你这张卡上很难看出是一张生日卡，所以请再写上“祝你生日快乐”。

师 请大家回去以后把这些贺卡写完，并进行自我评价。写完后与同桌交换，让他对你再做一个评价。

下课。

五、四年级写作教学课堂实录1：《校园人物志》[1]

（一）谈话导入，出示课题

师 最近我们读了不少写人的文章，这些文章中大都有人物肖像的描写。作者笔下的人物栩栩如生，给我们留下了深刻的印象。这节课，我们就一起来学习写人。【板书：人物】

[1] 此实录由上海师范大学附属卢湾实验小学周珏提供。

（二）生交流，师提炼肖像描写若干要点

师 请同学们把课前做的肖像描写的摘录卡片拿出来，我们来交流彼此的收获。听清楚老师的要求，交流的时候说清楚：你从哪篇文章读到的？把这个摘录的语段读给大家听。写的这个人是谁？作者是从哪些方面描写这个人的肖像的？

师 谁先来试试看？好，你先开个头。

生 我摘录的语段是在《母亲的甜酒》这篇文章中的——“我从门缝里偷看，忙碌着的母亲真美！头发盘得一丝不乱，额头光洁而润滑，浆洗过的蓝竹布对襟衫颇为挺括，腰间系着黑粗布围裙，白色裙带上绣着古朴的花纹，那是她自己绣的。”

这段话可以表现母亲是个心灵手巧的人。这段话中描写了母亲的头发、额头和衣着。

师 （相机出示语段）回答得非常完整，我们看到的就是这段话。我们来整理一下，作者是怎样对母亲的外貌进行描写的。【板书：母亲】

师 他先写了母亲的什么？看看。

生 头发。

师 【板书：发型】然后呢？

生 额头。

师 【板书：额头】对。还有呢？

生 服饰。

师 【板书：服饰】这个词语用得太好了。还写了什么？再看看。

生 一双手。

师 【板书：手】好的。正像刚才林××跟我们说的那样，作者通过这样的描写，让我们似乎看到了一个非常贤惠的、心灵手巧的母亲的形象。好，继续交流。

师 请徐××。

生 他穿着有点微微褪色的蓝大褂，风尘仆仆的样子，一脸岁月留下的沧桑，黑黝黝的大手上尽是污秽油腻，浑身散发出一股汗臭味。这段话选自《与你为邻》。我从这段话里面读出，作者写了这个邻居的穿着、手，还有他身上的气味。

师 读得很仔细。

师 这段话写的是谁？

生 外来务工者。（师板书）

师 作者是怎么把他给写活的呢？先写了______【板书：衣着】；再写了______【板书：脸色】；还写了______【板书：手】；还有______【板书：气味】。作者这样的描写对读者的视觉冲击力非常大，一个成日里奔波忙碌的形象马上展现在我们眼前了，而且通过这样的描写我们可以推测出他的身份，看来肖像描写的作用可真不小。还找到了哪些语段？我们继续交流。

师 石××，你来说。

生 我摘录的是《有一个女生叫“容姐”》中描写容姐的语段：“我将要走出教室，却感觉一道目光灼热我的后背，我向教室回头望了一眼，发现这道目光来自一张很平凡的脸，带着一丝很轻松自信的微笑，更重要的是那双眼睛，澄澈、坚定、自信、执着。”这段话写了这个女生的脸和眼睛，以及她的微笑。

师 重点是写她的什么？

生 眼神和微笑。

师 好的。这段话写到的是一个学生的形象。这个学生的名字也是同学们给她取的一个雅号，叫什么？

生 容姐。（师板书）

师 作者并没有对容姐的外貌进行面面俱到的描写。从这个语段中，我们读出了一个对学习十分专注的女生形象。从她的笑容，我们可以感觉到这个女生非常乐观，是不是这样？看来肖像描写对体现人物品质也是非常有作用的。

师 还读到些什么？好，王××，请你继续交流。

生 我摘录的语段选自《我的一位国文老师》。他主要写了徐老师的模样。我摘录的语段是：“他的相貌很古怪，他的脑袋的轮廓是有棱有角的，很容易成为漫画的对象。头很尖，秃秃的，亮亮的，脸形却是方方的，扁扁的，有些像《聊斋志异》绘图中的夜叉的模样。他的鼻子、眼睛、嘴好像是过分地集中在脸上很小的一块区域里。他戴一副墨晶眼镜，银丝小镜框，这两块黑色便成了他脸上最显著的特征。我常给他画漫画，勾一个轮廓，中间点上两块椭圆形的黑块，便惟妙惟肖。他的身材高大，但是两肩总是耸得高高的，鼻尖有一些红，像酒糟似的，鼻孔里常藏着两筒清水鼻涕，不时地吸溜着，说一两句话就要用力地吸溜一声，有板有眼有节奏，也有时忘了吸溜，走了板眼，上唇上便亮晶晶的吊出两根玉箸，他用手背一抹。他常穿的是一件灰布长袍，好像是在给谁穿孝。袍子在整洁的阶段时我没有赶得上看见，余生也晚，我看见那袍子的时候即已油渍斑斑。他经常是仰着头，迈着八字步，两眼望青天，嘴撇得瓢儿似的。我很难得看见他笑，如果笑起来，是狞笑，样子更凶。”

师 作者在描写肖像时写到了徐老师的哪些方面？

生 主要写了徐老师的头型，还有五官的位置，还有他的眼镜，最主要写了他的鼻子，后来还写到了他的衣着，还有他的步态。

师 你还读出作者对徐老师的动态描写，真好！

生 还有徐老师的笑。

师 你看了作者对徐老师的这些描写，觉得徐老师这个人怎么样？

生 看上去是很古怪很凶的样子。

师 这篇文章，你读到最后了吗？读到最后，你觉得作者对徐老师的感情和现在描写的样子一致吗？

生 不一致。

师 谁来说说看，不一致在哪儿啊？

生 最后一句话写的是：“我离开先生已将近50年，未曾与先生一通音讯，不知他云游何处，听说他已早归道山了。同学们偶尔还谈起‘徐老虎’，我于回忆他的音容之余，不禁还怀着怅惘敬慕之意。”

师 我们读到后面发现，作者对老师的感情其实是真挚而深厚的，他对老师有敬慕之感，对老先生做学问的态度也是非常欣赏，但在文章的开头却这样来描写先生，这先后强烈的反差正是这位大作家给我们的一种写作提示，原来先抑后扬的写作手法也会令人印象深刻的。这对表现人物的品质可能也有作用。

师 我们继续交流。来，姚××。

生 我摘录的语段选自《猜猜他是谁》。“刚剃的头使他看起来像个活泼的小和尚。他的皮肤黝黑，弯弯长长的眉毛下嵌着一双炯炯有神的大眼睛。每当遇到难题，他就会皱紧眉头，出现许多‘皱纹’，同时小嘴撅在那里，眼睛死死地盯着题目，纹丝不动。他的个子和同龄人一般高，整天用手挠着头傻笑，让人好气又好笑。”

师 这段文章写的是谁？

生 这段文章写的是我们班的一位男同学。

师 对，继续说。

生 这段文字写到了这位男生的头发，他的皮肤，还有眉毛，还有眼睛。

师 （相机板书）你看这个男生头发是——短短的；皮肤是——黑黑的；眉毛是——弯弯、长长的；眼睛是这样有神。这样写作者是抓住了________？（一边板书一边归纳）

生 脸部、五官。

师 有没有一一说？这些是他的什么？

生 五官的特征。

师 对呀！好！原来抓住特征来描写人物，可以把人写得活灵活现。

师 继续交流。还读到什么了？

师 王××，你来说。

生 我摘录的语段是在《我的老师》一文中。“他只靠着健壮的右腿和一根木棍，一天站上好几个小时，为我们讲课。逢到要写板书的时候，他用木棍撑地右腿离地，身体急速地一转，便转向黑板。写完了粗壮的粉笔字，又以拐杖为圆心再转向讲台。”这段话虽然不长，但是写了刘老师写板书时候的样子。

师 好！你读了这段话有没有问题？

师 写板书，你看我刚才也在这里写，如果你写我的时候应该关注到我的（生插话：字体）（生插话：哦，手）……

生 但是，刘老师写板书时作者却是描写了刘老师脚的动作。

师 对，写老师怎样转身的。那你有问题吗？你能自己解释一下吗？

生 因为刘老师只有一只脚，所以描写他在写板书的时候和别的老师不一样。

师 你觉得这样的描写，这位老师给你留下什么样的印象？

生 这位老师很敬业。

师 原来通过描摹人的动作也可以把一个人的精神表现出来。你来补充……

生 写到刘老师写板书的时候，用上了“急速地一转”，让人觉得很危险，这位老师上课真是付出了生命的代价。

师 这词用得很好！来，你来说。

生 我在这篇文章中摘录的是描写刘老师的另一个语段。“他个子不高，微微发胖的脸上有一双时常眯起来的慈祥的眼睛。一头花白的短发更衬出他的忠厚。他有一条强壮的右腿，而左腿，却从膝以下全部截去，靠一根被用得油亮的圆木棍支撑。”从这里我们可以看出他的身高，还有他的眼睛、他的发型、脸型和腿。

师 我们再来整理一下……打量的时候要按一定的顺序。

生 我觉得从“靠一根被用得油亮的圆木棍支撑”可以看出刘老师为同学们上课是很不方便的，从“花白的短发更衬出他的忠厚”可以看出这位老师的品质，这位老师是非常慈祥的。

师 说得真好！作者写的这位刘老师和作者分别已经多少年啦?

生 三十年。

师 三十年之久的分别，但是学生对老师的相貌记得这样清楚，对老师上课时写板书的动作描摹得这样生动，可见这个人物肖像在作者心里是扎了根的。这位作者心里对老师的感情是沉甸甸的。

生 是忘不掉的。

师 对，忘不掉的！原来细致地描摹人物的外形也可以寄托作者的一份感情。你看肖像描写的作用大不大?从刚才的交流中，我们不难发现，对人物进行肖像描写，可以写的方面有很多，除了黑板上出现的这些，你一定还会找到更多值得写的方面。但是我们可以非常清楚地看到（师在板书上打钩表示），有一些文章让你关注到什么。（师在黑板上打钩进一步提示学生）

生 他们都是从眼睛去描写人物的。

师 这个有什么作用?

生 眼睛是心灵的窗户，可以从一个人的眼睛看透一个人的心。

师 我们在写人物外貌的时候要特别留意人的眼。正像这位同学所说，眼睛会透露很多心里的秘密，也会流露出丰富细腻的情感。

（三）明确写作目的

师 不久前，老师接受了一次学校小记者团记者的采访。采访中她问了我很多非常有意思的话题，其中有一个我记得特别清楚。她问我："老师，你还记得以前教过的学生吗？"有些我还清楚地记得他们的名字和相貌，有些因为相隔的时间太长了，印象就模糊了，多可惜呀。

还有半年，在座的同学就要离开母校了，你们想不想在所有同学和老师心中留下深刻印象？我给大家一个建议，我们赶在毕业前出一本书，这本书的名字叫____。【补板书：校园人物志】这本校园人物志里既可以有照片，也可以有人物介绍，每一个同学都是作者，每一个同学也都是书中的人物。

（四）从说到写，交流评议

师 有没有兴趣创作？你脑海里马上出现了谁？想写谁？来，你说。

生 我想写仇×，因为从一年级起我们就是最好的朋友。

师 好主意！

生 我想写王××，从三年级到现在，他的作文都写得很棒，我们都很喜欢看他的文章。这一点让我们深深记得。

师 他很值得大家学习，而且这位同学很有特点，对吧？还有谁想说？这节课还没有发言的先说。

生 我想写林××，因为从四年级开始他就是我的同桌，在这期间我们经常争吵，但是每次争吵我们都用最快的速度和好，所以我想写他。

师 欢喜冤家是要写一写的。还有吗？周××，你来说。

生 我想写石××，因为从幼儿园起他和我就是好朋友。四年级的时候我们坐前后桌，每次我有不懂的问他，他总是很耐心地教我。

师 所以你心怀感激，想写他。很好！

师 不着急写，我们一起翻翻以前的相册，仔细找找你想写的他，边看边想：你想写的他相貌是怎么样的？他的眼神是怎样的？他有什么特点是值得重点介绍一番的？我们一起来看。

（媒体播放，学生和老师一起看照片）

师 照片还有好多，有机会我们可以一起慢慢再去看，这节课我们只选你想写的一个人物，就写他的外貌，你可以写______（板书），也可以写这里没有的。先不急着动笔，自己先在心里想一想，想好后和你的好朋友去讨论交流。

生 （静思默想）然后走出来交流。

（师巡视指导，参与交流）

师 想好了，就可以拿出纸动笔写下来，注意介绍的时候要按一定的顺序，如果能抓住人物的特征来写那就更棒了。你可以写他的名字，也可以不告诉大家你写的是谁，让大家来猜猜也是一件挺有趣的事情。

（生动笔当堂练笔）

师 我们就先写到这儿，把想写的记在心里，我们来交流，课后我们继续完成。谁先来给我们读读自己写的语段？好，请你读。

生 我们班上有一位男生，炯炯有神的眼睛使他看上去特别阳光、向上，乱乱的头发又有点像哈利·波特。有点自恋的他，爱哭，爱打人，干了调皮的事情，第一句话永远都是“没有”或者“是他先打我的”。通常在老师批评后，他两眼红红的，眼泪止也止不住。

师 你没有写这个人是谁，我们一起来猜一猜可好？

生 （齐声）徐××。

师 看来仇×还是写得相当不错的。如果徐××以后长大看到这段话应该会脸红了吧。以后做错了事第一句话肯定不会再说“没有”。很好，谢谢你！再请……

生 我写的是石××。说起石××，我可是要竖起大拇指了，想当年他可是我们班里的百科全书，人称——“石天才”。他与刘××并称为我们班上的数学王子。他胖嘟嘟的大脸和时常眯起思考的小眼，让我一见他就想起了熊猫。粗黑的眉毛下架着一副黑框眼镜，镜片背后闪烁着智慧的光芒。

师 下课以后继续完成你的大作吧。我们继续交流吧。我们认真听，如果能给交流的同学一些意见就更好了。

生 我想写的是张××。她有着在女生之中相对较浓密、粗直的眉毛，眼睛炯炯有神，也许这样的长相注定她的脾气会比较暴躁。我做她同桌的时候就吃过她不少苦头。当然，当我被一群同学捉弄的时候，躲在她的身后，也会相当的安全。

师 写得怎样？

生 从眉毛看出性格特点，观察仔细，写得很有特点。

师 课后，我们把想写的继续写完。以后，我们还要接着写关于这位同学的有趣或难忘的事情。最后，我们在毕业前汇编成册，完成我们的校园人物志。下课……

六、四年级写作教学课堂实录2：《中国画的题字与配文》①

（一）图画引入

师 亲爱的同学们，今天老师要带你们去欣赏几幅画，瞧，（出示三幅画）这三幅都是中国画，它们都和书法、印章融为一体。

在画面写上画家自己的名字，叫落款，在画面上写一些与画的内容相关的文字叫题字。谁愿意来读读这三幅画的题字？

生 吓倒白阳，笑倒青藤，惟有之江，不吓不笑。

生 我说像我，谢谢。

生 已死的母熊。

师 人们常说，我们平时看到的一幅幅画面表现的就是生活中的情景。为画配上一些文字，可以增添画的含义，帮助读者欣赏图画。今天我们就来学习图配文。【板书：图配文】

（二）阅读配文，欣赏佳画

师 （出示与三幅图相关的三个故事）请同学们轻声读读这三个故事。你最喜欢哪一个？说说理由。（交流要点：画上的题字是谁写的？题的字是什么意思？短文与画有什么联系？）

【交流】

生 第一幅图的题字是画家刘海粟题的，他写了一首16字的小诗。意思是刘海粟泼墨作画的样子吓倒了陈白阳，笑倒了徐青藤，只有周之江不吓也不笑，还说："画得好快，大胆，潇洒。"刘海粟作画的情景被作者庄日建具体描写成了短文。

师 短文的题目就是《海翁画葡萄》。读了短文，我们就明白了画上那首小诗的意思了，也能欣赏这幅画了。

生 第二幅图的题字是巴金题的，意思就是说画得非常像他，并表示感谢。作者写了一篇短文介绍这幅速写创作的经过，还介绍了画上怎么会有巴

① 此实录由上海师范大学附属卢湾实验小学宋士洁提供。

金的题字。

师 这是一张巴金的速写。通过短文的介绍我们知道巴金还在另一张速写上也题过字，从这些题字中你觉得巴金是个怎样的人？

生 他是个平易近人的大作家。

生 第三幅图，画家把画的题目直接写在画面上了："已死的母熊。"丰子恺是著名的漫画家，也是著名的作家。他以"猎熊"为题，将图中的故事写了出来。

师 这个故事歌颂了母熊对幼熊至死不渝的爱。画配了文，读者读完文章回过头来再看画时，会深入到画的各个细节部分，真正读懂画题的含义。

【小结】图中文字，或句，或诗，或文，表达自由。为画配上一些文字，可以增添画的含义，帮助读者欣赏图画。

师 （出示阿宝图）还有一种图配文的样式：画家画了图，观画人有感，于是根据图写下了文。这幅漫画是丰子恺先生画的，文章是丁秀娟写的，文章的题目直接取自漫画原名。

请大家读读短文，看看图，想想短文和画有什么联系，完成多项选择。（出示选择题）

生 短文生动地描写了阿宝生活中有趣的故事。

师 对，作者通过对人物动作的描写，将静止的画面连贯地写成了一个有趣的故事。【板书：连贯——动作】谁来完成选择题？

生 我觉得这些文字的用处是：录用人物的话，增强画面的幽默感；将画里的形象用文字具体地表现出来；标明画的题目。因此选A，B，C。

师 【小结】通过刚才的学习，我们知道题字可以由画家自己、被画者或观画者来写。所配短文的内容与图紧密相连，能帮助观画者更好地欣赏图画。

（三）学习例文，了解写作方法

师 下面老师要请大家欣赏一幅乡村小女孩的图。（出示图）看，图上的小女孩在干什么？仔细观察，猜猜她原本打算去干什么的。

生 图上的小女孩在吹蒲公英，看见她身边的篮子和镰刀，我猜她可能去割草。

师 你猜对了，小女孩应妈妈的要求提着竹篮去荒地割草。作家流沙河特别欣赏这幅画，他细细地观察、品味，然后用优美的笔调对画作进行了描写。读读短文，数数有几句话。他的描写很有特色，你发现了什么呢?

生　短文共有六句话。先写了小女孩的嘴、红颊，再写右手、左手，接着写辫子、腰、腿等，我觉得是按照从上到下的顺序来描写的。

【小结】你观察得真仔细。短文按照从上到下的顺序介绍女孩的局部姿势。一个“瞧”字，统领了下面四句话:“吹”蒲公英→“举”蒲公英→头上打扮→“跪坐”姿势。看最后一句话，用并列的写法写出了小女孩的形态“抬颏，弯腰，屈腿，似乎全身都在用力”，突显小女孩吹蒲公英特别认真。【板书：并列——静态　从上到下】

（四）说写结合，完成写作任务

师　丰子恺的画作充满着趣味，再请同学们来欣赏两幅。你觉得有趣吗？图上最能吸引你的是什么？你想到了些什么？

生　《脚踏车》那幅图上的孩子，从打扮上来判断也就两三岁，这么小的孩子将两把扇子一拼，放在胯下当自行车，有这样的奇思妙想，太有趣了！

生　《取苹果》这幅图，小孩将四个抽屉依次拉出不同宽度后当梯子，这样就能爬上去拿到高处的苹果了，真是个善于动脑的孩子！

师　【小结】我们看见的图画只是记录了生活中的一个侧面、一个瞬间，表现内容是有限的，我们必须加上联想和想象，把静止的神态、动作想象成活动的。下面请选择一幅自己最喜欢的图画，和自己的同桌说说图上小朋友的动作和神态吧！

【提示】（可以像《阿宝两只脚凳子四只脚》那样连贯地将人物的动作说一说，也可以像《吹不尽的蒲公英》那样用并列的描写方法从上到下地将人物的神态、相貌说出来。）

（学生练说，师巡视指导）

【总结】今天这节课，我们就要尝试着为图配文。看图要学会抓重点观察，再结合画面表现的其他内容加上合理想象，就能从整体上了解图画的意思了。仔细看看这两幅图，你更喜欢哪一幅呢？综合运用连贯和并列的表达方式尽情地写吧！

师　选好了吗？再起一个你喜欢的名字，开始完成草稿吧！

（学生练写，师巡视指导）

（五）习作评价与修改

师 读读自己的草稿，按照提示进行自我评价。

（学生自我评价）

师 将自己的作文读给同桌听听，互相找找错别字和不通顺的语句，提提意见。

（生与同桌互相修改作文）

师 今天回家后誊写作文。同学们真棒，又学到了新本领，下课！

【板书】

图配文｛
连贯——动作
并列——神态 从上到下

七、四年级写作教学课堂实录3：《游记》[1]

（一）“作前阅读”交流

师 前几天，老师给了大家一份作文学习材料，布置大家认真研读，仔细思考。材料中有三篇“作前阅读”，现在请你从写作的角度和大家交流一下你的学习收获。

生 第一篇《情有独钟三清山》有点像总—分—总。

师 你发现了这篇作文的结构特点。谁有补充？

生 中间三节的写法很像。

师 对啊，你感受到了中间三节的内容——那里的怪石怎么样，那里的路怎么样，上山的工人怎么样是一种并列展开的方式。嗯，你的自学很有质量。这位小作者从自己的见闻感想入手，完成了自己的习作。

【板书：见闻感想】

① 此实录由上海日新实验小学毛煦静提供。

师 继续交流第二篇。

生 这篇作文用了小标题的方式。

师 这种形式我们并不陌生，哪些课文也是这样的表达形式？

生 《我的野生动物朋友》。

师 还有，再想想，我们中国的作品。

生 《我们家的男子汉》。

师 这位作者记叙了自己的桃花岛之行中的三件小事，分别是——

生 踏浪、尝鲜、捉蟹。

师 小标题的形式，让人对文章内容一目了然。如果我们写一篇去欢乐谷的游记，像第一位作者那样，只写自己的见闻感想够吗？

生 （有的摇头，有的低声呼应）不行，我还会上去玩。

师 光看不玩多没劲啊！我们可以学习这位小作者的写法，牢牢抓住自己的亲身体验来写。

【板书：亲身体验】

师 前两篇是和你们年龄相仿的小学生的优秀习作，第三篇是老舍的作品。你发现这位语言大师的写作功力了吗？

生 他观察得特别仔细。

师 说说依据，你从哪里看出老舍的观察非同一般的仔细？

生 他写的“小泉”的这一部分很生动，活灵活现。

师 你现在说的是他的描写很细致，你怎么得出他观察很细致的结论的？

生 因为他只有仔细观察了，才能写出来。

师 说得太好了，有了仔细的观察，才能有细致的描写。这真是写作的金玉良言。老舍就是这样抓住了景物的特点和细节完成了一篇经典之作。

【板书：特点　细节】

师 条条大路通罗马。不同的选材思路，不同的布局结构，不同的语言表达，都能支撑我们的表达。游记，作为一种记录旅行见闻，表达自我情感的文体，在表达上，有别于一般的记叙文。今天的作文课，我们重点学习游记写作中的过渡。

【板书：游记过渡】

（二）学习游记中的“过渡”

师　“思考与练习一”罗列了一些游记中摘录的句子，请你说说它们在文章中所起到的作用。

生　第一句是从一个地方到了另一个地方。

师　这叫“地点转移”。

【板书：地点转移】

生　第二句的时间有了变化。

师　你从哪里看出时间推进了？

【板书：时间推进】

生　彩霞已经飞上了西天。

师　用景色的描写来体现时间的变化，这是一种很文学的表达方式。在哪篇课文中，我们曾经有过这样的积累？

（生思索）

师　聂守信……

生　（情不自禁齐声）哦——《笛声》。

师　当天边被夕阳……

生　（部分回忆起来，呼应）染成胭脂色的时候。

师　又见红霞……

生　（部分呼应）飞上西天。

师　对呀！这种高级的语言、高级的表达方式，我们不能学过就忘，而要学以致用。下一句。

生　这里有了语言描写。

师　这一句话把所有人的视线都引向了船头前方。我们就知道，在这个地方，一定会出现新的景物了。这就像电影中切换的镜头一样，也可以帮助我们完成过渡。

【板书：对话引入】

生　这里用了“最让我惊叹的是……”

师　直接揭示景物的特点，干脆利落。

【板书：特点揭示】

师　学着说说，在游记中还可以用“最怎么样”来引出新的景物。

生　最著名的……

师 你的表达可以带出一串——闻名的、有名的都可以。

生 最令人赞叹的……

师 你很会学习，把作者的表达转换成了自己的话。

生 最数一数二的……

生 最雄伟壮观的……

师 这些都不错。

师 这四种都是过渡的一种方法，在习作例文中，同样有着特色鲜明的过渡句。这篇例文，是一篇大家都很熟悉的课文。请一位同学读读例文后的说明，大家一边听，一边对照回顾。

（指名一个学生朗读）

师 这篇例文在过渡上最大的特点是什么？

生 移步换景。

【板书：移步换景】

师 小组依次读读，再来体会一下。

（小组依次齐读“思考与练习三”的句子，边读边体会）

（三）指导习作

师 移步换景是以地点转移为线索的一种过渡，它是游记中最常见的一种写作手法。步移，景换，随着观察点的变动，不断展现新景物，让读者有强烈的身临其境之感。接下来，我们就以本学期的南京春游为素材，请你选择其中一个景点，用移步换景的方法，试着写一写过渡句。回顾一下行程，想一想要写哪里。

生 我想写夫子庙。

生 中山陵也是南京的著名景点。

师 好，选择最有地域代表性的来写，同意。

（出示夫子庙、中山陵导游地图，帮助回顾）

师 现在可以写过渡句了吗？

生 要确定具体写哪几个景点。

师 说得好，心中有谱，才能确定从哪儿过渡到哪儿。一起打提纲，开头一节，结尾一节，中间部分怎么布局？

【板书：开头　结尾】

生 挑选几个有代表性的景点，比如夫子庙就可以选乌衣巷、照壁……

师 那么中山陵可以选择哪些？

生 博爱坊、祭堂……

师 好，那我们就一节介绍一个景点，几个比较合适？

生 三个左右。

（师在大括号旁边板书三条横线，表示中间分三节）

师 好，开始写。

（师一边前后巡视，一边低声个别指导，挑选出有质量的句子打星号）

师 写完三句的同学可以跟同桌交流一下，互相修改。

（师继续巡视，聆听，修改）

师 请有带星号句子的同学起立，和大家分享你带星号的过渡句。

生 走过著名的博爱坊，我们很快踏上了那绵延的392级台阶。

走完台阶，我们一路前进，就来到了中山陵最庄严的祭堂。

参观完祭堂，我们登上了中山陵的最高处，将风光尽收眼底。

生 站在著名的文德桥上，雄伟的照壁立刻映入你的眼帘。

继续往里走，一条幽静的小巷出现了，巷口写着三个大字“乌衣巷”。

生 刚下文德桥，我们的腿已经情不自禁地跟着鼻子跑了——“小馋猫”们来到了夫子庙最有名的小吃街。

生 沿着石板路往前，著名的博爱坊到了。

穿过博爱坊，径直前进，就来到了巍峨的陵门下。

告别了陵门，登上那一眼望不到头的台阶，我们一鼓作气，就到了鼎鼎有名的祭堂。

师 因时间关系，我们先交流部分同学的。其他站起来的同学写得也不错，课后大家可以去读读他们的句子，学习学习。这些同学认真推敲了语言，写得清楚明白。全文都用移步换景的方式来过渡，表达整齐，有种统一的整体感。如果我们用作前阅读中的其他过渡方式，可以吗？

生 （有的点头会意，有的低声回应）行！

师 再练一练，景点不变，练习三句不同表达方式的过渡句。你可以保留一句，改写两句。

（师再次巡视，随机指导，星号标识，同桌评改）

师 我们再来分享分享。

生 “到了！到了！”不知哪位同学一声激动的高喊，把大家的视线集中到了眼前的博爱坊。

生 在夕阳余晖的映照下，石碑显得更加庄严，上面的题字熠熠闪光。

生 最令人留恋的就是那缓缓流淌的秦淮河了。

师 看来，在一篇游记里用不同的表达形式来过渡，效果也不错。无论是整齐划一，还是活泼丰富，关键是自然流畅。写作就是这样充满智慧——一个过渡，就可以这样灵活多变。写好过渡，好比打通了作文的关节。人的关节灵活，全身血脉就通畅。作文的过渡自然，全文就会更加连贯，一气呵成。

八、五年级写作教学课堂实录：《赠物寄情》[①]

（一）谈话引入

师 同学们，时光飞逝，没有几天，我们就要毕业了。缘分让我们相聚在一起，相处了整整五年。五年中，我们有喜有忧，有笑有泪，相互间结下了深厚的友谊。这五年，你收到过朋友送给你的礼物吗？他为什么送你这个礼物？

生 我生日时，刘××送我一个笔筒，是生日礼物，她表示的是对我生日的祝贺。

师 还有吗？

生 在我一年级过生日的时候，姚××送我一支水彩笔，也是对我生日的祝福。

师 不是生日祝福的，有吗？

生 以前，杨××送我一个布做的小兔子，这是我的毕业礼物。

师 她已经送你了，是吗？好的！说到杨××，王老师也想起来，在教师节的时候，她送给王老师一个她亲手制作的小羊，至今我还保留着，我把它系在我的包上，很漂亮，代表她对我的一番心意。还有吗？

生 在圣诞节的时候，全班折了幸运星给王老师，还送了一支笔。

师 你们的幸运星啊让王老师感动万分，我把它晒在了我的微信上，晒晒孩子们对我的爱，引来了朋友的羡慕和嫉妒，我很幸福。哎，那么除了同

① 此实录由上外·黄浦外国语小学王莉提供。

学，还有谁送你礼物吗？

生 我的爸爸在我考试考了第一名的时候，送了我一辆自行车，我太胖了，他希望我加强锻炼。

生 舅舅出国回来，送我一匹小马。因为我属马，他希望我的学习像小马一样，跑得飞快，争取在班级中名列前茅。

生 在爸爸妈妈结婚纪念日，我用自己的压岁钱，给他们买了一对水晶，希望他们越来越恩爱，也感谢他们养育了我。

师 嗯，不错，有一颗感恩之心。那么如今，临别在即，你心中有没有想过，送一个礼物给你的朋友、老师？又为什么要送这个礼物呢？有没有想过？没想过的快速想一想。胆子大一点，谁来说一说？

生 我想送给王老师一个纪念品，这样的话，王老师以后就不会忘记我了。

师 你知道我想收到你什么纪念品吗？你的获奖证书！或者是你参加国际象棋比赛得到的奖杯。还有吗？想送给谁什么礼物？

生 我想送我的画给吴××，因为我的特长是画画，我希望我的画能给他留作纪念。

师 嗯，好的。还有吗？

生 我想送一个架子鼓给王老师，因为我的特长是敲鼓，让王老师永远记得我。

师 好的，以后我看到架子鼓，就能想到我们的文轩，对不对？还有吗？同学之间，还有吗？王××说说看！

生 我想送一些纪念品给费××、姚××、徐××，嗯……

师 你想送给她们什么呢？

生 一些能长久保存的东西。

师 什么东西？

生 我……我……折的纸鹤，或者我喜欢看的书。

师 是呀，送你礼物的人在礼物中寄托了他对你的情感。同样的，你送给别人礼物，你肯定也有意图在里面的，这意图，实际上也是一种情感的流露。今天我们要写的作文就是关于赠物寄情的。

【板书：赠物寄情】

（二）作前阅读

师 作前阅读中的三篇文章我们回家都认真读过了，回忆一下，这三篇文章说的是谁收到什么礼物，体会到了什么？或者是谁送出了什么礼物，寄托了他怎样的情感？来，快速回忆一下。

生 第一篇《蝴蝶梦》是“我”把蝴蝶送给小姐姐，寄托了作者希望小姐姐的梦想能成真的愿望。

师 她的什么梦想？

生 上学！

师 对！第二篇呢？

生 第二篇《有人送我一枝草》，一位陌生的金发青年把一枝绿草送给了作者，鼓励作者要向小草学习，不论环境多么恶劣，都要勇敢地去面对。

生 第三篇《难忘的一件事》，是“我”收到璐璐送的一盆花，体会到了两人之间深厚的友情。

师 是啊，这盆花寄托了两个人之间的友谊。我们说，礼物的送出、收到都不是无缘无故的，因此赠物寄情的文章总是要把赠物的缘由来说清楚。让我们一起读读习作例文，看看文中的老师送了“我”一个铅笔盒的缘由是什么。自己认真地读一读。

（生自由读文章）

师 想一想：老师为什么要送“我”一个铅笔盒？

生 因为老师和“我们”之间的感情很深。

师 你从哪里看出来？

生 “我们”考试考得很差，老师为“我们”解闷。

师 说明老师和“我们”之间的感情很深，说得好！还有吗？

生 去国外的时候，送了一个铅笔盒给“我”。

师 哦，是临别之际送给“我”的铅笔盒。还有吗？老师和“我们”之间的情感之深还表现在哪里？

生 老师还很关心“我们”，作者在第二小节还说了，老师总是亲手为“我们”包好一本本发下来的新书，还在六一儿童节的时候为“我们”买礼物。

师 再想一想：“我”收到铅笔盒是什么心情？你从作者的哪些描写中能看出来？

生　文章一开始，就说自己看到铅笔盒心情就“久久难以平静”。文章最后，作者对老师说了一大段话，祝大洋彼岸的老师教师节快乐。

生　作者每讲完一件老师关心“我们”的事，后面就有赞美老师的话。

师　是呀，当双方由于种种事情的交往而达到情深之时，也就是说，感情非常深厚的时候，我们往往会送给对方礼物。当双方由于特殊的原因而要分别的时候，也会相互赠物，用物来传递情感。

（三）讨论“情感的渲染”

师　那么这情感如何渲染，如何表达呢？它不是靠一句话“心痛”，一句话“想念”就可以表达的，而是靠文章中某些文字的渲染。如何渲染？一般有三种方式：环境渲染、内心表露、细节描写。环境渲染，可以交代事情发生的地点、背景，来表现人物的心理、情感。内心表露是人的内心活动，用来揭示人物的内心世界，展示人物的思想感情。细节描写是对人物的神态、动作等进行的细致描写，以刻画人物。我们在写作的时候，用上这些表达方式，就能尽可能多地凸显人物的情感。

【板书：渲染　环境、内心、细节】

师　让我们回到《蝴蝶梦》和《我最珍惜的礼物》这两篇文章中。这两篇文章中，前者用到了环境渲染和内心表露这两种方式，后者用了细节描写和内心表露这两种方式。请你认真地读一读，想一想：用上这种描写有何好处？你感受到了什么？

（生读文章，找、画有关句子，并思考）

师　我们先来讨论《蝴蝶梦》，谁说说？

生　我说说环境渲染，是“我们”常去小学对面的小河边。“每次她都痴痴地望着那所离她很近，却又很难走进去的学校。每每上课下课的钟声飘过小河，穿过树林时，她总是放下手中的羊鞭，远远望着欢笑跳跃的孩子们，眼里流露出无限的渴望。”这里有写到小河，还有学校，说明她很想进这所学校，看着学校里的孩子在上课，她很羡慕。通过对小姐姐神情这个细节的描写，写出了小姐姐对上学的渴望。

生　我说最后一小节的。“每当我看到那蝴蝶标本中空着的一页，便会想起小姐姐，想起她那如蝴蝶般斑斓的梦想；每当这时候，我总会在心里呼唤：小姐姐，你好吗?你上学的梦想实现了吗？”这是对小姐姐的赞美。

师 这是赞美吗?

生 哦，这是对她的思念。

师 对，这是对她的思念，对她入学到底解决了没有，很是牵挂，是一种内心的表露。还有吗?

生 我补充说点。“这时，她正在家里干活，听说我要走，她慢慢垂下了头，哽咽着说：‘要去上学了，你可要好好学呀！我……’”她是哽咽地说，说明她是伤心地说，是她们离别时的情景，写出了她们之间的难舍难分。

师 这小节还有谁想说的?

生 这里有环境的渲染，小姐姐没能去上学，“我”又要走了，很舍不得小姐姐。

师 读读她们两个人之间的对话，你读出了什么?

生 她也希望小姐姐能上学。

师 她们的对话其实也是一种内心的表露。好，再看第二篇文章，《我最珍惜的礼物》，细节的描写，内心的表露，有没有?

生 我想说最后一个小节的内容。因为老师之前送给他一个铅笔盒，通过这个铅笔盒，他每次看到，都会想到老师，就是表达他对老师的祝福。

师 通过什么表达的?

生 内心表露。

师 对！继续交流。

生 倒数第二节，是对老师的赞美。

师 作者用的什么修辞手法?

生 排比。

师 对，排比！“如果说我们是……如果说我们是……如果说我们是……”写出了对老师由衷的感谢与赞美。

生 第二节，写老师对我们很好，表现我们思念老师，感谢老师。

师 这篇文章内心表露很多，那细节描写有吗?

生 第三小节，写“我们”考试后垂头丧气，打不起精神来，神情的描写说明“我们”很苦恼。而老师把两只手合在一起，叹一口气说：“阿弥陀佛，善哉，善哉。”为“我们”解闷，说明老师很爱“我们”，说话也很幽默。

师 对！不错！对老师细节的描写，还有吗？

生 当广播里放音乐时，老师也跟着音乐唱起来，还逗得大家哈哈大笑。我觉得这位老师确实也是很为“我们”着想的，他调节“我们”的心情，让“我们”开心。

师 哎，你们看，老师为“我们”唱歌，同学们拍手，打节奏，把这种融洽的气氛给写出来了。所以，这种描写是写这类寄托情感的文章非常需要的。适时地用上这些渲染，就能将人物的情感渲染得淋漓尽致。“思考与练习三”中有篇文章是回忆外婆的，要表达的是外婆对“我”的爱，以及“我”对外婆的怀念。文中的这一处（出示第二小节），我们可以适当地做些渲染。想想，可以做些什么渲染？

生 我觉得，可以做些环境的渲染。

师 环境写什么？

生 雨下得很大。

师 还可以加些什么？

生 还可以加细节的描写，写外婆着急的样子。

师 还有吗？

生 外婆全身淋湿时的样子。

师 还有吗？

生 心痛时的样子。

师 好，四个小组讨论讨论怎么写。

（学生讨论）

师 谁来说说环境渲染，有吗？

生 记得有一次，半夜十一点了，我突然发高烧，体温升到了39° C，外婆非常着急。当时下着大雨，雨非常大，像是从天上倒下来似的，马路上都积起来了一个个的水塘，车子驶过，顿时雨水飞溅，浇在了我们身上，水都到我们的腰上了。

师 啊？腰上？

生 不恰当，没有这么厉害的。

师 对啊，这种描写不符合事实了，所以写作时，描写还要恰当，不能过。

生 我也是在当时下着大雨这里加的。雨越下越大，很快就像瓢泼的一样，看那空中的雨真像一面大瀑布！一阵风吹来，这密如瀑布的雨就被风吹得如烟、如雾、如尘。

师 说得好！

生 雨大得像是天上的银河泛滥了一般，从天边狂泻而下！

师 可以。有写内心表露的吗？

生 我心疼得像刀子在割一样，外婆为了我，不顾自己的身体，把我背去医院，自己很累了，却全然不顾。

生 望着外婆被雨淋得像个落汤鸡，我的心里突然涌起一股热流，外婆，你对我太好了，我长大后，一定会孝敬您，回报您的！

师 说得太好了，内心的表露，说出了自己对外婆的感谢。细节的描写有吗？

生 雨越下越大，外婆悄悄把伞往我这边移了移，自己却浑身上下如洗过一般。

师 好！把伞往我这边移了移，是对外婆动作的描写，足以看出外婆对“我”的爱。

生 到了医院，外婆顾不上抹去脸上的汗珠，收起伞，一把抱起我，就飞快地朝急诊处跑去。

生 到了医院，外婆已经像个落汤鸡了，已经分不清哪是雨水，哪是汗水了！

师 如果我们在这里适时地加上环境、内心、细节的描写，那么作者和外婆之间的爱意便油然而生。所以，我们在写这类文章的时候，一定要带着感情写，借助事情，用上这些渲染方法，刻画好人物，使文章带上一定的情感基调。

（四）动手习作

师 今天，我们也要写一篇赠物寄情的文章。那么，这类文章该如何谋篇布局？快速地读读写作提示。（出示阅读写作提示，请三个同学读一读）

生 （读）先写眼前看到了一件东西（睹物）。

生 （读）然后写由这件东西而想到有关的一个人，从而引发对这个人的回忆与思念。“思人”部分为文章的主体，需要选择生动的有代表性的几件事来记叙，同时要注意详略安排。

生 （读）结尾可以再回到眼前，或者现实，这样才能与文章开头照应，抒情结尾。

师 写的时候，还要注意情感的——

生 渲染哦！

师 好，动笔之前，先想想你写什么？这个礼物是你收到的还是送出的？礼物中，寄托或包含了怎样的情感？选择哪几件代表性的事情？

师 好，下节课，我们就完成这篇作文。下课！

【板书】

赠物寄情→渲染 {
- 环境渲染
- 内心表露
- 细节描写

后 记

一个构想从萌芽到变成现实，花了整整四个春夏秋冬。

作文教学长久以来的困境催生了那个构想，我们试图找到一条可行的道路，去揭开作文教学的神秘面纱，看清它的原本模样。事实上，有很多研究者做过同样的事情。北京景山学校“先放后收”的作文训练体系是对传统作文教学经验的吸纳与发展；山东李昌斌、马兆铭等人“一个中心，两条线”的作文训练序列，与上海吴立岗、贾志敏的素描作文实验是在吸收现代心理学研究成果基础上所做的科学探索；广东丁有宽的“读写结合”实验，以及徐家良等人的“生活中的作文”实验尝试在厘清阅读、生活与作文的关系之后找到有效教学作文的路径。

站在已有研究的台阶之上，我们以生活为土壤，以阅读为根，以语言表达方式为枝干，以语言功能为水分与养料编写了这套写作学本。感谢上海市静安区市西小学、上外·黄浦外国语小学、上海师范大学附属卢湾实验小学、上海民办新世纪小学、上海松江实验小学、上海长宁实验小学、上海闵行区实验小学、上海静安区万航渡路小学、上海市虹口区凉城三小为我们提供了交流与实验的平台。

本书第一章、第二章、第五章由上海师范大学丁炜副教授编写；第三章、第四章、第七章由上海师范大学顾维萍副教授编写；第六章由上海师资培训中心徐家良编写；第八章由上海市静安区市西小学哈继春、郑嫣、杨芸、张萌、王莉、张志凯，上海市上外·黄浦外国语小学王丽玟、吴昊颖，上海市黄浦区卢湾三中心小学陈燕编写；第九章由耀中上海国际学校徐鹄，上海市静安区市西小学蔡骏、哈继春编写。全书由丁炜、徐家良统稿。上海师范大学附属卢湾实验小学顾炜、上海松江实验小学朱秀秀、上海师范大学研究生季雨佼对此书亦有贡献。

为了使本丛书的内容更加丰富多彩，我们引用了一些高质量的作品，它们对学生写作水平的提高起到了促进作用，为学生的写作实践提供了有价值的参考。我们与收入本丛书的作品的作者或著作权人进行了广泛的联系，得到了作者或著作权人的大力支持，在此，我们表示衷心的感谢。由于一些作者的姓名和通信地址信息不详，一时未能取得联系，敬请作者或著作权人予以谅解，并与我们联系著作权使用事宜，一经核准，我们将奉寄样书并按国家规定支付稿酬。谨致谢忱！

特别感谢上海天地图书有限公司钱文杰先生、广西教育出版社刘朝东先生和张星华女士对此书出版给予的支持与帮助。

丁　炜

2014年12月